Mulheres na Perícia®

EDIÇÃO PODER DE UMA HISTÓRIA

VOLUME I

EDITORA LEADER

Copyright© 2024 by Editora Leader
Todos os direitos da primeira edição são reservados à Editora Leader.

CEO e Editora-chefe:	Andréia Roma
Revisão:	Editora Leader
Capa:	Editora Leader
Projeto gráfico e editoração:	Editora Leader
Suporte editorial:	Lais Assis
Livrarias e distribuidores:	Liliana Araújo
Artes e mídias:	Equipe Leader
Diretor financeiro:	Alessandro Roma

Dados Internacionais de Catalogação na Publicação (CIP)

M922　Mulheres na perícia: edição poder de uma história, vol. I/coordenação Rita de
1. ed.　Cássia D. R. Mendonça. – 1.ed. – São Paulo: Editora Leader, 2024.
　　　352 p.; 15,3 x 23 cm. – (Série mulheres/coordenação Andréia Roma)

　　　Várias autoras
　　　ISBN: 978-85-5474-236-2

　　　1. Carreira profissional – Desenvolvimento. 2. Mulheres na perícia judicial.
　　　3. Mulheres – Biografia. 4. Mulheres – Histórias de vidas. 5. Perícia judicial.
　　　6. Superação. I. Mendonça, Rita de Cássia D. R. II. Roma, Andréia. III. Série.

09-2024/84　　　　　　　　　　　　　　　　　　　　　　　CDU 347.948:331.4(81)

Índices para catálogo sistemático:
1. Mulheres: Carreira profissional: Perícia judicial: Direito　　347.948:331.4(81)

Bibliotecária responsável: Aline Graziele Benitez CRB-1/3129

2024
Editora Leader Ltda.
Rua João Aires, 149
Jardim Bandeirantes – São Paulo – SP
Contatos:
Tel.: (11) 95967-9456
contato@editoraleader.com.br | www.editoraleader.com.br

Mulheres na Perícia Judicial®

A Editora Leader, pioneira na busca pela igualdade de gênero, vem traçando suas diretrizes em atendimento à Agenda 2030 – plano de Ação Global proposto pela ONU (Organização das Nações Unidas) –, que é composta por 17 Objetivos de Desenvolvimento Sustentável (ODS) e 169 metas que incentivam a adoção de ações para erradicação da pobreza, proteção ambiental e promoção da vida digna no planeta, garantindo que as pessoas, em todos os lugares, possam desfrutar de paz e prosperidade.

A Série Mulheres, dirigida pela CEO da Editora Leader, Andréia Roma, tem como objetivo transformar histórias reais – de mulheres reais – em autobiografias inspiracionais, cases e aulas práticas. Os relatos das autoras, além de inspiradores, demonstram a possibilidade da participação plena e efetiva das mulheres no mercado. A ação está alinhada com o ODS 5, que trata da igualdade de gênero e empoderamento de todas as mulheres e meninas e sua comunicação fortalece a abertura de oportunidades para a liderança em todos os níveis de tomada de decisão na vida política, econômica e pública.

Conheça o Selo Editorial Série Mulheres®

Somos referência no Brasil em iniciativas Femininas no Mundo Editorial

A Série Mulheres é um projeto registrado em mais de 170 países!
A Série Mulheres apresenta mulheres inspiradoras, que assumiram seu protagonismo para o mundo e reconheceram o poder das suas histórias, cases e metodologias criados ao longo de suas trajetórias. Toda mulher tem uma história!
Toda mulher um dia já foi uma menina. Toda menina já se inspirou em uma mulher. Mãe, professora, babá, dançarina, médica, jornalista, cantora, astronauta, aeromoça, atleta, engenheira. E de sonho em sonho sua trajetória foi sendo construída. Acertos e erros, desafios, dilemas, receios, estratégias, conquistas e celebrações.

O que é o Selo Editorial Série Mulheres?
A Série Mulheres é um Selo criado pela Editora Leader e está registrada em mais de 170 países, com a missão de destacar publicações de mulheres de várias áreas, tanto em livros autorais como coletivos. O projeto nasceu dez anos atrás, no coração da editora Andréia Roma, e já se destaca com vários lançamentos. Em 2015 lançamos o livro "Mulheres Inspiradoras", e a seguir vieram outros, por exemplo: "Mulheres do Marketing", "Mulheres Antes e Depois dos 50",

seguidos por "Mulheres do RH", "Mulheres no Seguro", "Mulheres no Varejo", "Mulheres no Direito", "Mulheres nas Finanças", obras que têm como foco transformar histórias reais em autobiografias inspiracionais, cases e metodologias de mulheres que se diferenciam em sua área de atuação. Além de ter abrangência nacional e internacional, trata-se de um trabalho pioneiro e exclusivo no Brasil e no mundo. Todos os títulos lançados através desta Série são de propriedade intelectual da Editora Leader, ou seja, não há no Brasil nenhum livro com título igual aos que lançamos nesta coleção. Além dos títulos, registramos todo conceito do projeto, protegendo a ideia criada e apresentada no mercado.

A Série tem como idealizadora Andréia Roma, CEO da Editora Leader, que vem criando iniciativas importantes como esta ao longo dos anos, e como coordenadora Tania Moura. No ano de 2020 Tania aceitou o convite não só para coordenar o livro "Mulheres do RH", mas também a Série Mulheres, trazendo com ela sua expertise no mundo corporativo e seu olhar humano para as relações. Tania é especialista em Gente & Gestão, palestrante e conselheira em várias empresas. A Série Mulheres também conta com a especialista em Direito dra. Adriana Nascimento, coordenadora jurídica dos direitos autorais da Série Mulheres, além de apoiadores como Sandra Martinelli – presidente executiva da ABA e embaixadora da Série Mulheres, e também Renato Fiocchi – CEO do Grupo Gestão RH. Contamos ainda com o apoio de Claudia Cohn, Geovana Donella, Dani Verdugo, Cristina Reis, Isabel Azevedo, Elaine Póvoas, Jandaraci Araujo, Louise Freire, Vânia Íris, Milena Danielski, Susana Jabra.

Série Mulheres, um Selo que representará a marca mais importante, que é você, Mulher!

Você, mulher, agora tem um espaço só seu para registrar sua voz e levar isso ao mundo, inspirando e encorajando mais e mais mulheres.

Acesse o QRCode e preencha a Ficha da Editora Leader.
Este é o momento para você nos contar um pouco de sua história e área em que gostaria de publicar.

Qual o propósito do Selo Editorial Série Mulheres?
É apresentar autobiografias, metodologias, *cases* e outros temas, de mulheres do mundo corporativo e outros segmentos, com o objetivo de inspirar outras mulheres e homens a buscarem a buscarem o sucesso em suas carreiras ou em suas áreas de atuação, além de mostrar como é possível atingir o equilíbrio entre a vida pessoal e profissional, registrando e marcando sua geração através do seu conhecimento em forma de livro.

A ideia geral é convidar mulheres de diversas áreas a assumirem o protagonismo de suas próprias histórias e levar isso ao mundo, inspirando e encorajando cada vez mais e mais mulheres a irem em busca de seus sonhos, porque todas são capazes de alcançá-los.

Programa Série Mulheres na tv
Um programa de mulher para mulher idealizado pela CEO da Editora Leader, Andréia Roma, que aborda diversos temas com inovação e qualidade, sendo estas as palavras-chave que norteiam os projetos da Editora Leader. Seguindo esse conceito, Andréia, apresentadora do Programa Série Mulheres, entrevista mulheres de várias áreas com foco na transformação e empreendedorismo feminino em diversos segmentos.

A TV Corporativa Gestão RH abraçou a ideia de ter em seus diversos quadros o Programa Série Mulheres. O CEO da Gestão RH, Renato Fiochi, acolheu o projeto com muito carinho.

A TV, que conta atualmente com 153 mil assinantes, é um canal de *streaming* com conteúdos diversos voltados à Gestão de Pessoas, Diversidade, Inclusão, Transformação Digital, Soluções, Universo RH, entre outros temas relacionados às organizações e a todo o mercado.

Além do programa gravado Série Mulheres na TV Corporativa Gestão RH, você ainda pode contar com um programa de *lives* com transmissão ao vivo da Série Mulheres, um espaço reservado todas as quintas-feiras a partir das 17 horas no canal do YouTube da Editora Leader, no qual você pode ver entrevistas ao vivo, com executivas de diversas áreas que participam dos livros da Série Mulheres.

Somos o único Selo Editorial registrado no Brasil e em mais de 170 países que premia mulheres por suas histórias e metodologias com certificado internacional e o troféu Série Mulheres® – Por mais Mulheres na Literatura.

Assista a Entrega do Troféu Série Mulheres do livro
Mulheres nas Finanças® – volume I
Edição poder de uma mentoria.

Marque as pessoas ao seu redor com amor, seja exemplo de compaixão.

Da vida nada se leva, mas deixamos uma marca.

Que marca você quer deixar? Pense nisso!

Série Mulheres – Toda mulher tem uma história!

Assista a Entrega do Troféu Série Mulheres do livro **Mulheres no Conselho®** – volume I – Edição poder de uma história.

Próximos Títulos da Série Mulheres®

Conheça alguns dos livros que estamos preparando para lançar: • Mulheres no Previdenciário® • Mulheres no Direito de Família® • Mulheres no Transporte® • Mulheres na Indústria® • Mulheres na Aviação® • Mulheres na Política® • Mulheres na Comunicação® e muito mais.

Se você tem um projeto com mulheres, apresente para nós.

Qualquer obra com verossimilhança, reproduzida como no Selo Editorial Série Mulheres, pode ser considerada plágio e sua retirada do mercado. Escolha para sua ideia uma Editora séria. Evite manchar sua reputação com projetos não registrados semelhantes ao que fazemos. A seriedade e ética nos elevam ao sucesso.

Alguns dos Títulos do Selo Editorial
Série Mulheres® já publicados pela Editora Leader:

Lembramos que todas as capas são criadas por artistas e designers.

Mulheres
na Tecnologia
Volume 1
SÉRIE MULHERES
Prefácio:
Mara Maehara
Coordenação:
Andréia Roma e Tania Moura
Editora Leader

Sou empreendedora, e agora?
PLANNER DO EMPREENDEDORISMO
Andréia Roma
SÉRIE MULHERES
Editora Leader

MULHERES
NA PSICOLOGIA
Volume I
SÉRIE MULHERES
Coordenação:
Andréia Roma e Tania Moura
Editora Leader

Mulheres
na Energia
VOLUME I
SÉRIE MULHERES
COORDENAÇÃO:
Gabrielle Botelho
Andréia Roma
Tania Moura
Editora Leader

Mulheres que
Transformam
A humanização como propósito na liderança transformacional
SÉRIE MULHERES
Coordenação:
Marisa Salgado,
Andréia Roma
e Tania Moura
Prefaciadora:
Alexandra Loras
Editora Leader

MULHERES
no Imobiliário
volume 1
Poder de uma História
SÉRIE MULHERES
liderança
propósito
conquistas
coragem
sororidade
Prefácio:
Elisa Tawil
Coordenação:
Stephany Matsuda
Andréia Roma
Tania Moura
Editora Leader

SÉRIE MULHERES
Volume 1
MULHERES
COMPLIANCE
NA PRÁTICA
Edição Poder de uma História
Prefaciadoras
Juliana Nascimento
Sonia Consiglio
Coordenadora convidada
Adriana Nascimento
Coordenadoras da Série Mulheres
Andréia Roma
Tania Moura
Editora Leader

SÉRIE MULHERES
Volume 1
MULHERES NO
CONSELHO
Coordenação do Livro:
Geovana Donella
Henrique Luz
Coordenação da Série Mulheres:
Andréia Roma
Tania Moura
Editora Leader

COORDENAÇÃO: ANDRÉIA ROMA, ADRIANA NASCIMENTO E TANIA MOURA
SÉRIE MULHERES
Edição Poder de uma Mentoria
Volume I
MULHERES
NO DIREITO
Uma aula prática de renomadas profissionais do Direito
Editora Leader

Volume 1
MULHERES DO MARKETING
Uma aula prática de renomadas líderes do marketing
EDIÇÃO PODER DE UMA MENTORIA
Coordenadoras da Série Mulheres
Andréia Roma
Tania Moura
Editora Leader

COORDENAÇÃO:
DANI VERDUGO, ANDRÉIA ROMA E TANIA MOURA
MULHERES ESG
MEDIR PARA MUDAR
VOLUME I EDIÇÃO PODER DE UMA HISTÓRIA
Editora Leader

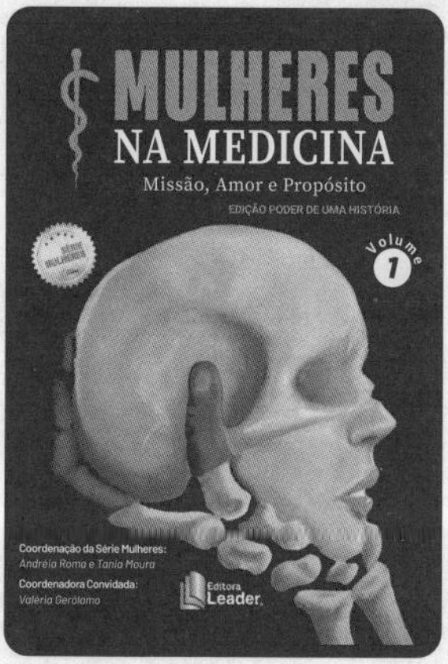
MULHERES
NA MEDICINA
Missão, Amor e Propósito
EDIÇÃO PODER DE UMA HISTÓRIA
Volume 1
Coordenação da Série Mulheres:
Andréia Roma e Tania Moura
Coordenadora Convidada:
Valéria Gerólamo
Editora Leader

AUTORA:
VANESSA GOULARTT
FRASES CURTAS
PARA DIAS
LONGOS
ESCREVER SUAS
Editora Leader

Mulheres,
um grito de socorro
Volume 1
Prefaciadoras
Lazara Carvalho
Rosmary Correa
Coordenadoras da Série Mulheres
Andréia Roma
Tania Moura
Coordenadoras convidadas
Adriana Nascimento
Fabiana Alves
Editora Leader

MULHERES
na PSICOLOGIA
Uma aula baseada na experiência de quem faz psicologia na prática.
Poder de uma Mentoria
Volume 1
Coordenadora
Andréia Roma
Editora Leader

Mulheres
NO AGRONEGÓCIO
O sucesso feminino no campo
EDIÇÃO PODER DE UMA HISTÓRIA
Volume 1
Prefaciadora
Teresa Vendramini
Coordenadoras convidadas
Bibiana Carneiro
Simone Cagliano
Coordenadoras da Série Mulheres
Andréia Roma
Tania Moura
Editora Leader

Coordenadoras convidadas
Cláudia Cohn
Cristina Reis
Prólogo
Ana Maria Malik
Prefácio
Dulce Pugliese
Coordenadoras da Série Mulheres
Andréia Roma
Tania Moura
EDIÇÃO PODER DE UMA HISTÓRIA
MULHERES
NA SAÚDE
HISTÓRIAS INSPIRADORAS
Volume 1
Leader

Coordenação:
Lilian Vieira, Andréia Roma e Tania Moura
MULHERES
no RH
VOLUME III
EDIÇÃO PODER DE UMA MENTORIA
UMA AULA PRÁTICA DA ALTA
PERFORMANCE DO RH NA VISÃO
DE RENOMADAS LÍDERES
Editora Leader

Coordenadora convidada:
Ana Cristina Freire de Lima
Luciana Loureiro
Coordenadoras Série Mulheres:
Andréia Roma
Tania Moura
MULHERES NA
MEDIAÇÃO®
Editora Leader

MULHERES NA
CONSULTORIA®
Editora Leader

Mulheres que
Transformam
Edição Poder de uma História • Volume II
Coordenação:
Andréia Roma,
Maria Antonietta Russo
e Vera Lorenzo
Editora Leader

Mulheres:
o que você deveria saber
aos 25 anos®
EDITORA LEADER

MULHERES NA
TECNOLOGIA®
Volume II
Edição poder de uma história
Coordenadoras convidadas:
Elaine Póvoas
Mônica Mancini
Coordenadora da Série Mulheres:
Andréia Roma
SÉRIE MULHERES BEST SELLER
EDITORA LEADER

MULHERES NO CONSELHO®
EDIÇÃO PODER DE UMA HISTÓRIA
EDITORA LEADER

Coordenadoras convidadas:
Catarina Rattes Lopes
Maíra Ferraz Martella
Prefácio:
Luciana Asper y Valdés
Roberta Codignoto
Idealizadora e coordenadora editorial:
Andréia Roma
MULHERES
COMPLIANCE
NA PRÁTICA®
Edição poder de uma história
EDITORA LEADER
Volume II

O silêncio das mulheres
e outros mais...
Silvia Lobo
Editora Leader

Coordenadoras convidadas:
Annali Duarte Bittencourt
Stânia Moraes
Prefácio:
Ingrid Barth
Coordenadoras Série Mulheres
Andréia Roma
Volume 1
mulheres
nas finanças
cases na prática
Edição Poder de uma Mentoria
EDITORA LEADER

MODA ALEGRE
HISTÓRIAS DE EMPREENDEDORISMO DE 20 MULHERES QUE COMEÇARAM DO ZERO
Tainá Vidal, Sirley Carvalho e Andréia Roma
Editora Leader

Liderança Feminina
EM AÇÃO
A sensibilidade e a intuição no comando
Coordenação:
Andréia Roma & Mônica Fernandes
Editora Leader

A CHAVE MESTRA
Dos Relacionamentos Saudáveis
GREICE POTRICK

MULHERES NUCLEARES
Volume I
EDIÇÃO PODER DE UMA HISTÓRIA
Coordenadoras convidadas:
Alice Cunha da Silva
Daniele de Azevedo Baêta
Idealizadora e coordenadora editorial:
Andréia Roma
EDITORA LEADER

Coordenadora convidada:
Sibeli Borba
Coordenadora da Série Mulheres
Andréia Roma
MULHERES NA DOCÊNCIA®
EDIÇÃO PODER DE UMA HISTÓRIA
VOLUME I
EDITORA LEADER

MULHERES na Educação®
EDIÇÃO PODER DE UMA HISTÓRIA
VOLUME I
Coordenadora convidada:
Andréa Aydar
Prefácio:
Margarida Prado Genofre
Coordenadora da Série Mulheres:
Andréia Roma
EDITORA LEADER

MULHERES NA DEFESA®
EDIÇÃO PODER DE UMA HISTÓRIA
VOLUME I
Coordenadora convidada:
Jocirene Nascimento das Chagas
Coordenadora da Série Mulheres
Andréia Roma
EDITORA LEADER

MULHERES NO TERCEIRO SETOR®
EDIÇÃO PODER DE UMA HISTÓRIA
VOLUME I
EDITORA LEADER

Mulheres na Indústria®
Edição Poder de uma História
Volume I
Coordenadoras convidadas:
Cristiane Crucelli
Érica Navarro Costa
Prefácio:
Fabio Oliveira
EDITORA LEADER

Série Mulheres — Editora Leader

- **Mulheres no Espírito Santo** — Acelerando e Inspirando Carreiras
- **Mulheres no Direito Previdenciário** — Cases na Prática — Edição Poder de uma Mentoria
- **Mulheres no Direito Empresarial** — Uma aula prática de renomadas líderes — Edição Poder de uma Mentoria
- **Mulheres no Direito Tributário** — Cases na Prática — Edição Poder de uma Mentoria
- **Mulheres na Tecnologia** — Volume III — Edição poder de uma história
- **Mulheres Compliance na Prática** — Edição Poder de uma História
- **Mulheres ESG** — Cases na Prática — Edição Poder de uma Mentoria
- **Mulheres na Liderança em Ação** — A sensibilidade e a intuição no comando
- **Mulheres em compras** — Edição Poder de uma História

Coordenadora convidada:
Raquel Marimon
Idealizadora do livro e coordenadora do Selo Editorial Série Mulheres®:
Andréia Roma
Mulheres
na Atuária
EDIÇÃO PODER DE UMA HISTÓRIA
VOLUME I
EDITORA LEADER

VOLUME 1
MULHERES
NO JORNALISMO
EDIÇÃO PODER DE UMA HISTÓRIA
EDITORA LEADER

Coordenadora convidada
Lilia Vieira
Idealizadora do livro e coordenadora do Selo Editorial Série Mulheres®
Andréia Roma
MULHERES NO RH®
Carreira e Estratégia
Edição Poder de uma Mentoria
EDITORA LEADER

MULHERES NO RH®
Diversidade e Inclusão
Edição Poder de uma Mentoria
EDITORA LEADER

EMPRE
ENDE
DORAS
DE ALTA
PERFOR
MANCE
Mulheres como você
contando suas estratégias
Coordenação editorial:
Tatyane Luncah
Andréia Roma
Vanessa Cotosck
Editora Leader

EMPREENDEDORAS
DE ALTA PERFORMANCE
DO PIAUÍ
Coordenação:
Andréia Roma
e Cacilda Silva
Prefácio: Margarete de Castro Coelho
(Vice-Governadora do Estado do Piauí)
Editora Leader

Coordenação
Andréia Roma
Selma Fernandes
Soraya Farias
EMPREENDEDORAS
DE ALTA PERFORMANCE
RIO DE JANEIRO
Editora Leader

Coordenação:
Andréia Roma e Mônica Fernandes
EMPREENDEDORAS
DE ALTA PERFORMANCE
MATO GROSSO DO SUL
Editora Leader

Empreendedoras de Alta Performance de
GOIÁS
Coordenação: Andréia Roma,
Gerdane Brito, Glaucia Yoshida
e Ludimila Estulano
Editora Leader

Prefácio:
EMPREENDEDORAS
DE ALTA PERFORMANCE
MINAS GERAIS
Editora Leader

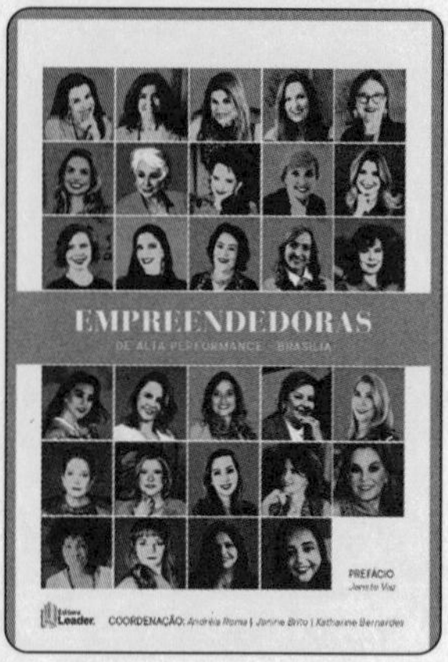
EMPREENDEDORAS
DE ALTA PERFORMANCE · BRASÍLIA
PREFÁCIO
Editora Leader
COORDENAÇÃO:

SOBRE A METODOLOGIA DA SÉRIE MULHERES®

A Série Mulheres trabalha com duas metodologias
"A primeira é a Série Mulheres – Poder de uma História: nesta metodologia orientamos mulheres a escreverem uma autobiografia inspiracional, valorizando suas histórias.

A segunda é a Série Mulheres Poder de uma Mentoria: com esta metodologia orientamos mulheres a produzirem uma aula prática sobre sua área e setor, destacando seu nicho e aprendizado.

Imagine se aos 20 anos de idade tivéssemos a oportunidade de ler livros como estes!

Como editora, meu propósito com a Série é apresentar autobiografias, metodologias, cases e outros temas, de mulheres do mundo corporativo e outros segmentos, com o objetivo de inspirar outras mulheres a buscarem ser suas melhores versões e realizarem seus sonhos, em suas áreas de atuação, além de mostrar como é possível atingir o equilíbrio entre a vida pessoal e profissional, registrando e marcando sua geração através do seu conhecimento em forma de livro. Serão imperdíveis os títulos publicados pela Série Mulheres!

Um Selo que representará a marca mais importante que é você, Mulher!"

Andréia Roma – CEO da Editora Leader

CÓDIGO DE ÉTICA
DO SELO EDITORIAL
SÉRIE MULHERES®

Acesse o QRCode e confira

Nota da Editora

É com imensa satisfação que apresento "Mulheres na Perícia Judicial® – Volume I, Edição Poder de uma História", uma obra que celebra o trabalho e a trajetória de mulheres extraordinárias na área da perícia judicial. Este livro é uma oportunidade de destacar a importância da perícia, que vai muito além do que é mostrado na mídia, abrangendo diversas especialidades e desempenhando um papel crucial na busca pela verdade e pela justiça.

Embora a perícia judicial tenha uma história longa e rica, a participação feminina nessa área ainda é pouco reconhecida. Com este livro, buscamos dar visibilidade às mulheres que, com sua expertise e dedicação, têm deixado uma marca significativa nesse campo de atuação. Cada capítulo revela as experiências e contribuições dessas profissionais, mostrando como elas vêm transformando a prática pericial ao longo dos anos.

Gostaria de expressar meu agradecimento especial à coordenadora Rita de Cássia, cuja dedicação e liderança foram fundamentais para o sucesso deste projeto. Também agradeço de coração às autoras, selecionadas com tanto cuidado pela nossa curadoria, que compartilharam suas histórias e nos brindaram com suas experiências inspiradoras na área da perícia judicial.

Espero que este livro sirva de inspiração e aprendizado para todos os leitores, e que as histórias aqui contadas motivem outras mulheres a seguirem e brilharem nessa jornada. Este é um legado que temos orgulho de construir juntas.

Com carinho e admiração,

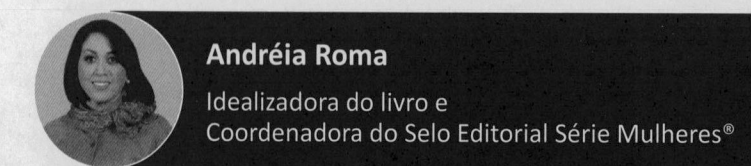

Andréia Roma
Idealizadora do livro e
Coordenadora do Selo Editorial Série Mulheres®

Introdução
por Rita de Cássia D. R. Mendonça

Perícia Judicial – mulheres que inspiram

Quando somos questionadas sobre nosso trabalho, e respondemos "Perícia Judicial", as perguntas que se sequenciam são, na maioria das vezes, seguidas de: "Você é advogada? É estilo CSI?".

E assim, a cada questionamento, independentemente da área, nos vemos dando verdadeiras aulas sobre nossa atividade, sendo visível a falta de conhecimento da maioria das pessoas sobre esse abundante tema.

Estudos apontam que a Perícia teria surgido com a Contabilidade, em meados de 1202, com seus primeiros vestígios constatados na antiga civilização do Egito e Grécia antiga.

Somente anos após, no século XVII, que se acordaram a figura do perito como auxiliar da Justiça e do perito extrajudicial, diversificando, assim, a especialidade do trabalho.

Ademais, em que pese a perícia já ter destaque histórico bem antes da formação de peritos na esfera criminal, sua relevância e notoriedade na sociedade, com trabalho unificado junto à polícia, ganhou maior campo.

As famosas séries policiais também contribuíram para que a perícia em si fosse, tão somente, relacionada ao "crime", e não a todo leque de multidisciplinaridade que a compõe. Contudo, a área pericial vai muito além de séries policiais.

A perícia e a figura do perito vêm com a técnica, a expertise e o conhecimento para auxiliar a Justiça a solucionar discussões instauradas entre seres, das mais diversas áreas.

Noutro giro, ao pesquisar sobre os profissionais que nos antecederam e fizeram a história, o resultado foi o já esperado: ausência de menção sobre mulheres nesta área.

E que precariedade de informações, ao passo que tantas foram as mulheres que, há quase meio século, se dedicam em suas áreas, com valiosa contribuição pericial no Poder Judiciário.

Por isso, a importância desta obra, uma vez que aqui poderão ser vistas mulheres brilhantes, que traduzem fatos em números, em resultados, em verdade.

Boa leitura! E que você possa se inspirar com tantas mulheres que fizeram, fazem e farão história na Perícia Judicial!

Rita de Cássia D. R. Mendonça
Coordenadora convidada

Sumário

Alma Inquieta..28
  Rita de Cássia D. R. Mendonça

O meu passado não me define, ele me preparou 40
  Adaiana Anastácia

Amor por perícia no sangue..52
  Ana Marta Froelich Mancuso Luft

Rumo ao Conhecimento: minha Trajetória na Perícia Judicial 62
  Andressa Pontes

Primeiro faz, depois melhora. Não inverta a ordem!..74
  Beatriz Catto

Meu começo 86
  Camila Baena

Os livros te libertam e te dão asas para voar 96
    Camila Peres Mendes

**Se continuarmos a fazer as mesmas coisas,
teremos os mesmos resultados** 106
    Carla Perdigão

Capítulos da vida 118
    Carolina Ulysséa Franzone

A fórmula da felicidade existe? 128
    Deborah Assad Bazo

**Trilhando Caminhos:
Uma Jornada de Mulher, Mãe e Perita Judicial** 140
    Eliúde Siqueira Paulino Soares

Descubra o poder de vencer qualquer obstáculo 152
    Fabiana Correia de Lima

Uma trajetória individual, nunca solitária 162
    Fabiana Dias Machado Monteiro

Esteja preparada! 172
    Giovana Giroto

**Entre sonhos e realizações: a trajetória de
uma perita judicial** 184
    Jéssica Simão de Assis

Quem sou eu 194
    Juliane A. Zenatti Szenczuk

**Prossiga para o seu propósito e desfrute
do caminho** 206
    Mara Alves

Fé, persistência e otimismo: meu segredo para trilhar um caminho de sucesso 218
    Mayane Melo

Minha história 228
    Meire Agostinho Soares

Desafiando limites e renascendo: a jornada de autoconhecimento e transformação na advocacia pericial 240
    Mônica Christye Rodrigues da Silva

A minha missão 252
    Rayssa Soares

Que seja infinito enquanto dure 262
    Renata de Lamare

Caminhos de Dedicação: uma Jornada na Perícia Judicial e Extrajudicial 272
    Sonia Timi

Raízes e asas: infância e inspirações que moldaram meu ser 282
    Tamara Rocha de Oliveira

Persistência e Superação: uma Jornada de Resiliência 294
    Telma Carla Bosco da Silva

Da solidão à perícia: uma jornada de coragem e resiliência 304
    Vanya Marcon

História da ceo da Editora Leader e idealizadora da Série Mulheres® 316
    Andréia Roma

Alma Inquieta

Rita de Cássia D. R. Mendonça

Rita de Cássia Delgado Rosendo Mendonça Paulista, formada em Direito, Ciências Contábeis e Administração. Pós-Graduada em Perícia Judicial com ênfase em Documentoscopia e em Perícia em Áudio, Imagem e Documentos Digitais. Especializações nas Áreas de Cálculos e Fraudes em Documentos (Físicos e Digitais). Membro da Apejesp, da SBCF e das Comissões Especiais de Perícias da OAB/SP e OAB/RJ. Mãe de duas princesas que a inspiram na luta diária e no malabarismo da vida. Palestrante, professora, escritora e empresária, CEO da R.R. Mendonça Perícias, com mais de dez anos de existência.

INSTAGRAM

Não há como escrever sobre a Perícia Judicial sem uma bela introdução! Sim, pois sem romantizar o sofrimento, temos que esclarecer o porquê de a perícia ter feito sentido para mim, e como ela chegou para fazer morada em minha vida.

Desde pequena recebi alguns rótulos. Todos nós recebemos e o que pode parecer depreciação, para mim, fez todo sentido como impulsionador.

A vida jamais foi fácil. Nasci em uma casa simples, com uma família enorme e bem distribuída entre São Paulo e o Rio Grande do Norte, terra natal de 80% de seus integrantes.

Minha mãe separou-se de meu pai quando eu tinha aproximadamente quatro anos, e meu irmão mais velho, cinco. Porém, não houve separação de fato, haja vista que existiam sentimentos muito fortes que impediam isso. E foi assim que, quando completei sete anos, recebi de presente nossa caçulinha.

Meu pai nos deixou muito cedo, aos 40 anos de idade.

Minha mãe, então viúva, se viu com três filhos pequenos, uma moradia alugada e, graças a Deus, um emprego de funcionária pública. Ah, minha mãe... não daria para falar dessa mulher tão maravilhosa e guerreira em uma parte de capítulo de livro. Teria que, fatalmente, ser um livro completo só sobre ela, e ainda farei isso!

Hoje fico me perguntando como ela conseguiu fazer tudo que fez e ainda estar de pé. Três filhos? Morando de aluguel? Ajudando todos ao redor, pai, mãe, irmãos, amigos... é uma história de luta e resiliência, de fato.

O sentimento de gratidão às pessoas que nos criam com garra, sabedoria, fé e amor é um bálsamo para o coração!

Eu podia me vitimizar pela perda de meu pai muito nova e até pela vida que vivemos antes de sua precoce partida. Ou, então, me vitimizar por morarmos onde moramos, por passarmos dificuldades, pela minha mãe fazer o básico dentro de suas limitações, por vivermos afundados em dívidas... Mas eu não consigo explicar o porquê, só sei que o sentimento dentro de mim era de fazer diferente!

"Esta aí sempre foi diferente, uma alma inquieta." Seria esse um rótulo? Talvez... E essas palavras nunca mais saíram da minha cabeça.

Aprendizado

Tive a iniciação alfabética em casa, antes mesmo do ingresso no ano letivo obrigatório, uma vez que a irmã de minha avó, apesar de a paralisia infantil tê-la impossibilitado de andar e de ter todos os movimentos do lado direito do corpo perfeitos, era autodidata e se tornou professora. Ela não ensinou apenas a mim, mas também a meu irmão e primos que, devido aos pais trabalharem fora, tinham que deixar os filhos na casa da vovó.

E que período muito bem aproveitado! Essa tia sempre foi uma inconsciente inspiração. Me perguntava como ela, sem frequentar a escola, se tornara a melhor professora. Como pôde não possuir os movimentos completos do corpo e ser tão proativa? De onde vinha a vontade de viver, sendo que sua própria vida não era "normal"?

Sim, a tia Carminha, como a chamávamos, foi minha primeira grande professora!

No colégio, a cada ano que passava, eu me identificava mais com o português, com a leitura e a escrita. Amava as aulas de redação, quando eram temas livres então...

Eu não sei se foi pela minha "alma inquieta", ou por ter brilhantes exemplos dentro de casa, mas eu nunca me contentava em ser apenas mais uma.

Não queria só escrever uma redação. Eu tinha que participar de um concurso de redação, escrever a melhor da escola e ganhar, como prêmio, uma viagem com tudo pago (e que viagem, meus amigos! Foi assim que conheci Curitiba e seus entornos).

Não desejava apenas rezar o terço com minha avó pela Rádio Maria. Eu tinha que ir até a torre da Igreja Salete, onde era transmitido o programa, e orar de lá, sendo ouvida por todos.

Não queria só tirar excelentes notas na escola. Eu tinha que ser representante de sala por três anos seguidos e auxiliar em tudo (meus amigos riam cada vez que, quando me era solicitada leitura, eu pedia: "posso ficar de pé"?).

Representante de sala, oradora da turma, professora, fazer teatro... O microfone e a vontade de fazer minha voz ser ouvida mais alto e mais longe corria em minhas veias!

O que move você? O que motiva você? No meu caso, era fazer a diferença onde eu estava. Se eu tinha oportunidade, eu agarrava e mostrava que a gente pode fazer sempre mais.

O encontro com a perícia

Apesar de todo esse furacão de inquietude, eu só conseguia fazer as coisas dentro dos meus limites, geográficos e financeiros.

Se tivesse um deslocamento grande ou tivesse que realizar

determinados investimentos financeiros, eu descartava, uma vez que não era possível de se realizar. Assim eu acreditava.

Enquanto estava no período de aprendizado, eu já trabalhava para auxiliar em casa, nos mais diversos serviços, de babá, entregadora de panfletos e até, pasmem, modelo! Sim, minha mãe via futuro em mim, como todas as mães costumam ver em seus bens mais preciosos.

Foi então que, aos 17 anos de idade, fui fazer uma entrevista em um escritório de Perícias. Ele ainda não tinha nome sedimentado, funcionava há pouco tempo em uma sala comercial de aproximadamente 25 m² (antes disso era o chamado *home office* da atualidade), mas já contava com nomeações, bem como com a crescente carteira de assistência técnica, mais voltada para a área de cálculos bancários.

Comecei a trabalhar dias após a entrevista, me dedicando à parte administrativa. E olha só, eu tinha que ler, exaustivamente, processos judiciais.

Fazer resumos processuais, digitações, ou preparar minha chefe para uma reunião. Ler, ler e ler. E, o que para muitas pessoas seria, no mínimo, maçante, para mim era a perfeição: eu havia me encontrado!

No final daquele ano veio a pergunta: "Rita, qual faculdade você irá começar? O ensino médio está finalizando, o que você escolheu fazer?"

Escolher??? Como assim, faculdade não é para mim! Não tenho recursos nem condições, como seria isso?

E minha chefe, Meire Agostinho, gentilmente me mostrou que era possível!

Para a surpresa de quem estava ao meu redor (não para mim), ao invés de escolher algo voltado para cálculos, pelo dia a dia do escritório, eu escolhi o Direito!

O processo judicial, sua linguagem, as leis, toda aquela leitura... Não me via fazendo outra coisa!

E, me pautando no Financiamento Estudantil, ingressei no Direito, sem saber muito o que o futuro me reservava.

Mal eu imaginava que aquela graduação seria apenas a porta de entrada do que a Perícia ainda poderia proporcionar em minha vida.

Chamando a perícia de minha profissão

Com 18 anos, eu tive a oportunidade de entregar no escritório meu primeiro parecer técnico sobre um laudo pericial contábil e minha chefe, ao revisá-lo, viu que podia "abusar mais" de mim. E que feliz foi essa escolha!

Então todo o cenário mudou, e eu passei a ser colaboradora analista, treinando pessoas e cuidando, efetivamente, dos casos de perícia judicial e assistência técnica com ela.

Com o crescimento do trabalho, do cumprimento dos prazos e da faculdade de Direito, que estava cada vez exigindo mais de mim, a minha rotina em casa não convergia mais com a rotina da própria casa.

Minha mãe e os meus irmãos tinham rotinas distintas de quem está fazendo uma graduação, trabalhando e tendo horários completamente incompatíveis.

Nessa altura da vida, já morávamos em uma casinha bem melhor, que minha mãe conseguiu adquirir com o financiamento da Prefeitura, e caminhando sempre para frente.

Foi então que tomei a decisão de morar sozinha. O lugar era próximo da casa da minha mãe, mas resultava em dominar minha própria rotina, horários, gastos e, com isso, a maturidade de me manter.

Contudo, mesmo com o Fies e meu salário somados, pagar aluguel, livros, transporte, alimentação e tudo mais que surgisse não era fácil.

Decidi, então, a partir do terceiro ano de faculdade e com quase cinco anos de experiência em cálculos dentro da empresa, fazer uma renda extra oferecendo meus próprios serviços, com o conhecimento que já tinha do Direito e dos cálculos, sem atrapalhar em nada a rotina do escritório em que trabalhava.

Enquanto não tinha clientes suficientes para consultoria e assistências, decidi aprender a fazer coisas para vender na faculdade na área gastronômica. Inventei de vender *mousses* e lanches naturais.

E nessa minha verdadeira "aventura culinária" não posso deixar de mencionar o apoio de várias pessoas.

Na esquina de minha casa havia uma doceria, a La Floresta (que funciona até hoje, quase 30 anos de existência). Quem mais poderia me dar dicas de receitas, sabores e "pitacos" do que alguém que estava neste ramo?

Uma das coisas que eu mais gostava era descer do ônibus após a faculdade, já próximo da meia-noite, entrar nesta doceria e comer um *rissole*, tomando um café com leite, enquanto assistia ao jornal. Isso não é uma janta descente, mas era a melhor coisa para relaxar, depois de um longo dia de prazos judiciais e estudos.

Essa prática tornou-se minha rotina, a ponto de o Gilmar, dono da doceria, se tornar grande amigo e cliente de várias formas (desde compra de *mousse* para seus filhos, até cálculos para seu estabelecimento).

Por essa proximidade, quando eu era procurada por clientes para negociar alguma assistência técnica, adivinha onde eu fazia as reuniões? Na doceria, uma vez que eu não tinha onde recebê-los, inexistiam *coworkings* e este estabelecimento acabou virando uma extensão da minha casa e escritório.

Ao me formar, não me via dizendo: agora acabei!

Eu me via unindo a prática com a teoria que faltava. Foi então que ingressei em Ciências Contábeis.

Pouco tempo depois, tive que trancar os estudos pois, quando me casei (sim, eu era engolida por esse caminhão de afazeres e ainda achava tempo para ter vida social, quer seja com amigos da escola, com o pessoal do fretado, da própria faculdade e outras turmas), a distância entre o escritório de perícias e minha nova cidade era muito maior.

Escolhas que a vida nos obriga a fazer e momentos que precisamos aproveitar. Era hora de escolher!

Para retornar à faculdade de Ciências Contábeis, me dedicar ao recente casamento e às novas rotinas, bem como a todos os clientes que então eu tinha, não daria mais para ir ao escritório todos os dias. Eu precisava mudar o cenário e o relacionamento.

Hoje são tão simples as palavras "remoto", "híbrido", na esfera empresarial, não é mesmo?

Mas isso não era realidade há mais de dez anos.

Escolhas... Assim, eu abri minha própria empresa de perícias, prestando serviços para outras empresas do segmento, inclusive para a que trabalhei por tantos anos.

Seguimos na parceria até hoje. A chefe virou parceira, amiga e comadre!

Eu me tornei empresária, dona do meu próprio negócio, com clientes de assistência técnica e parceiros, que também prestavam os mesmos serviços.

Quando eu escrevo sobre isso, sinto orgulho de mim. Ao mesmo tempo, eu me lembro do tamanho do medo que me dominou, desde a tomada de decisão, até a finalização da abertura da empresa.

Medo! Ele sempre aparece em nossas vidas, não tem jeito. Sabe qual é a grande sacada? O que a gente faz com ele.

Medo, vontade de desistir e a perícia

Não sei o autor dessa frase, mas é muito importante começar aqui citando que: nós somos o somatório de todas as pessoas que passam pela nossa vida!

Quando os sentimentos, muitas vezes sabotadores de objetivos, nos tomam pela mão, além da importância de tentarmos não os deixar se tornarem realidade, contamos ainda com anjos em forma de pessoas.

Eu penso que, se você sente medo e vontade de desistir, porém existem, além da fé em Deus, pessoas que lhe mostram que estarão sempre ali, você deve afirmar: "ah, vou com medo mesmo!".

E nesse ponto o meu marido, Marcos Paulo, merece especial destaque. Somos água e óleo no quesito vida. Eu sou a inquietude, enquanto ele é a figura viva de "pés no chão". E exatamente por esse motivo ele apoiou minha decisão e foi meu pilar.

Sendo funcionário público, não tem essa mente empreendedora, mas tem a visão de que, com planejamento, qualquer emergência é plenamente administrável.

E se não der certo? E se eu não tiver clientes? E se estes clientes pararem de me demandar? E se eu não conseguir fazer bons trabalhos?

Eram tantas dúvidas que o medo gerava... e ele sempre tinha a resposta na ponta da língua: "Você acredita em seu negócio? Eu acredito em você, você é capaz, e se tudo der errado, o que eu, nem de longe, acredito, eu estarei aqui, lhe amparando, lhe dando suporte e aportes".

E foi assim que eu voei, voei alto e longe! Considero-me orgulhosa de minha história! Com muitas participações especiais, mas com uma protagonista que nunca desistiu!

Hoje, com recursos próprios, frutos de toda essa jornada, posso dizer que vivo de perícia e a perícia vive em mim.

Não, nada é perfeito. Eu já perdi as contas da quantidade de vezes que quis desistir. Porém, eu sempre procurei viver um dia de cada vez, e nunca mais me vi fazendo outra coisa.

Além do mais, depois de abrir minha própria empresa a família cresceu e as minhas joias mais preciosas, **Lívia** e **Letícia**, são para mim força e motivação para ser exemplo do correto, ter alegria em meio às mais diversas turbulências, além de me dar sempre motivos para continuar. Tudo por elas, sempre!

Dias ruins sempre houve e sempre vão existir. E quando vinham davam aquela "certeza absoluta" de não fazer mais perícia...

Tantas certezas absolutas que, depois, viraram reflexões, se transformaram em aprendizados, em novas chances e em mudanças de rota.

Perícia hoje, amanhã e sempre

Eu não parei... Eu estou aqui e me conformei que sou completamente apaixonada pela perícia.

Tanto sou que continuei estudando. Como todas as áreas, o estudo deve ser contínuo, mas essa exige um aprimoramento constante. São vidas em jogo, autores e réus querendo provar seus direitos através de nossa técnica e expertise.

Fiz uma pós, fiz outra, fiz outra graduação, paralelamente a isso fiz incontáveis cursos, aprimorei meus conhecimentos, abri o leque de possibilidades e, em qualquer oportunidade que eu tinha, eu falava de perícia.

Estudando e também, sob a forma de palestras e cursos, passando meu conhecimento sobre a minha área.

Além disso, com as redes sociais senti que poderia fazer meus conhecimentos chegarem a lugares que nem eu mesma imaginava.

Que bom que eu não desisti! Que bom que estou aqui, hoje, passando adiante meu legado, minha história.

Ouço muito a frase: Você coloca o pé, e Deus coloca o chão.

Acho linda e verdadeira, porém eu vou tomar a liberdade de fazer uma pequena alteração.

Isso porque Deus não coloca o chão somente após você colocar os seus pés. Deus sempre vai colocar o chão, Ele é unipresente. Ele é o chão, é o tapete, é a parede.

Mas, e se você não coloca seus pés? E se o medo o desanimar e você pensar em desistir? E se a ausência de nomeações fizer você mudar para sempre sua rota? E se uma assistência técnica ruim fizer você acreditar que não é capaz o suficiente?

Então pare e respire. Veja o quanto pessoas maravilhosas podem inspirar você, que tiveram mais motivos para desistir do que eu, e simplesmente optaram em continuar.

Então meu conselho é:

Coloque seus pés, suas mãos, sua mente, seu corpo e sua alma, Deus lhe pegará nos braços conduzindo caminhos, sempre!

O meu passado
não me define,
ele me preparou

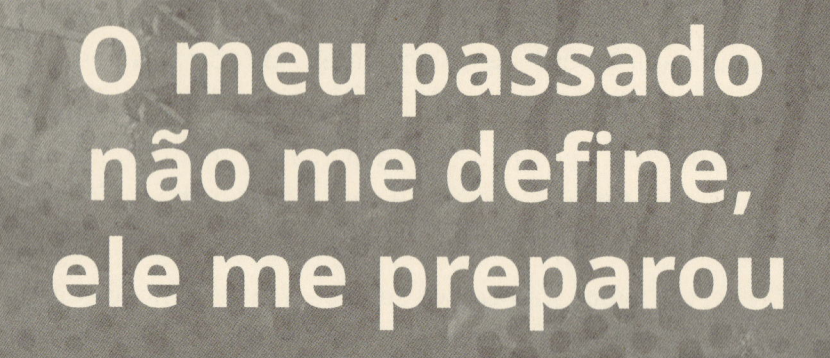

Adaiana Anastácia

Filha de Eneimair e Andréia, ambos falecidos, é perita em Documentoscopia Avançada e fundadora do primeiro Instituto de Criminalística voltado para Perícia Judicial e pesquisa acadêmica do interior do Estado do Rio de Janeiro, sendo o primeiro do Brasil a trabalhar com estágio prático supervisionado na área pericial. É graduada em Direito pela Universidade Estácio de Sá, pós-graduada em Documentoscopia Avançada, pós-graduada em Docência do ensino superior - Faculdade Focus, especialista em Criminalística, pós-graduanda em Balística Forense e de Combate pela Verbo Jurídico, e mestranda no programa de Criminologia da Universidad de Ciencias Empresariales y Sociales (UCES), Buenos Aires, Argentina. Encontrou sua realização profissional na Perícia Judicial e, ainda mais, na docência, onde ministra aulas para novos peritos com zelo e comprometimento.

INSTAGRAM

Minha história não é bonita. Começo com essa afirmação porque, desde o início, quero ser honesta com você, leitor. Minha trajetória não foi fácil, marcada por desafios que muitos nem sequer imaginam. Mas, apesar das dificuldades, é uma história de superação, resiliência e, acima de tudo, esperança.

Quando me convidaram para contar minha história em um livro, senti um misto de emoções. De um lado, a responsabilidade de representar tantas outras jovens que, como eu, lutam diariamente por um futuro melhor. De outro, a oportunidade de compartilhar minha experiência e mostrar ao mundo que é possível romper com as amarras da pobreza e do crime.

Filha de traficantes e viciados em drogas, cresci em meio à miséria e à violência. A cada dia, era obrigada a presenciar cenas que nenhuma criança deveria ver. Mas, dentro de mim, existia uma força que me impulsionava a buscar algo mais, a lutar por um futuro diferente.

Cesare Lombroso, em sua Teoria do Criminoso Nato, descreve a criminalidade como um fenômeno biológico, e não um ente jurídico, sendo assim, o criminoso seria um selvagem que já nasce fadado ao crime. Na mesma linha, Jean-Jacques Rousseau defendia a teoria de que "o homem é fruto do meio em que vive", e desta forma o ser humano que cresce inserido em meio à criminalidade, convivendo em meio ao tráfico de drogas e exposto a todo tipo de violência, como é o meu caso, naturalmente estaria fadado ao crime.

Tais teorias levantam o seguinte questionamento: "Somos o fruto do que vivemos ou determinamos o que seremos? Será mesmo que alguém que nasceu e cresceu em meio a essas condições estaria com o futuro determinado, ou seria capaz de moldar a própria essência?"

Eu me encaixava perfeitamente em ambas as descrições, mas eu me recusava a aceitar que meu destino estava traçado. Eu não queria ser definida pelas circunstâncias em que nasci. Eu almejava ser dona da minha própria história. É fato que o meio pode nos influenciar, porém, assim como o existencialismo, parto do princípio de que: "A existência precede a essência". Sou a prova viva de que o ser humano é capaz de se desligar do meio em que vive e se moldar a uma realidade diversa.

Minha família era numerosa, eu e mais cinco irmãos: Michele, Jonatan, Cesar, Diego, meu anjo, que partiu cedo demais, aos dez anos, em um acidente que ainda hoje me faz chorar, além de outro anjo, que nem sequer conheci, pois minha mãe, em meio ao trauma de perder um filho pequeno que não resistiu e morreu de fome em seus braços, não conseguia falar sobre ele(a).

Apesar do amor dos meus pais, que faziam o possível dentro das suas limitações, a rotina era dura e marcada pela falta de alimentos, pelas noites frias dormindo sob um único lençol que nos separava do chão e pelo medo constante.

Minha mãe, ex-menor abandonada, lutou bravamente para me dar uma vida melhor. Ela me ensinou que a educação era a chave para o sucesso, que eu poderia ser quem eu quisesse desde que me esforçasse. Eram palavras de esperança em meio ao caos.

Vi minha mãe ser espancada diversas vezes por meu pai, ambos sob a influência de drogas e álcool. Momentos de terror que me marcaram para sempre. Buscava refúgio nos braços da minha irmã Michele, enquanto meus gritos de desespero ecoavam pela casa: "Socorro! Ele vai matar ela!".

Mas a violência não me consumiu. A cada dia, fortalecia em mim a convicção de que eu precisava sair daquele ambiente. Eu precisava vencer.

Espero que minha história inspire outras pessoas a nunca desistirem. Desejo que mostre ao mundo que é possível vencer, mesmo quando tudo parece estar contra você.

Minha história não é bonita, mas é real. É uma história de superação, de esperança e de fé. É a história da minha vida.

O dia em que a inocência morreu

Às 6h da manhã, o portão de madeira do barraco que cobria nossas cabeças vai ao chão, junto com a cerca de bambu que o segurava. "Polícia! Vamos revistar o local". Eis o meu presente de aniversário de 15 anos. Minha casa era uma boca de fumo, frequentada por usuários de drogas o dia todo. Não era novidade esse tipo de abordagem, mas o que eu não imaginava é que aquela seria a ultima vez que isso aconteceria.

Casa revirada, revista íntima constrangedora para uma menina de 15 anos, drogas encontradas, minha mãe como sempre gritando: "É tudo meu, deixa meu marido ficar, senhor. Meus filhos não mexem com nada errado! É tudo meu!". Na mente dela, meu pai era o provedor, e sozinha ela não conseguiria nos manter, mesmo que fosse capaz de roubar para nos sustentar. Ela não queria correr o risco de perder outro filho para a fome. Então, assim como grande parte das mulheres que estão em cumprimento de pena no Brasil, ela seria mais uma que estaria ali por conta do companheiro. Dessa vez o pedido dela não foi acolhido como das outras vezes, pois a denúncia dizia que ele era o traficante. Sendo assim, diante da palavra dela e da denúncia que o apontava, os dois foram presos. Começava ali uma das piores fases da minha vida.

A força de uma menina quebrada

No vazio deixado por pais encarcerados e irmãos desaparecidos, restamos apenas eu, minha irmã Michele, com dois filhos e outro a caminho. A adversidade era nossa companheira diária. Michele, minha heroína sem capa, trabalhava incansavelmente numa empresa de reciclagem, enquanto eu fazia pequenos bicos, como levar crianças à escola, para contribuir com o que podia. Nossa sobrevivência se tecia em torno da assistência de programas sociais e da solidariedade comunitária.

Grande parte da mulher que sou hoje é graças aos esforços incansáveis de minha irmã Michele, para que eu pudesse estudar. Em respeito a ela e sua história, resumo os próximos três anos de minha vida com a palavra resiliência.

Nessa época, cheguei a ficar dias apenas bebendo água, geralmente nos fins de semana, quando não havia aula na escola, onde eu podia me alimentar.

A virada veio com meus 18 anos. Determinada a reescrever minha história, consegui um trabalho em uma fábrica de roupas, conhecida por seu ambiente hostil. Mas era um degrau. Cada humilhação enfrentada era um lembrete da minha meta: transformar minha vida pelo esforço e trabalho.

Ao chegar em casa após um dia de trabalho, encontrei meu pai, após três anos de cárcere. Emocionada, pedi apenas uma coisa entre lágrimas: "Pai, agora eu trabalho. Não precisamos mais viver de ilegalidades. Por favor, não chame mais aquelas pessoas para cá".

No entanto, a dependência química destrói famílias diariamente. Logo a casa estava cheia de usuários novamente. Apesar de ter mais de 60 anos, meu pai não conseguia se livrar do vício e da influência do tráfico, que oferecia uma falsa sensação de acolhimento.

Eu não aceitava aquilo, não era mais criança e não queria ver meus sobrinhos crescendo e vendo tudo o que eu vi. "Eu vou vender só esse, vou levantar um dinheiro e vou parar." Essas eram as palavras dele, mas eu sabia que aquilo era um círculo vicioso, ele não ia parar enquanto não morresse. E assim foi.

Em 19 de agosto de 2011, uma semana após o Dia dos Pais, saí para trabalhar como de costume. Entretanto, as humilhações diárias no trabalho me levaram ao limite. Soluçando, pedi demissão e voltei para casa.

Naquela noite, acordei com minha irmã me chamando. Encontrei meu pai com uma mulher usando drogas. Ele havia sido internado dias antes por complicações de saúde decorrentes do uso contínuo de drogas. Naquela noite, em meio a gritos e lágrimas, meu pai sofreu um infarto agudo do miocárdio e morreu nos meus braços. Foi a pior dor que já senti.

Vivendo com o luto

Lidando com a dor da perda de meu pai e desempregada, enquanto minha mãe ainda estava na prisão sofrendo pela perda do amor de sua vida, eu procurava desesperadamente formas de escapar da realidade.

Desde a infância, minha irmã me incentivava a participar de projetos sociais que me tirassem de casa e daquele ambiente. Foi ela quem me matriculou na escola e em aulas de música. Toquei em uma banda marcial na adolescência, na qual convivi com jovens de diferentes realidades, nutrindo a esperança de seguir seus passos e me dedicar aos estudos para ingressar na faculdade.

Acredito que Deus cuidou de mim por meio dos amigos que colocou em meu caminho. Além das aulas de música, tive a sorte de encontrar o Núcleo de Dança Caíque Bonforte, onde conheci meus melhores amigos. Essas amizades se tornaram minha família, resistindo ao teste do tempo. Destaco aqui a importância da arte, cultura e esporte para o desenvolvimento educacional de jovens em situação de vulnerabilidade social. Toda a minha gratidão à vida de Carlos Henrique, que há 20 anos dedica o talento com que Deus o presenteou para mudar a vida de jovens através da arte na cidade de Três Rios.

Oração é alimento

Eu cresci ouvindo junto de minha mãe os louvores da cantora gospel "Cassiane", recordo-me do trecho de um louvor que me marcou muito: "Deus não rejeita oração. Oração é alimento!". Deus ouviu minhas orações e pouco tempo depois de perder meu pai e meu emprego, uma nova porta se abriu para mim. Comecei a trabalhar como divulgadora de uma escola de cursos profissionalizantes, entregando folhetos e abordando pessoas na rua para conhecer os cursos. Era um trabalho de meio período, eu ganhava cerca de R$ 300 por mês e, apesar de enfrentar desafios diários ao lidar com pessoas de todo tipo nas ruas, essa foi a maior oportunidade que tive na vida, pois ali iniciei minha trajetória na educação.

Toda minha gratidão a Gustavo Ferraz, então proprietário da Prepara Cursos Três Rios, por acreditar em mim, investir na minha educação com diversos treinamentos que me levaram a caminhar do cargo de divulgadora externa até o mais elevado cargo de gestão no ramo educacional. Foram 12 anos de trabalho que me permitiram conhecer pessoas incríveis que aprendi a admirar, respeitar e em quem pude me espelhar. Através do meu trabalho com qualificação profissional, mesmo com todas as dificuldades e sempre em oração, pude realizar o meu sonho de cursar faculdade de Direito. Nesta etapa da minha vida pude amadurecer, errar, acertar, cair e levantar diversas vezes, até me tornar a mulher que sou hoje.

Fantasmas na 24 de Maio

Durante a graduação, enfrentei desafios inimagináveis. Mudei para Petrópolis, uma cidade desconhecida, com recursos limitados, contando com a ajuda providencial de anjos que Deus colocou em meu caminho.

A faculdade foi um período extremamente árduo. Trabalhava o dia todo para me sustentar, pagando aluguel, contas e alimentação, sozinha em uma das cidades mais caras do Rio de Janeiro, além de estudar até tarde da noite.

Recordo-me de noites frias e chuvosas, sozinha, com medo, chegando a desmaiar de fome ao subir as escadas da casa na rua 24 de Maio.

As madrugadas eram meu único momento para estudar. Passava noites no quartinho apertado em formato de triângulo, contando os dias para o fim de semana, quando poderia viajar para minha cidade e encontrar amigos. Em alguns fins de semana, ia até Três Rios apenas para me alimentar na casa deles e levar marmitas para a semana.

Foram cinco anos desafiadores, com memórias que ainda não consigo articular em palavras. Mais uma vez, Deus me sustentou, tornando-me a primeira pessoa da minha família a conquistar um diploma universitário. Minha mãe, já fora da prisão e sem a presença de meu pai, livrou-se do álcool, das drogas e até do vício em cigarros, celebrando com alegria meu primeiro baile de formatura.

Minha mãe sempre foi a luz que iluminava meu caminho. Testemunhar sua libertação do vício e sua jornada para uma vida honesta, afastada de seus fantasmas, foi uma das maiores alegrias que já experimentei. Cada dia ao seu lado era um lembrete vivo de resistência e coragem. Nossa conexão era tão profunda que parecia transcender os limites do tempo e do espaço.

Quando minha mãe partiu, aos 62 anos, vítima de problemas cardíacos, foi como se uma parte de mim também se desfizesse. A dor que experimentei naquele momento foi avassaladora, um turbilhão de emoções intensas. O vazio deixado por sua ausência foi preenchido pelo medo, pela solidão e por um luto inexprimível, uma dor compartilhada por perder pai e mãe, uma angústia que só aqueles que enfrentaram essa jornada podem compreender em sua plenitude.

Além do meu querer

Quando ingressei na faculdade de Direito, sonhava em ser delegada. Porém, com o passar dos anos, percebi que a rotina de um delegado era bem diferente do que eu imaginava. Esse despertar me deixou perdida em relação a qual carreira seguir dentro da área jurídica. Eu tinha apenas uma certeza: advogar não era uma opção. Nunca me vi nessa profissão.

Após a faculdade, iniciei meu primeiro relacionamento amoroso. Em meio a tantas dificuldades, eu sabia que namoro não era uma prioridade para mim. Ainda assim, me permiti viver o amor e fui feliz por aproximadamente três anos. O término inesperado, porém, foi devastador. Enfrentei uma dependência emocional intensa, vendo a muralha que construí desmoronar. Havia depositado nesse relacionamento a esperança de criar a família que nunca tive.

Este capítulo da minha vida é chamado de: minha vez

O fim do relacionamento me abalou profundamente. Em pouco tempo, perdi cerca de 15kg e mergulhei em um período depressivo. Isolada e desiludida, me questionava se algum dia encontraria motivação novamente.

Dentro de mim, uma chama se recusava a apagar, uma voz sussurrava que eu era forte. Decidi lutar.

Foi um processo longo e doloroso, mas, aos poucos, a luz começou a entrar em minha vida novamente. Decidi investir em mim mesma, especializando-me em diversas áreas da perícia judicial, campo que me fascinou e no qual consegui me encontrar profissionalmente. Dediquei-me aos estudos e encontrei um novo propósito.

Durante a recuperação, contei com o apoio da minha família do coração: minha irmã Rhayanne, meus irmãos Renan e Ramon, e meus pais do coração, Marcos e Andréa. O amor deles me impulsiona diariamente.

Iniciei um mestrado internacional em Criminologia, uma experiência desafiadora e gratificante. As mulheres que já passaram por dependência emocional entenderão a dificuldade de se reencontrar. A atividade física também foi crucial. Através de uma amiga, comecei a praticar Muay Thai e logo iniciei no Jiu-jitsu também. As artes marciais me tiraram do vale da escuridão, devolvendo minha autoestima e confiança. Sou eternamente grata aos meus colegas de treino, e mais ainda aos meus mestres, Peterson Molina e Joel Domingues, pelos ensinamentos compartilhados diariamente. O tatame salva.

Com a autoestima renovada, decidi fundar minha própria empresa. Comecei do zero, com muito suor e dedicação. Enfrentei dificuldades, mas cada obstáculo superado me tornava mais forte e confiante. E assim, vencendo as tribulações, aquela menina quebrada, com ousadia, tirou do papel o projeto que hoje resulta no primeiro Instituto de Criminalística do interior do estado do Rio de Janeiro voltado exclusivamente para Perícia Judicial.

Minha carreira na Perícia Judicial se consolidou. Tornei-me referência na área, conquistando reconhecimento. Olhando para trás, vejo que a superação do fim do relacionamento foi o divisor de águas na minha vida. A partir da dor, encontrei a força para me reinventar e construir a vida que sempre quis.

Aprendi que após a tempestade sempre vem a bonança. Somos mais fortes do que imaginamos e capazes de superar qualquer obstáculo se acreditarmos em nós mesmos.

Minha história é um exemplo de que a superação é possível. Mesmo nos momentos mais sombrios, a esperança nunca deve ser abandonada.

"Não interessa o que a vida faz com você. O que interessa é o que você faz com o que a vida faz com você."

Amor por perícia no sangue

Ana Marta Froelich Mancuso Luft

Bacharel em Ciências Contábeis pela Faculdade Costa Braga, concluído em 2002, recebido Diploma de Mérito Acadêmico por ter concluído com o melhor aproveitamento. Pós-graduada em Finanças e Controladoria pelo INPG Business School, concluído em 2004. Especialista em contratos bancários e cálculos financeiros há mais de 20 anos. Especialista em Grafotécnica pelo CONPEJ e INFI-FEBRABAN em 2015. MBA em Perícia Tributária pela Trevisan Escola de Negócios em 2022. Atuação como perita assistente desde 2003, bem como perita judicial nomeada nas Varas de Fazenda e nas Varas Cíveis de diversas comarcas do Estado de São Paulo, desde 2017. Cadastrada no CNPC-CFC, membro da APEJESP. Mãe de duas mulheres e avó de um menino, Dominic.

LINKEDIN

Inicialmente quero agradecer o convite da Rita de Cássia Mendonça para participar deste projeto tão bacana, que valoriza a atuação na atividade de Perícia Judicial. Nem vou declarar há quanto tempo a conheço, para não entregar minha idade.

Espero que nas linhas seguintes eu possa inspirar outras pessoas que desejam entrar ou até mesmo prosseguir na área.

Lembro-me que na minha infância eu falava que queria ser investigadora, detetive ou algo assim. Sempre fui uma pessoa curiosa.

Após completar o ensino médio, com 18 anos de idade, passei no vestibular na PUC (Pontifícia Universidade Católica) e cheguei a cursar seis meses de Direito, mas o abandonei para casar, ser mãe e adiei a vida acadêmica.

Não posso dizer que foi fácil. Foram muito anos de "vacas magras", como diria a minha mãe. Graças à minha sogra, italiana, não passei fome, pois ela garantia nossas refeições de final de semana.

O meu primeiro emprego foi como recepcionista em uma construtora e eu tinha uma casa, marido e filha para cuidar. Trabalhei na construtora por quatro anos.

Meu primeiro contato com perícia foi em meados dos anos 80. Meu pai tinha um escritório e iniciado a atuar como perito judicial na área trabalhista, e algumas nomeações nas

Varas Federais, Cíveis e Família. Como ele precisava de uma auxiliar administrativa, ofereceu a mesma remuneração que eu recebia na construtora. Assim, eu fui ser uma auxiliar que fazia um pouco de tudo, cuidava da parte administrativa-financeira e até fazia faxina. Lá, conheci os termos mais usados no trabalho pericial e ajudava a calcular os registros de ponto e cálculos simples. Meu pai era fã do papel almaço oito colunas, que pareciam as linhas de grades do Excel. Ele fazia os cálculos na calculadora HP 12C, que eram transcritos para o dito papel. Isso funcionava muito bem.

Nessa época o escritório era bem pequeno e eu ainda não tinha me encontrado profissionalmente. Assim, após um ano, recebi convocação de uma vaga em um concurso público, que havia prestado anos antes, para trabalhar em área administrativa, que durou outros quatro anos. Pedi exoneração do cargo público logo depois que minha filha caçula tinha completado um ano de idade. Saindo de lá, por alguns meses trabalhei com vendas de forma autônoma.

Sentia falta da parte acadêmica e resolvi fazer vestibular para Direito novamente. Passei em uma universidade particular, cujo valor da mensalidade era impagável para mim na época. Novamente adiei a graduação.

No início dos anos 90, o escritório do meu pai estava crescendo e precisava de ajuda na área administrativa-financeira, de forma que no final do ano de 1994 voltei a trabalhar lá, mais uma vez como uma auxiliar faz-tudo. Nessa época o escritório tinha como foco principal assistência técnica, principalmente para instituições financeiras e a perícia trabalhista tinha ficado para trás.

Além do trabalho administrativo, comecei a ter curiosidade pela área técnica e comecei a entender as diferenças entre laudo e parecer, perito judicial e assistente técnico e me deparava com frequência com as palavras "juros", "anatocismo", "quesitos", "termo de diligência".

A agenda do meu pai era muito movimentada. Reuniões com clientes, audiência com magistrados, participação em diligências, elaboração de laudo e pareceres.

Aí me deu um click. Como posso ajudar meu pai? Como poderia fazer o mesmo trabalho?

Em 1998 minhas duas filhas já estavam maiores, com 11 e cinco anos de idade. Então, havia chegado a hora de retomar a vida acadêmica, aos 31 anos de idade, e decidi fazer graduação em Ciências Contábeis. Não tinha como ser diferente. Apesar de o meu pai ser administrador, economista e contador, Ciências Econômicas e Administração não me atraíam.

Costumo ser muito dedicada em tudo o que eu faço. Passei no vestibular em 5º lugar, apesar de muitos anos longe dos estudos. Dessa vez fui em frente. Fiz a matrícula, embora o valor da mensalidade fosse 60% da minha remuneração mensal. Estava acostumada com as "vacas magras", "apertar o cinto".

No primeiro dia de aula, eu estava em uma carteira na primeira fileira do total de 100 na sala. O diretor acadêmico, Sr. Shinoda, apareceu para explicar o funcionamento do curso e informou que, ao final, o primeiro aluno da turma iria receber um diploma de mérito acadêmico e ser contemplado com uma pós-graduação.

Naquele momento, na minha cabeça já me via segurando o tal diploma e cursando a pós-graduação.

Posso assegurar que a tela mental se concretizou na totalidade. Fui a primeira da turma e ganhei uma pós-graduação escolhida: Finanças e Controladoria. Ou seja: acredite que você é sempre capaz de atingir seus objetivos. Não foi fácil, mas a dedicação e o foco me fortaleceram no caminho.

Durante a faculdade, em face de ser em São Paulo e o escritório em Alphaville, na cidade de Barueri, meu chefe (meu pai) permitiu que eu fizesse parte do meu trabalho dois dias remotamente e três dias presenciais. Fato que facilitou muito para me concentrar nos estudos, porque na época levava de quatro a cinco horas no trânsito, ida e volta.

Assim, no trabalho também tive a oportunidade de me

dedicar a entender todo o mecanismo de como ser uma perita judicial. Observava as movimentações processuais, analisava vários tipos de laudo, respectivos pareceres e construção dos cálculos. No escritório nunca usávamos *softwares* ou sistemas prontos, mas tudo em planilha no Excel.

Na graduação, no último bimestre, o professor da disciplina de Perícia inovou e minha prova foi dar uma aula de Perícia Judicial aos colegas de como construir um laudo. Foi uma experiência instigante e gratificante. E nem preciso dizer que nessa disciplina fechei com 40 pontos.

Na minha colação de grau, fui a juramentista e a diretoria acadêmica quebrou o protocolo, chamando meu pai para entregar-me o diploma, já que além dele ser contador também tinha sido conselheiro no CRC-SP em várias gestões.

No dia seguinte, quando cheguei ao escritório, tinha uma nova mesa e cartões de visita com a palavra "sócia". A partir desse dia, decidi que o trabalho seria totalmente presencial e comecei a ser também indicada como assistente. Sempre tínhamos muito trabalho e o fruto dele me permitiu pagar o curso de Medicina da minha filha primogênita e a pós-graduação da caçula na área de Nutrição. Se dependesse de mim, nunca mais passaria por "vacas magras". Até antes de eu me formar a parte financeira era sempre "apertada". Rezava para o mês acabar e eu ainda ter saldo positivo na conta bancária.

Eu sempre me considerei o braço direito do meu pai. No escritório, além da parte técnica, eu tinha várias atribuições, financeira, RH, suporte aos colaboradores, que eu ficava feliz em realizar. Meu pai não gostava de se ausentar do escritório, mas quando o fazia, por curtos períodos, eu estava pronta à frente para que ninguém notasse a ausência dele. Toda engrenagem fluía normalmente. Ele é um excelente profissional e gestor a se espelhar. Tenho certeza que sempre fui uma excelente discípula.

Atuando como perita assistente técnica, tive oportunidade de receber alguns e-mails de clientes, parabenizando por excelentes trabalhos, os quais tiveram êxito em refutar cálculos da perícia judicial e reverter valores de condenação. Muitas vezes, parte de equívocos cometidos por perícia judicial tem a ver com atualização envolvendo mudança do padrão monetário, fato que pode majorar ou minorar valores erroneamente, de mil para milhões, bilhões, ou vice-versa. Assim, é prudente a revisão de cálculos, várias vezes, antes da entrega de trabalho.

É uma enorme satisfação quando seu trabalho é valorizado e reconhecido.

Após alguns anos, meu pai decidiu se aposentar e, apesar de eu gostar extremamente do que fazia, por motivos de foro íntimo, não o sucedi e pensando em mudar de ramo fiz alguns cursos na área holística (inclusive sou acupunturista, massoterapeuta, reikiana, radiestesista) e tenho curso na área de grafotécnica.

Mas o amor pela perícia (contábil, financeira, tributária) sempre falou mais alto e forte. Eu era frequentemente requisitada a desenvolver em parceria trabalhos de perícia contábil-financeira, a maior parte voltada para perícia bancária, a qual sempre dominei e em que passei a atuar de forma autônoma.

Posso dizer que é plenamente possível atuar como perita judicial e perita assistente, porque a perícia trabalha com fatos passados, não se criam documentos. Ambas as atuações trazem para a luz a verdade dos fatos. A diferença é que o assistente dá mais ênfase aos fatos que favorecem a parte que o contratou. Todavia, todo trabalho sempre tem que ser pautado na atuação técnica. Nos trabalhos de perícia, cada caso é diferente e o fazem sempre querer estudar, se atualizar.

No ano de 2016, em meio a um divórcio e com muito trabalho, eu aparentava ser incansável, mas tinha picos de hipertensão arterial, até que em julho daquele ano tive um AVC hemorrágico, perdendo a consciência no quarto da minha filha e socorrida pelo pai dela. Fiquei vários dias na UTI, algumas intercorrências, mas foram tantas orações e vibrações boas que eu sentia a emanação do amor das pessoas. Após a alta, tive muito apoio do pai das minhas filhas. Foram alguns meses de fisioterapia e fonoaudióloga e eu colocava toda a minha energia na minha recuperação. A minha dedicação em tudo que eu faço também estava presente. Cada progresso era comemorado.

Naquele mesmo ano, em novembro, eu senti a necessidade de voltar a colocar a cabeça para funcionar. Graças à neuroplasticidade, peguei um trabalho simples de liquidação de sentença envolvendo um contrato de empréstimo. Que felicidade! E como andar de bicicleta. Conforme desenvolvia o trabalho, tudo voltou a fluir naturalmente. Todo conhecimento e prática estavam lá.

No começo de 2017 cadastrei-me no site do TJSP para atuar como auxiliar da Justiça e, após um tempo, comecei a receber algumas nomeações, para atuar como perita judicial em Varas Cíveis e de Fazenda, sobretudo de juíza em uma Vara da Fazenda Pública, a mesma que já nomeava meu pai desde 2014. Excelente juíza que valorizava o trabalho da Perícia Judicial.

Ah! Meu pai, apesar de ter tentado se "aposentar", em virtude de toda sua expertise, pessoa ilibada, foi convocado para atuar como perito judicial e também não conseguiu ficar longe da área pericial.

Em 2018 me tornei membro da Apejesp (Associação dos Peritos Judiciais do Estado de São Paulo).

Antes de 2020, para conseguir mais nomeações em Perícia Judicial era comum os peritos se apresentarem para os juízes, munidos dos seus currículos. Uma pergunta recorrente era: "faz perícia custeada pela Assistência Judiciária gratuita?"

Após 2020, em face do trabalho remoto dos cartórios e dos magistrados ficou mais difícil o contato direto com os juízes. Assim, é importante que os peritos judiciais tenham seus cadastros nos sites dos tribunais estaduais sempre atualizados.

Como nem tudo são flores, a parte menos feliz de atuar como perita judicial é quando atuamos em processos nos quais há deferimento da benesse da Justiça gratuita a alguma das partes, principalmente se for ela a responsável pelo pagamento dos honorários periciais. Assim, nos casos que tramitam pelo TJSP, a perícia judicial fica à mercê de uma tabela que atualmente é atrelada ao valor da Ufesp (Unidade Fiscal do Estado de São Paulo).

Durante o ano eu me imponho uma quota na qual me disponho a fazer trabalhos para atuar em processos acobertados por Justiça gratuita. Como eu nunca soube fazer trabalhos mais ou menos, mesmo para os processos que envolvem gratuidade, desenvolvo o trabalho com a mesma dedicação, tempo precioso e suor, que nos casos pagos pelos honorários que são estimados ou arbitrados. Outra parte também desagradável é quando realizada estimativa de honorários sempre coerente e uma ou as duas partes do processo querem impugná-la ao ponto de aviltar, desmerecendo o trabalho pericial, alegando, na maioria das vezes, que se tratariam de "simples cálculos". Ora, se fosse de fato simples, não haveria a necessidade de o nobre julgador nomear perito.

Mas você sabe que está no caminho certo quando seu laudo não sofre muitas críticas, poucos esclarecimentos a fazer e, às vezes, ambas as partes do processo concordam com seu laudo. Hahaha, isso parece uma lenda, mas acontece. Já tive a felicidade, várias vezes, de ambas as partes do processo concordarem com meus cálculos em laudo contábil e das conclusões em laudo grafotécnico.

Eu tenho por hábito, mesmo após o protocolo do laudo, acompanhar o processo, no mínimo até a prolação da sentença. Com sentimento de missão cumprida e como todo perito judicial sonha, tenho muito prazer em ler na sentença: "Homologo o Laudo Pericial".

Entendo ser relevante a educação continuada, pois temos que nos reciclar, adquirir novos conhecimentos. Até porque, para quem atua como perito contábil e esteja inscrito no Cadastro do CFC (CNPC), como eu, tem que atingir 40 pontos anuais, através de aquisição de conhecimento, atividades de docência, produção intelectual.

Há muitos anos, procuro assistir palestras variadas, principalmente com enfoque que envolva perícia nas áreas em que atuo e já assisti a incontáveis delas presenciais, oferecidas pelo CRCSP e pelas entidades congraçadas. Tenho, inclusive, muito orgulho de em 2018 ter apresentado uma palestra na sede do CRCSP, em conjunto com os nobres peritos Laerte Mancuso (meu pai) e Jubray Sacchi, cujo tema: "Sistemas de Amortização e Regimes de Capitalização de Juros nas Perícias Contábeis", que era assunto frequente no nosso cotidiano.

Apesar de assistir frequentemente a palestras e cursos de curta duração, eu estava sentindo falta da vida acadêmica, de forma que em 2020 decidi me matricular em um MBA Perícia Tributária, cujas aulas eram aos sábados e à distância, em função da pandemia de covid-19. A parte mais bacana foi ter colegas que eram de várias regiões do Brasil, e atuam em diversas áreas. Durante o curso precisei viajar duas vezes ao Canadá, por motivos familiares. No final do ano de 2020 até março de 2021, quando nasceu meu netinho e depois no segundo semestre de 2022, para dar um apoio e ajuda para minha filha caçula com seu filho. Apesar da diferença do fuso de horário de cinco horas, consegui participar das aulas, pois felizmente o curso era on-line. De lá, concluí com sucesso o MBA em setembro de 2022. Também assistia a palestras propiciadas pelo CRCSP, e dava continuidade aos trabalhos. Não precisava de muita coisa. Apenas um notebook e internet. Tudo resolvido.

Penso que meu próximo passo seja fazer um mestrado ou talvez alguma outra pós-graduação, pois sinto falta da parte acadêmica.

No final de 2023 fui convidada pela Suely Gualano Bossa Serrati, primeira mulher a assumir a presidência da Apejesp, para eu ser suplente no conselho deliberativo da referida entidade no biênio 2024/2025, que aceitei com honra.

Por fim, e não menos importante, gostaria de ressaltar que a perícia me proporcionou construir grandes amizades e também deixo minha gratidão a cada colega de profissão que em todos esses anos, em algum momento, me auxiliou de qualquer forma.

Gratidão eterna aos meus pais, às minhas filhas, à minha família.

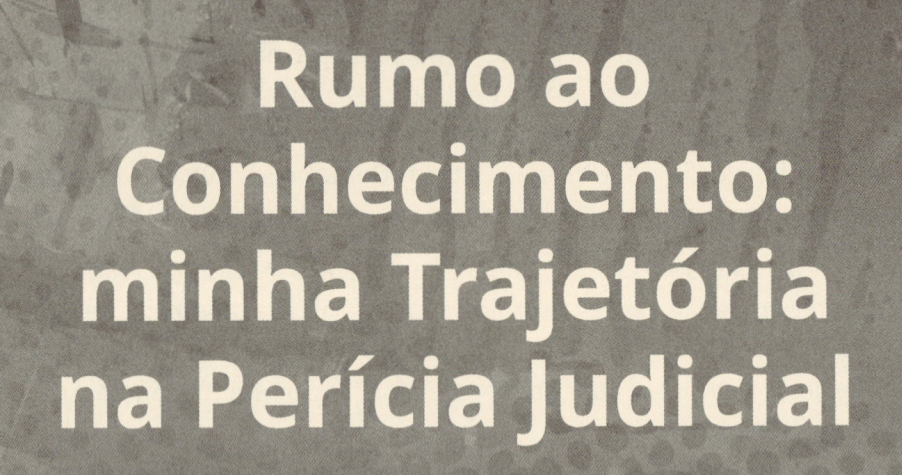

Rumo ao Conhecimento: minha Trajetória na Perícia Judicial

Andressa Pontes

Especialista em escrita, com vasta experiência em Perícia Grafoscópica desde 2005 e formação em Grafologia. Graduada em Direito, consolidou sua carreira em Documentoscopia e atua como perita judicial. Pós-graduada em Perícia Criminal, Ciências Forenses, Documentoscopia Forense e Master em Grafologia, possui diversas outras especializações na área da escrita. Professora e palestrante em eventos nacionais e internacionais de Ciências Forenses. Coautora do Manual de Boas Práticas em Exames Grafoscópicos. Sócia-fundadora da UP – Unidade Pericial, referência em Assistência Técnica Pericial para processos judiciais e extrajudiciais.

INSTAGRAM

Fui uma criança feliz, brinquei muito, porém enfrentei diversos desafios de saúde e, ainda que inconscientemente, entendia que dava trabalho demais. Tímida, medrosa, insegura, com dificuldades de expressar meus sentimentos e pensamentos. Fui a criança que tinha medo de errar e aceitava quase tudo para evitar "discussão".

Hoje vejo uma jornada de transformação. Superei, ainda que parcialmente, minhas inseguranças e descobri uma paixão pela comunicação. Encontro alegria em conversar com pessoas, inspirá-las e compartilhar minhas experiências de vida, motivo que me fez aceitar o convite para escrever minha jornada.

Quero fazer um agradecimento especial ao meu marido, Héctor, e aos meus filhos, Pedro e Ana. Muitas vezes, eles sentem minha falta devido às aulas nos fins de semana, viagens, congressos, reuniões à noite e tantos outros momentos "roubados" pela perícia. No entanto, eles sempre me apoiaram e me dão a força necessária para continuar. Esse apoio é inestimável para mim.

O começo de tudo

Inicio agradecendo a Deus, aos meus antepassados, que abriram os caminhos para que hoje eu pudesse estar aqui, aos meus pais, José Alfredo e Elisabeth (em memória), que me deram a vida e honram-na com suas histórias. Agradeço também às minhas irmãs, Daniela, a mais velha, e Nádia, a mais nova — sou filha do meio —, por compartilharem comigo uma infância rica em aventuras e por serem presentes no meu dia a dia.

No seio de uma família cristã, entre católicos e espíritas, fui batizada nas águas e me tornei evangélica em 2005, ano em que iniciei na perícia. Nasci em Bauru, interior do Estado de São Paulo, mas nossa casa estava em Pompéia, uma cidadezinha a cerca de uma hora de lá e onde ficamos até eu completar cinco anos. Em Bauru, moravam meus avós paterno e materno, e grande parte da família e amigos dos meus pais. Por isso, minha mãe optou por dar à luz a mim e minhas irmãs na cidade onde ela teria o suporte necessário após nascermos.

Guardo lembranças lindas e agradáveis daquela época. Morávamos em uma casa acolhedora, com uma imensa área verde. Lembro-me dos limoeiros, do pomar, da horta, da mangueira e até mesmo do gambá que vivia nela. Tenho saudades dos momentos em que íamos (eu e minhas irmãs) ao galinheiro pegar ovos para colocar para chocar em uma caixa de sapatos e testemunhar o nascimento dos pintinhos sob o calor de uma lâmpada, era mágico. E como esquecer as festas no fundo do quintal, onde meu pai "arranhava" o violão e cantava "O Menino da Porteira" entre tantas outras músicas que me trazem boas memórias. São muitas lembranças: bolachinhas de nata, arroz doce, pão e rosca feitos pela minha mãe, o leiteiro deixando o galão do leite cheio e levando o vazio, a linha do trem que passava atrás da nossa casa e acenávamos aos passageiros, das nossas cachorras, Ruanita, uma linda dálmata, e Tripé, que recebeu esse nome após um acidente na linha do trem que a deixou com apenas três patas, e quando a adotamos ela já era assim. Muitas brincadeiras na terra e muito banho de mangueira e piscina. Foram tempos maravilhosos, dos quais me recordo com muito carinho.

Primeiro contato com a Perícia Judicial

Desde pequena vejo as mulheres de minha família trabalharem, ser "do lar" nunca foi a opção, embora todas fossem donas de casa e excelentes cozinheiras, mães, esposas e profissionais. Sempre senti orgulho da profissão dos meus pais. Ambos formados inicialmente pela USP (Universidade de São Paulo), em 1970, meu pai em Engenharia Agronômica (Esalq) e minha mãe em Odontologia (FOB), numa época em que mulheres dentistas não eram tão comuns. Mais tarde, meu pai cursou Direito e Engenharia de Segurança do Trabalho. Foi ele, aliás, que me "apresentou" ao mundo da perícia judicial que conto a seguir.

Em 1996, enquanto eu cursava o segundo ano da faculdade de Direito, houve a inicialização da privatização da Rede Ferroviária Federal, onde meu pai trabalhava. Ele fez um acordo para deixar a empresa e viria a se tornar profissional liberal. Com experiência na área da agronomia e formação em Direito, viu uma oportunidade e decidiu parar tudo e estudar durante um ano para ingressar na Perícia Judicial. Foi assim que tive meu primeiro contato com a perícia.

Em 2005, já casada e com nosso primeiro filho com três anos, decidimos mudar para Bauru, a cidade dos meus pais, onde passei boa parte da minha juventude, antes de eu sair de casa para estudar Direito em Marília, em 1995.

A mudança para Bauru foi motivada pela saúde debilitada da minha mãe, quando senti que precisava estar ao seu lado. Infelizmente, ela veio a falecer naquele mesmo ano. Vínhamos de Salvador, e eu estava determinada a recomeçar minha carreira no Direito. Foi então, após a perda da minha mãe, em meio a dias difíceis, que meu pai me incentivou a fazer um curso de perícia judicial em São Paulo. Lá, tive a oportunidade de estudar com o renomado perito Francisco Maia Neto, na sede do Ibape/SP. Foi nesse curso que descobri a Documentoscopia e a Grafoscopia, áreas que não apenas se tornaram minha profissão, mas também minha paixão, e que tenho exercido desde então. Minha mãe havia se aposentado pouco antes de falecer e expressou interesse em fazer um curso de Grafoscopia...

E agora?

Após concluir o curso de Documentoscopia e Grafoscopia pelo Ibape/SP no ano de 2005, ministrado pelo saudoso professor Tito Lívio, adquiri dois livros recomendados por ele sobre Grafoscopia. Incluí o curso no meu currículo e comecei a me apresentar nas Varas das Comarcas da região onde morava. Não demorou muito para receber minha primeira nomeação, feita pessoalmente por um oficial de Justiça, pois naquela época as intimações eram feitas dessa forma. Lembro-me como se fosse hoje: meu coração acelerou! No dia seguinte, dei carga no processo que, naquela época, era físico. Estudei todo o processo e, no final, me senti perdida, sem saber como proceder.

Não tinha noção da complexidade do trabalho, embora tivesse feito um curso. Esse curso definitivamente não foi suficiente para que eu analisasse nenhuma assinatura e tampouco aquele documento. Foi então que conheci uma amiga de meu pai, que é perita criminal e atuava com Grafoscopia. Com a ajuda de Clara, que foi um verdadeiro "anjo", iniciei a análise, e ela foi me guiando nos primeiros laudos; sou grata a ela até hoje e a tenho com muito carinho. Naquela época, as formações não eram como hoje, quem diria especialização, mas segui em frente, estudando os livros, e as nomeações começaram a aumentar.

Uma pausa no caminho

Tudo estava correndo bem. Amava periciar documentos, as diligências e o ambiente forense, mas veio uma proposta para meu marido trabalhar no exterior e moramos fora do Brasil entre os anos de 2007 e 2009. Naquele momento eu não sabia a grata surpresa que receberia referente à minha profissão. Ao chegarmos em Santiago do Chile, me matriculei em um curso para estrangeiros na Universidad Católica de Chile. Terminado o curso e sem a opção de trabalhar com Direito ou perícia, já que apenas os chilenos podiam exercer essas profissões, busquei continuar meus estudos. Encontrei um instituto que oferecia formação para perito em Grafoscopia e Documentoscopia (perito caligráfico e documentólogo), era uma formação técnica de três anos e para chegar ao nível de perito documentoscópico foi necessário estudar dois anos antecessores, começando pela Grafologia científica. Assim, durante três anos, estudei nesse instituto, e aprendi um novo ofício relacionado à escrita, a Grafologia, partindo depois para a parte pericial quanto à autenticidade da escrita e à Documentoscopia. Foi, de longe, uma excelente escolha e meu primeiro divisor de águas.

A volta

Regressamos ao Brasil em 2010 e retomei minha carreira como perita judicial. Antes mesmo de me cadastrar no Tribunal, uma maravilhosa surpresa: engravidei de nossa filha. Naquela época, morávamos em São Luís, no Maranhão, e após o nascimento da Ana Laura mudamos para Novo Hamburgo, na região metropolitana de Porto Alegre, no Rio Grande do Sul, Estado que amo e guardo com grande apreço e carinho.

Após nos instalarmos, com a casa pronta e meu filho adaptado à escola e uma bebê de seis meses, sem nenhum familiar por perto e meu marido trabalhando em uma cidade vizinha, decidi retomar minha carreira. Me cadastrei nos Tribunais de Justiça e Federal. Alguns processos já eram eletrônicos, e nosso cadastro àquela altura já era quase todo digital. Ali, iniciei uma nova jornada na perícia judicial. Voltei com toda a força, comecei a ser nomeada em várias comarcas e minha carreira decolou.

Comecei a buscar cursos para me atualizar e encontrei alguns oferecidos pela internet. Ao longo dos anos, fui me aperfeiçoando com diversas formações, sempre buscando enriquecer meu currículo e meus aprendizados.

A virada

Em 2015, indo para o Foro Criminal em POA, me deparei com uma pequena livraria jurídica, entrei e comecei a explorar os livros disponíveis, sempre buscando livros de perícia em minha área e que eram raros, pois a bibliografia sempre foi carente no Brasil. Foi então que avistei uma coleção da editora Millennium sobre perícias e encontrei entre as obras um livro de capa verde chamado "Documentoscopia: Aspectos Científicos, Técnicos e Jurídicos". Ao folhear o livro, não tive dúvidas e o comprei. Para mim, essa é, de longe, até os dias de hoje, a melhor obra em seu segmento no Brasil.

Na orelha da capa do livro, havia uma foto e a biografia dos autores, Erick Simões da Câmara e Silva e Samuel Feuerharmel, peritos criminais federais e duas sumidades reconhecidas nacionalmente pelo trabalho em prol da perícia, um conhecimento que generosamente compartilharam e compartilham até os dias de hoje.

O tempo passou, e em 2017 nos mudamos, desta vez para o estado de São Paulo, onde fomos morar em São Caetano do Sul, no ABC Paulista, cidade em que vivemos até os dias de hoje (2024).

No final daquele mesmo ano, iniciei uma pós-graduação em Perícia Criminal e Ciências Forenses (IPOG) em São Paulo, onde quatro módulos eram em Documentoscopia e Grafoscopia, minha área de atuação, motivo inicial pelo qual fiz a pós, considerando que em perícia essa era a única opção de pós que eu havia encontrado, e acredito que era a única na qual eu poderia ver matérias em minha área de ofício. Ao ver a grade curricular e os professores que lecionariam, percebi que os autores do livro "verde" que mudou minha maneira de fazer perícia estavam entre os professores. Fiquei tão entusiasmada que pedi para fazer aulas adiantadas na turma anterior à minha, onde além de conhecer os professores conheci Aline, que depois se tornaria e é uma grande amiga que a perícia me deu.

Já na aula inaugural, fiquei encantada com a matéria de Criminalística, ministrada por Sara Lenharo (perita criminal federal), referência na perícia, que mais tarde se tornaria uma querida amiga e uma das sócias da nossa empresa. A turma era grande, mas eu era a única que atuava como perita judicial em Documentoscopia/Grafoscopia. Após concluir essa pós-graduação, sentia a necessidade de uma pós-graduação semelhante à disponível na área criminal, a qual eu acabava de fazer, mas para a esfera cível. Conhecendo Marcela Lopes, à época consultora da instituição – e hoje tenho a felicidade de ter como sócia e grande amiga -, propus a ideia. Isso resultou na criação da primeira pós-graduação para peritos em Documentoscopia voltada para esfera cível no Brasil. O curso foi coordenado por Samuel Feuerharmel (perito criminal federal), o perito em Grafoscopia mais renomado do Brasil, que igualmente hoje tenho o orgulho e a felicidade de ter como sócio em nossa empresa, a UP Unidade Pericial.

Vale lembrar que a presença de peritas judiciais em eventos científicos, incluindo a minha, sempre foi discreta e velada. No entanto, com a participação delas aumentando e se interessando, bem como o incentivo constante do professor, que se tornaria um querido amigo e parceiro, Erick Simões (perito criminal federal), essa realidade foi transformada. Sou imensamente grata a esse profissional, por sempre nos encorajar e nos tratar com respeito e confiança, jamais desmerecendo a nossa classe. Com seu apoio e a sua visão inspiradora, nós peritos judiciais em documentoscopia participamos hoje ativamente de congressos e compartilhamos nossos conhecimentos com orgulho. Em 2023, junto a outros três colegas, elaboramos o

Manual de Boas Práticas em Exames Grafoscópicos, pela Sociedade Brasileira de Ciências Forenses, um marco para a Grafoscopia Nacional do qual me orgulho de ter participado.

Sobre pessoas

Periciar um documento ou uma escrita é muito mais do que lidar com papel ou qualquer outro suporte que contenha a peça questionada; é entregar um resultado que pode influenciar decisões importantes, definindo futuros e alterando destinos. A conclusão de um laudo carrega um peso significativo e consequências variadas, dependendo da precisão do trabalho executado. No exercício dessa função, frequentemente encontro pessoas aflitas, confiando em mim a responsabilidade que o juízo me delegou ao me nomear. Ao longo dos anos, ouvi muitas histórias, me emocionei, desconfiei, observei e aprendi que ser perita exige disciplina constante, perspicácia, intuição e, acima de tudo, a capacidade de se manter isenta de qualquer influência psicológica do processo, o tão dito viés...

Hoje

Entre vindas e idas, diversas mudanças, hoje sou perita judicial em dois estados, atuando em quatro Tribunais. Já confeccionei centenas de laudos e tenho uma empresa de assistência técnica pericial que atende a todo o Brasil e exterior. Meus sócios, Samuel Feuerharmel e Sara Lenharo, foram meus professores e sempre me inspiraram e estão entre os profissionais mais admiráveis da nossa área; a Marcela, além de ser uma ótima perita, é a melhor relações públicas que conheço e a mais animada. Isso, para mim, é o verdadeiro sucesso de uma jornada profissional.

Quando me perguntam sobre a vida de uma perita, sempre respondo com uma pergunta carregada de significado: "Você gosta de estudar?" Ser perita é mais do que uma profissão; é uma paixão incessante pelo conhecimento, uma busca constante pela verdade e um compromisso com a Justiça. Cada caso é um novo capítulo, cada detalhe uma peça crucial de um grande quebra-cabeça. A emoção de desvendar mistérios e a satisfação de fazer a diferença tornam esta jornada extraordinária. Você está pronta para embarcar nessa aventura? Aqui deixo meu convite a você que deseja ser perita: é possível e você é capaz!

Agradecimentos

Ao longo de minha carreira, diversas pessoas participaram ativamente do meu desenvolvimento. Deixo aqui o meu agradecimento a Rita pelo convite para escrever este capítulo, e a todos que, de uma forma ou de outra – amigos, professores, colegas, alunos –, contribuíram para que hoje eu seja essa profissional que busca incansavelmente melhorar um pouquinho todos os dias e que quer continuar colaborando para o progresso e avanço da Grafoscopia e Documentoscopia no Brasil.

Cada passo nessa trajetória tem sido uma bênção, e sinto que estou cumprindo um destino maior. É com esse espírito que sigo em frente, determinada a fazer a diferença no mundo e a inspirar outros a fazerem o mesmo.

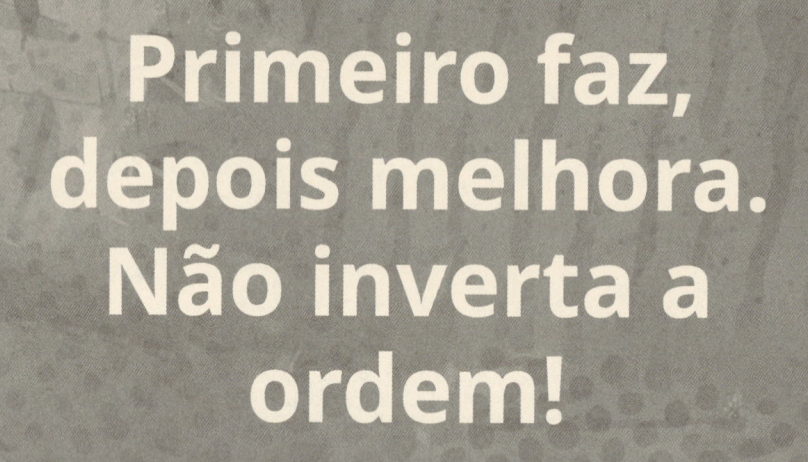

Primeiro faz, depois melhora. Não inverta a ordem!

Beatriz Catto

Trilhou uma jornada de estudos até se tornar uma renomada perita grafotécnica e documental. Pioneira no desenvolvimento do curso GrafoTech, chancelado pelo MEC, ela desbravou novos horizontes na perícia de assinaturas eletrônicas e documentos digitais. Seu curso pioneiro abriu portas para uma nova geração de peritos, capacitando-os a atuar em um campo em constante evolução. Sua trajetória é marcada pela persistência, pela busca incessante pelo conhecimento e pela dedicação em compartilhar sua expertise, capacitando centenas de alunos.

INSTAGRAM

De bióloga a perita grafotécnica e documental

Confesso que escrever este capítulo foi um desafio para mim por alguns motivos, sendo o principal deles reconhecer minha própria trajetória, uma vez que sou extremamente autocrítica e subo minha própria régua constantemente, quase como se eu acordasse em um determinado nível e no momento de dormir eu já estivesse em outro. Por consequência, acho que nunca fiz o suficiente ou que algo não é tão grandioso assim.

Inevitavelmente, a vida não é somente bater metas ou um *checklist*, então me obrigo diariamente a celebrar minhas conquistas, por menores que sejam. Meu mantra passou a ser "comemorar a cada tijolo assentado", uma vez que uma casa só é finalizada quando todos os tijolos já foram colocados.

Existe uma chance enorme de o meu início profissional ser muito parecido com o seu e de muitas outras peritas: não tive nada de bandeja, trabalhei (e trabalho) muito aqui nos bastidores e passei por uma transição de carreira, pois sou formada em ciências biológicas. Como bióloga, a única perícia ambiental que fiz foi uma busca por carrapatos em uma área com capivaras, que foi icônica na minha carreira. Meu coração é da perícia de assinaturas e documentos físicos e digitais. Mas vou compartilhar como tudo começou...

O extraordinário dentro do ordinário

Dentro do ordinário, nasce o extraordinário. Acredito que essa seja também a beleza da vida. Vim de uma família tida como normal, com vários defeitos, mas muito amor.

Assim como meus pais e irmãos, eu nasci e cresci em Sorocaba, que fica a uma hora de São Paulo. Por uma mísera diferença de três minutos, sou a caçula da família. Tenho um irmão quase dez anos mais velho, o Fred, e um irmão gêmeo, o Gabriel. Eles foram, são e serão meus grandes companheiros na jornada da vida e sei que posso contar com eles para sempre.

Meus pais, Selma e Edson, sempre foram presentes e nos criaram com muito afeto, oferecendo o melhor que podiam e incentivando o estudo. Sempre trabalharam para que nós três pudéssemos estudar com qualidade, fazermos cursos extracurriculares, como inglês, e termos momentos de lazer. Da minha mãe, herdei o senso de justiça e a vontade de auxiliar o próximo, do meu pai, aprendi que devemos ser fiéis aos nossos valores, como a honestidade. Além deles, tive o privilégio de conviver com meus quatro avós por grande parte da minha vida, o que eu agradeço imensamente, pois eles contribuíram significativamente na minha construção moral e social.

Na lateral da casa dos meus pais tem uma porta para a casa dos meus avós paternos, Lourdes e Joe. Inúmeras vezes atravessei aquela porta buscando carinho, atenção e até mesmo verificar se a opção de almoço na casa deles era melhor do que na minha. Joe, meu avô paterno, nos deixou em setembro de 2020, mas sua forma peculiar e atrevida de viver a vida sempre permanecerá na família, assim como a doce lembrança do sorvete de creme com pedaços de coco que ele fazia. A vó Lourdes continua firme e forte, nos ensinando que nossa cabeça é quem manda e lutando contra os efeitos do Alzheimer; sua sede de viver me inspira.

Embora morasse a uns 15 minutos de distância, meus avós maternos são até hoje minha inspiração de vida, em especial meu avô. Em todas as férias escolares, até ir para a faculdade, fazia minha mala e ia passar todo o período "morando" com eles. Minha vó Apparecida acolhia todos os meus amigos com muita simplicidade e amor. Vó Cida continua tentando viver, mas a perda do meu vô Celso em 2017 afetou imensamente toda a família.

Não existe uma pessoa na face da Terra que não sinta falta do meu avô – só não sente falta quem não teve o privilégio de o conhecer. Quando ele se foi, achei que eu não conseguiria respirar novamente. Para mim, todo oxigênio desapareceu do planeta. Em alguns dias, a saudade vem como avalanche e eu me vejo novamente sem conseguir respirar. Meu avô é a verdadeira definição de ser extraordinário dentro do ordinário. Foi um homem simples, com pouquíssimo estudo, comum aos olhos de quem o via dentro de um ônibus. Mas, a partir do momento que você o conhecesse, ele seria sua inspiração de vida, assim como é a minha.

De longe, é inegável que fui muito privilegiada por ter uma família comumente extraordinária. Eu devo o mérito das minhas conquistas a eles também, uma vez que, sem a estrutura e o amor que tive, muitas coisas não seriam possíveis.

Meu primeiro sonho realizado

A minha primeira conquista profissional foi ter entrado na faculdade dos meus sonhos: a Unesp, para a qual eu e meu irmão gêmeo passamos direto da escola, eu para Ciências Biológicas e ele para Psicologia. Em um mês estávamos no terceiro colegial e no mês seguinte na faculdade, que por sinal ficava a quase 400 quilômetros longe de casa.

O choque foi grande: desde a mudança de cidade, distância da família e o crescimento brusco que estar na faculdade exige. Na transição do primeiro para o segundo ano passei por um período complicado, quase renunciei ao meu sonho e desisti de tudo. O Gabriel foi uma das minhas grandes fortalezas, me ajudando a enfrentar os momentos mais sombrios e a buscar minha própria voz. De longe, meus pais me ajudavam como podiam, inclusive enfrentando horas de estrada para passar poucas horas com a gente, chegando no sábado e já indo embora no domingo.

Lembro-me que uma vez o Fred e minha cunhada Ana combinaram de nos visitar, passei a semana contando os segundos. Eu estava em uma das minhas piores semanas e a chegada deles era meu combustível. De surpresa, trouxeram meu vô Celso, que por sinal também nos ajudou muito na época da mudança. Nem preciso dizer o quanto aquele final de semana foi especial.

Passada a maré de tormenta, me reconectei comigo mesma e vivi a faculdade de uma forma única e especial. Colecionei momentos incríveis, fiz amigos para a vida e morei em uma república que se tornou minha família: eu, Gabriel e duas amigas que estavam na sala dele, a Rafaela e a Helena.

Participei de diversos projetos ao longo da graduação, como estágio em laboratório, dar aulas de ciências para crianças em uma escola e fazer parte de uma empresa júnior, que foi o projeto que me ajudou a desenvolver habilidades de gestão, comunicação e liderança, pois entrei no primeiro ano como *trainee* e saí no último como presidente.

De todos os aprendizados e conhecimentos que tive na Unesp, o melhor deles foi ter descoberto a perícia.

O começo de uma jornada

Quando eu decidi ser bióloga, minha meta era trabalhar com melhoramento genético. Na primeira oportunidade, fiz estágio em um dos laboratórios da faculdade e percebi que definitivamente aquilo não era para mim. Eu sempre fui uma pessoa aberta a novos conhecimentos e a me permitir recalcular a rota quantas vezes fossem necessárias. Ainda bem!

Ainda no primeiro ano da faculdade, a empresa júnior fez um evento chamado "Jornada Forense", com palestras e minicursos incríveis. Foi nesse final de semana que descobri com o que queria trabalhar: embora não fizesse ideia de como ou quando, eu seria perita. Eu saí do evento com a profissão definida e com a minha primeira pós-graduação escolhida, faria Ciências Forenses & Investigação Criminal em uma instituição de Ribeirão Preto.

Durante a graduação, fui algumas vezes para Ribeirão, pois, além dos cursos de pós, a instituição também promovia alguns eventos anuais. A cada evento e minicurso, saía mais motivada pela pós e decidida sobre a escolha. Só precisava de uma coisa: ter paciência para concluir a graduação.

Dentro do possível, trouxe a temática das ciências forenses para meu TCC, que foi sobre o estupro na evolução humana e em outras espécies de animais. Foi um trabalho bem desgastante emocionalmente, mas ficou impecável.

Com o fim da graduação e, após cinco anos de espera, me matriculei na pós. Foi um momento de muita felicidade, as idas mensais para Ribeirão Preto eram exaustivas, mas muito recompensadoras.

Por exigência da instituição, tínhamos que fazer um estágio relacionado com a pós, podendo ser em escritórios de advocacia, delegacias, entre outros. Consegui um estágio no Núcleo de Perícias de Sorocaba. Eu ia no período da tarde acompanhar o trabalho dos peritos criminais, fazendo rotação nos laboratórios de balística, documentoscopia e toxicologia. Era um trabalho voluntário, mas a quantidade de conhecimento e experiência que tive superariam qualquer valor de bolsa de estágio.

Por outro lado, a volta para Sorocaba foi muito difícil. Eu estava na fase "nem-nem": não era universitária, nem tinha emprego, nem conseguia atuar ainda como perita. Para não ficar no ócio, trabalhei um bom tempo com meu pai até conseguir passar em um programa do tipo *"trainee"* na indústria farmacêutica. Eu lembro até hoje quando me ligaram falando da aprovação. Eu não fazia ideia de como seria o trabalho, mas aceitei sem pensar duas vezes. Eu finalmente conseguiria financiar meus sonhos como perita, pois até o momento eu só conseguia estudar graças ao apoio financeiro da minha família.

Com o início do trabalho, precisei sair novamente de Sorocaba, já que a empresa ficava em uma cidade próxima de Campinas e pegar estrada todos os dias não era uma opção. Essa foi a primeira e única experiência "CLT" que tive e é inegável o quanto cresci e aprendi na indústria. Conheci pessoas especiais e tive uma chefe muito compreensiva, que permitia que eu saísse mais cedo às sextas-feiras quando tinha pós, para chegar a tempo em Ribeirão.

Com o tempo, fui me matriculando em outras pós-graduações e cheguei ao ponto de cursar três ao mesmo tempo, porque eu sabia que precisava de muito conteúdo técnico. Minha prioridade era investir na minha formação como perita grafotécnica e documental. Por outro lado, eu estava esgotada e desmotivada com o trabalho na empresa, mais da metade do meu salário era destinado a pagar meu aluguel, combustível e pedágio.

Toda minha motivação estava em mudar minha realidade e, finalmente, surgiu uma luz no fim do túnel.

A vida é cheia de riscos e escolhas. Sustente as suas!

Eu já namorava o Eduardo há um tempo e decidimos morar juntos, com isso começou a saga de buscar um apartamento para comprar. Em paralelo a isso, aceitei o desafio de trabalhar em um projeto no escritório de advocacia dele. Assim, de forma abrupta, deixamos de ser namorados e passamos a viver uma vida de casados, dividindo rotina e formando uma família, além da relação profissional no escritório.

Era um risco e poderia ter dado muito errado, tanto no âmbito do meu relacionamento como no lado profissional. Mas deu muito certo!

Ser extremamente organizada e ter aprendido a gerir meu tempo de forma eficiente fez com que eu desse conta de cursar três pós-graduações ao mesmo tempo, trabalhar de forma CLT e atuar como perita. Habilidades que me ajudam muito até hoje para cumprir com tudo que me proponho a fazer.

Já dentro do escritório, comecei a vivenciar a rotina do mundo jurídico e adquirir conhecimentos que me ajudaram na minha apresentação aos juízes e condução de casos de assistência técnica.

Ainda assim, mesmo com toda bagagem que fui adquirindo, eu não tenho formação em Direito e passei pelo estágio de receio de visitar os juízes, pela angustiante espera das nomeações e ansiedade de fechar os primeiros contratos de assistência técnica.

O começo da vida como perito judicial é bem diferente do que as propagandas vendem atualmente, e eu sabia disso, embora na época o "marketing de guerrilha" ainda não era tão expressivo como é hoje, falando absurdos para angariar mais vendas de cursos.

Mesmo com a consciência de como era a vida real do perito, foi necessário ter muita força de vontade e um propósito claro para enfrentar minhas próprias limitações, uma vez que, se eu não fizesse por mim, ninguém o faria.

Eu adquiri o hábito de estudar o mercado e a evolução

tecnológica, além de conversar com juízes e servidores sobre as demandas periciais. Com isso e nos primórdios dos primeiros litígios relatados, identifiquei que a perícia de assinaturas e documentos estava evoluindo para uma área especializada e, com certeza, eu evoluiria junto.

Primeiro faça, depois melhore. Não inverta a ordem!

Minha primeira pós-graduação me deu uma noção da amplitude e pluralidade da perícia, pude ter contato com diversas áreas, como engenharia forense, odontologia forense, medicina legal, papiloscopia, fotografia forense, entre outras, como a grafoscopia e documentoscopia.

Em paralelo à primeira, comecei a segunda pós em perícias de áudio, vídeo e imagem. Passados alguns meses, iniciei a pós de documentoscopia para aprofundar ainda mais minha formação.

Sempre tive clareza da importância do estudo. Para me tornar uma excelente perita grafotécnica e documentoscópica, precisaria investir e aprofundar meus conhecimentos na área. Então, de forma simultânea, fiz vários cursos livres sobre o tema, aprendendo tudo que podia.

Eu já atuava no "mundo *offline*" há um bom tempo, tanto no âmbito da perícia judicial como na assistência técnica, quando identifiquei que a grafoscopia e documentoscopia estavam evoluindo e novas demandas começavam a surgir.

Com base em todos os cursos e pós-graduações que fiz, além do conhecimento em Direito digital, identifiquei que poderia também auxiliar o juízo com as novas necessidades, uma vez que tinha bagagem técnica para tal.

Organizei todo meu conhecimento técnico, sistematizando as análises e forma de atuação para começar a aceitar as perícias de assinaturas eletrônicas e documentos digitais. E é com muito orgulho que falo abertamente sobre isso!

Em grafoscopia temos grandes profissionais tidos como referências, tanto da perícia oficial como na judicial. No âmbito da perícia de assinaturas eletrônicas isso não existia. Com toda tecnicidade e responsabilidade que a profissão exige, comecei a desbravar a área.

De forma discreta, passei a compartilhar nas redes sociais um pouco sobre meu trabalho, sobre as perícias de assinaturas e documentos e, posteriormente, sobre as digitais. Os primeiros alunos de mentoria começaram a surgir e eu percebi que poderia usar a internet de duas formas: para divulgar meu trabalho como perita e para auxiliar outros peritos.

Da técnica à comunicação

Surpreendentemente e contrariando tudo que disse no começo das aulas de licenciatura na faculdade, ser professora e ensinar outros profissionais sobre perícia é algo que me inspira, tornando-se um dos meus grandes propósitos.

Não basta saber a técnica, é preciso aprender a compartilhar o conhecimento de forma clara, com didática e oratória. Então, além da atuação como perita e assistente, retomei a jornada como professora que havia abandonado na época da graduação, passando a me dedicar a habilidades voltadas ao ensino.

Assim como não havia peritos fazendo as análises de assinaturas eletrônicas, não existiam cursos sobre o assunto. De forma pioneira e inovadora, sistematizei todas as análises e, com o objetivo de capacitar com qualidade muitos peritos, nasceu o curso GrafoTech.

Não satisfeita em ter feito o primeiro curso, eu queria ter a chancela do Ministério da Educação. Tenho muito orgulho em dizer que o GrafoTech foi submetido à categoria de curso de extensão e em dezembro de 2023 saiu a aprovação, os certificados passaram a ser chancelados pelo MEC.

Não foi um caminho fácil, mas com muita determinação, persistência e estudo consegui atingir resultados que a Beatriz do passado nem imaginaria. Desde então foram muitas perícias, mentorias e palestras, além de centenas de alunos.

Relutei com meu perfeccionismo e aprendi que primeiro a gente faz, depois busca por melhorias. Hoje, sei que sozinhas podemos ir até mais rápido, mas juntas vamos muito mais longe! Sigo aprendendo e compartilhando, pois ser perita e professora me inspira a buscar minha melhor versão todos os dias.

Meu começo

Camila Baena

Graduada em Direito desde 2016. Atua como Perita Judicial no Tribunal de Justiça de Minas Gerais (TJMG), Tribunal de Justiça do Paraná (TJPR), Tribunal de Justiça de Santa Catarina (TJSC) e Tribunal de Justiça do Mato Grosso do Sul (TJMS). Também atua como Assistente Técnica em Grafotecnia e Documentoscopia, Perícia Digital e Forense em imagens, áudios e vídeos. Especialista em Perícia Grafotécnica e Documentoscópica, Computação Forense, Forense em imagens, áudios e vídeos e Documentoscopia Digital. Pós-graduada no curso Perícia Judicial e Documentoscopia Avançada pela FTA (Faculdade de Tecnologia Avançada). Membro do Núcleo de Perícia Grafotécnica da OAB/SP. Mentora no Golden Experts.

INSTAGRAM

Não seria possível começar a falar de toda a minha jornada até aqui sem antes contar como foi o caminho que eu trilhei até chegar ao mundo da perícia. Minha infância foi um tanto tranquila. Cresci em uma família que sempre prezou o amor, carinho e respeito acima de tudo. Esses são os valores que carrego comigo até hoje, tanto na minha vida profissional quanto na pessoal.

O trabalho na minha casa sempre foi levado muito a sério. Meu pai é fonoaudiólogo e nunca o ouvi reclamando de trabalhar, me passando o valor do trabalho honesto, sempre estudando muito e me mostrando que quando se faz o que se gosta, a nossa rotina se torna um fardo possível de se carregar. Lembro-me de querer uma profissão que eu amasse tanto quanto ele ama a dele.

Minha mãe se dedicou a cuidar da casa, de mim e da minha irmã. Foi por causa dela que obtive o hábito da leitura, fator importante pela minha decisão de qual carreira seguir. Ela me apresentou o gênero de suspense, que se tornou nosso preferido. Na época em que as séries se popularizaram, passávamos as tardes assistindo a programas de investigação e perícia, como CSI.

Quando eu tinha nove anos, minha irmã nasceu. Ela é o melhor presente que ganhei nesta vida. Somos muito amigas e nos apoiamos em tudo.

Meus pais me incentivaram a estudar inglês desde cedo, o que também contribuiu para toda minha trajetória profissional e pessoal, abrindo caminhos e gerando oportunidades.

Escrever este capítulo do livro me trouxe à memória muitos fatos que talvez há um tempo não fizessem tanto sentido como fazem hoje em minha vida. Um deles, que não poderia deixar de compartilhar, além de ser muito marcante, traduz com clareza os ideais que já tinha. No ensino médio, em meu círculo de amizades, eu sempre fui conhecida por dizer a frase "daqui dez anos iremos nos arrepender mais das coisas não feitas do que das feitas". Com certeza hoje uso esse pensamento com muito mais maturidade do que quando era apenas uma adolescente.

A minha chegada no ensino médio foi um pouco diferente da maioria dos meus colegas de classe, pois eu já tinha uma ideia de que gostaria de trabalhar com alguma carreira que envolvesse investigação, mas ainda não sabia como e achei que a carreira de delegada era o que eu procurava. Mas sonhos mudam e os planos não saem sempre como planejado.

Antes de começar a faculdade, resolvi que gostaria de ter novas experiências e resolvi mudar de cidade. Mudei para Maringá, no Paraná, para fazer cursinho, com 17 anos. Morar longe de casa, especialmente quando a convivência com meus pais sempre foi ótima, era complicado. Não é fácil lidar com a saudade e com uma rotina totalmente diferente, por isso voltei para casa no fim de seis meses. Mesmo retornando, já percebi que eu não pertencia a apenas um lugar, uma cidade. Eu queria o mundo e comecei a faculdade planejando conquistá-lo.

Para quem quer novidades todos os dias, faculdade de Direito é um desafio. São aulas, em sua maioria, teóricas. Chegava na sala de aula, escutava o que os professores tinham a falar e voltava para casa. E isso se repetiu pelos cinco anos seguintes.

Para fugir um pouco dessa rotina, comecei um estágio no

Ministério Público Estadual, no setor Gaeco (Grupo de Atuação Especial de Combate ao Crime Organizado). E me encontrei muito. Como estagiária, minha função era fazer as perguntas para o interrogatório dos suspeitos, ouvir as interceptações telefônicas e transcrever as partes que indicassem provas.

Para realizar essas tarefas, precisava ficar por dentro de todo o caso, lia processos gigantes e, na época, físicos.

Para entrar nesse setor foi necessário assinar um termo de que não poderia falar os nomes das pessoas que trabalhavam comigo, o que achei superinteressante. Além disso, mesmo a sala do Gaeco estando dentro do Ministério Público, a porta tinha senha, era de vidro, blindada e cada um precisava entrar utilizando sua digital.

Foi uma época em que aprendi muito e aumentou ainda mais minha vontade de trabalhar com investigações.

Mudança de rota

No segundo ano da faculdade, resolvi fazer um intercâmbio. Fui para Londres e realizei meu sonho de vida, que era conhecer essa cidade. Essa viagem abriu minha cabeça de formas que não teria acontecido se eu não tivesse ido. Nela, percebi que eu podia ter muito mais sonhos e, principalmente, descobri que eu precisava e queria liberdade. Desde então, essa palavra pautou todas as minhas decisões.

Foi a primeira viagem que fiz sozinha, mas isso não impediu que eu vivesse tudo que eu quis naquele país e fazer amigos de diversas nacionalidades, com vivências totalmente diferentes das minhas, mas pensamentos parecidos, o que me encantou muito.

Por eu ter crescido em cidade do interior, estava acostumada com pessoas com vidas que eu não queria ter igual. Era difícil alguém me entender e cheguei a pensar, muitas vezes, que eu estava errada e que deveria me contentar com o comum. Ainda bem que descobri que não tinha nada errado comigo ao querer mais da vida.

Em Londres fiz amizade com uma brasileira que atualmente é uma das minhas melhores amigas e apoiadora de todos os meus sonhos.

Continuei a faculdade e comecei um estágio na Justiça Federal. Trabalhei no setor de protocolos, que também eram físicos ainda. Não foi tão emocionante quanto o tempo que estagiei no Gaeco, mas eu também gostava.

Tinha muito contato com advogados, que sempre conversavam e contavam casos dos escritórios em que trabalhavam. Nessa época, decidi que não queria advogar. Apesar de admirar a profissão, não gostaria de estar sempre no mesmo escritório. Lembrando, novamente, que pensamentos mudam e essa ideia também mudou com o passar dos anos.

Mas, como sempre fui de seguir o sonho do momento, não tirei minha OAB ao final da faculdade e essa é a única coisa de que me arrependo.

No último ano da faculdade, fiz outro intercâmbio, com o intuito de estudar espanhol. Fui para o México, em Playa del Carmen, próxima de Cancún. Foi outra experiência sensacional. Fui sozinha, conheci muitas pessoas de vários países e tive a mesma sensação de liberdade que conheci quando fui para Londres.

Tudo isso contribuiu para que meu maior objetivo de vida fosse viajar e conhecer tudo o que o mundo tem para oferecer. Hoje ainda penso isso e luto todos os dias para ter essas oportunidades. Experiências novas é o que me move.

Por isso, após me formar, decidi que gostaria de seguir a carreira de comissária de voo. Já tinha dois idiomas, fatores importantes para a profissão e achei que seria fácil. Em 2016 me mudei para Curitiba, no Paraná, com o objetivo de fazer o curso profissionalizante.

Também foi outra experiência interessante. Conheci muitas pessoas, com propósitos de vida parecidos com os meus. O curso tem a duração de apenas quatro meses, finalizando com dois dias de sobrevivência na selva.

Essa história vale a pena ser contada, porque realmente passamos um fim de semana no meio de uma floresta, sobrevivendo. Tivemos que montar barracas, com coisas que a natureza oferecia, comer o que também tinha na natureza, fazer fogo e procurar locais seguros. No meio disso, tivemos algumas atividades, como primeiros socorros, sobrevivência na água e apagar incêndios.

Após a aprovação no curso, fiz a prova da Anac e também consegui passar. Estava pronta para as seleções.

As seleções para comissários de voo possuem muitas exigências e são muito concorridas. Na inscrição é necessária a apresentação de um currículo próprio para a vaga, com foto, vários cursos extras e idiomas.

A primeira fase consiste em provas de conhecimentos gerais, conhecimentos específicos, inglês e português. Essa etapa nunca foi um problema e sempre resultou na aprovação e em ser chamada para a segunda fase.

A segunda fase era composta por dinâmicas de grupo. Sempre fui tímida, então não consegui passar em nenhuma das seleções que fiz, após chegar nessa etapa. Como sempre tive o pensamento de que tudo acontece por uma razão e o que é pra ser acontece, recalculei minha rota.

Continuando em uma área parecida, fui estudar hotelaria. O curso teve duração de um ano. No final, tinha seleção para um estágio na Bahia, em um hotel *all inclusive* e 5 estrelas em Praia do Forte. Inscrevi-me e passei. Depois de três meses da resposta positiva, me mudei para a Bahia.

Morar lá foi a experiência que mais me mudou até agora.

Cheguei sem conhecer ninguém, mas animada para viver mais essa aventura. Logo fiz amigos que também não eram naturais do estado, que tinham essa vontade de viver coisas novas e por isso estavam lá. Como nossos pensamentos eram parecidos, tivemos uma ótima conexão. Fiz também amigos baianos e que me ensinaram a viver com mais leveza. Carrego comigo esse ensinamento, apesar de hoje ter mais preocupações que naquela época, sempre tento buscar em mim essa leveza que torna as coisas mais fáceis.

Morar na praia foi muito gratificante e um estágio que deveria ter durado três meses acabou durando seis.

Voltei para Curitiba e comecei minha busca por empregos na área da hotelaria. Comecei a entregar currículos pessoalmente por todos os hotéis de Curitiba. No aplicativo Maps eu costumava traçar uma rota com todos os da região e a pé entregar na recepção. Dessa forma, consegui uma entrevista no principal hotel da cidade.

Consegui a vaga da recepção e comecei a trabalhar. Estava gostando muito, porém começou a pandemia e infelizmente fui demitida. Então, voltei para passar um tempo na casa dos meus pais e comecei a procurar outras fontes de renda e cursos diferentes, em que eu poderia atuar sem me preocupar com a situação que o mundo estava passando.

Encontrada pela perícia

Costumo dizer que foi a Perícia Judicial que me encontrou. Apareceu um anúncio no Instagram sobre perícia grafotécnica e foi a primeira vez que ouvi falar dessa área e de assistência técnica. Até então, acreditava que perícia era apenas com concurso e na faculdade essa área de atuação não tinha sido abordada.

Comprei o curso. Apaixonei-me pela área, fui me aprofundando da forma que era possível na época, já que não estava trabalhando naquele momento. Fiz meus cadastros nos tribunais e recebi minha primeira nomeação em três dias.

Porém, fui chamada novamente para voltar a trabalhar no mesmo hotel em que eu estava, pois era boa funcionária e a gerência gostaria que eu retornasse. Voltei, pois já tinha percebido que a carreira da perícia não seria instantânea como muitos cursos prometem. Mas isso não significava que eu deixaria a perícia. Muito pelo contrário, aproveitei que voltaria a receber meu salário para poder investir em mais conhecimento.

Ao voltar para o hotel, percebi que não estava mais feliz. Eu estava indo contra a liberdade que sempre almejei. Nessa mesma época, minha irmã teve a ideia de abrir uma franquia de café na minha cidade e me chamou para uma sociedade com ela. Aceitei, já que poderia ser uma renda boa, junto com a perícia.

Por coincidência, eu tinha escutado uma frase que me fez pensar muito e me ajudou a tomar a decisão de voltar para casa e ajudar no café, enquanto investia na perícia: "Eu não vivo para trabalhar, trabalho para viver, e acredito que você deveria fazer o mesmo".

Então, investi tudo o que eu tinha guardado na franquia de café, na esperança de que, em breve, recuperaria esse dinheiro. Infelizmente isso não aconteceu. Conseguia tirar pouco lucro na cafeteria e a perícia ainda não estava dando retorno.

A cafeteria não me trouxe lucros financeiros, mas possibilitou que eu conhecesse pessoas incríveis, como meu namorado. Também apoiador dos meus sonhos e com quem pretendo construir minha família, situação que me dá forças para nunca desistir.

Com o pouco lucro que eu recebia, resolvi apostar também em mais uma área da perícia: a computação forense. Como já citado anteriormente no capíitulo, acredito que as coisas acontecem por uma razão. Mesmo não entendendo profundamente sobre informática, comprei um curso *on-line* e ao vivo.

No primeiro fim de semana do curso, conheci uma pessoa, que me ajudou com as dificuldades que tive durante as aulas e que, em breve, viria a se tornar meu sócio e parceiro nas perícias.

Juntos, crescemos em dois anos o que muitos levam anos para crescer sozinhos. Nossa parceria continua firme e, mesmo com dificuldades, estamos indo cada vez mais longe. Nesse meio tempo, a cafeteria fechou e passei a dedicar meu tempo exclusivamente para a perícia.

A carreira de perito judicial e assistente técnico não é fácil, especialmente no começo. Houve meses em que não tive nenhuma renda, mas nunca desisti. Hoje em dia, ainda não é em todos os meses que alcanço os ganhos que preciso, mas as coisas têm melhorado muito.

O segredo é trabalhar e estudar com honestidade e manter o pensamento positivo. Com toda essa trajetória, aprendi principalmente que a verdadeira liberdade consiste em ter coragem.

Coragem de correr atrás dos seus sonhos, de recomeçar e de nunca desistir.

Os livros te libertam e te dão asas para voar

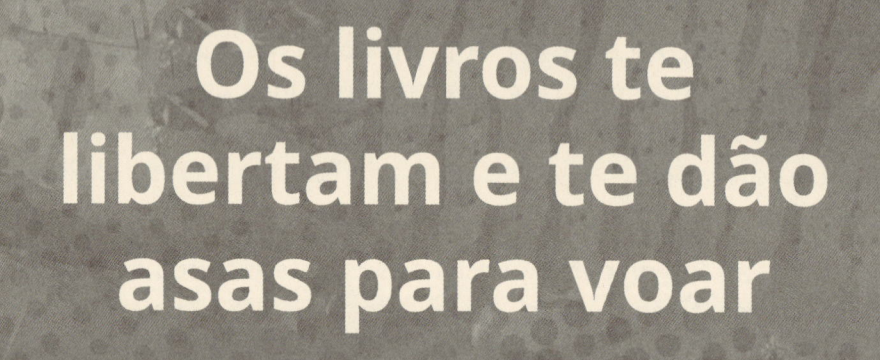

Camila Peres Mendes

Bacharel em Direito pela FMU, pós-graduada em: Direito Penal e Processual Penal pela EPD, Perícia Criminal e Ciências Forenses pela IPOG, Ciências Criminais pelo CERS, Direito Constitucional pelo DAMÁSIO, Direito Administrativo pelo CERS, Direitos Humanos pelo CEI, Direitos Difusos e Coletivos pelo CEI, Perícia Judicial e Ciências Digitais pela FTA, Perícia Judicial e Documentoscopia pela FTA, pós-graduanda em Assinaturas Eletrônicas e Documentos Digitais pela Study Prime e em Perícia Prática e Grafoscopia e Documentoscopia pela Study Prime. É especialista em Grafotécnica, Documentoscopia, Papiloscopia, Assinaturas Eletrônicas e Documentos Digitais.

INSTAGRAM

Um pouco da minha história

Nasci e cresci em Brasília, vim de uma família humilde, mas muito amorosa. Tive uma infância muito feliz, com muitos amigos queridos ao meu redor. Até hoje mantenho contato com a maioria das minhas amizades. Faço questão de ter minhas amigas por perto.

Sempre fui apaixonada por animais, então uma das minhas maiores alegrias era viajar para o Tocantins com meu pai, pois, além de estar ao lado dele, vivíamos momentos incríveis com muitos animais exóticos ao nosso redor. Foi uma fase inesquecível e muito especial na minha vida. Faz parte do meu eu, da minha história. Mesmo sendo de família humilde, minha mãe nunca deixou faltar nada em casa. O que ela sempre me ensinou foi que o estudo nos liberta e leva para lugares inimagináveis. Quem estuda, é honesto e tem um coração bom chega aonde quiser. Basta acreditar e ir atrás. Foi assim que eu fiz e ainda faço. Tenho uma irmã mais velha e ela criou nós duas com muita garra e força. Minha inspiração é ela!

Minha família

Em meados de 2012, me mudei para São Paulo para tentar uma vida melhor. Em São Paulo construí a minha família, bem jovem, aos 22 anos. Transferi a minha faculdade de Brasília para São Paulo, onde me formei. Grávida, com 22 anos, sem a minha mãe ao meu lado diariamente, não foi nada fácil. Mas o meu marido e os meus sogros sempre foram solícitos e me ajudaram em tudo. Sou mãe coruja, superprotetora e amo estar com a minha família. Meus cachorros, Brad Pitt e Woody, também são como se fossem meus filhos. Minha família é a minha maior rede de apoio e é por eles que eu dou o meu melhor a cada dia. Juntos somos mais fortes!

A perícia

Sempre quis ser juíza ou promotora de Justiça, desde pequena. Meu pai era advogado, então cresci no meio jurídico. Quando me formei em Direito, comecei a estudar para concurso público, principalmente para promotoria, assim, viajava para várias cidades tentando alcançar a minha tão almejada vaga. Porém, nesse ínterim, também cursava pós-graduação em perícia e tão logo me formei já me cadastrei no sistema de auxiliares do TJSP. Prestar concurso público é cansativo e muitas vezes desanimador. Estava passando por uma dessas fases de desânimo e, felizmente, recebi a minha primeira nomeação. A partir daquele momento a perícia me escolheu, me devolveu a luz do meu caminho e reascendeu a minha paixão pela profissão. Desde aquele dia eu nunca mais larguei a perícia e só tenho vontade de aprender cada vez mais e aprimorar o meu trabalho. Mais uma vez o estudo me deu asas!

Periciando

Logo após receber a minha primeira nomeação, começou a pandemia. Entrei em desespero, pois finalmente ia começar a colocar em prática os ensinamentos conquistados na pós-graduação, ia começar a tão cobiçada carreira e em questão de dias o mundo parou – literalmente. Nada estava funcionando, os fóruns estavam fechados, ninguém sabia ao certo sobre o dia de amanhã, o medo tomava conta de todos nós e estávamos dentro de casa, rigorosamente. Entretanto, dessa vez, não desanimei. Ao contrário, me empenhei mais e voltei aos estudos periciais de forma on-line. Em vez de desanimar mais uma vez por conta da situação caótica, usei o medo como combustível e investi nos estudos a distância.

Comecei a fazer novos cursos, novas pós-graduações, comprei mais livros, doutrinas e segui adiante. No final deu tudo certo! Uma vara do interior de São Paulo e toda a sua equipe – diga-se de passagem superqueridos e amados por mim – me deram muitas oportunidades e, graças a eles, pude continuar trabalhando e me especializando. É muito gratificante quando encontramos na Justiça pessoas humanizadas. A Justiça já é tão árdua, então quando encontramos um afago nesse meio vira um diferencial. É mais gratificante ainda quando o nosso trabalho é valorizado.

O trabalho de perito não é nada fácil, então quando é reconhecido fico extremamente feliz e agradecida. Cada perícia, cada coleta, cada caso é como se fosse o primeiro para mim. Fico em êxtase sempre que recebo uma nova nomeação. E me descobrir na área pericial com certeza foi um dos melhores momentos da minha vida. Identifico-me com o que faço, gosto de buscar novos desafios e faço questão de auxiliar a Justiça. Temos que trabalhar com aquilo que amamos, com aquilo pelo que temos paixão. É exatamente isso que estou colocando em prática!

Lidando com vidas

Trabalhar com perícia judicial é sempre um acontecimento especial, afinal estamos lidando com vidas. Devemos ser imparciais, os olhos do juiz. Somos a parte técnica. Temos que respeitar as partes, os advogados, os assistentes técnicos e sobretudo honrar a Justiça. Não é um trabalho fácil, mas é satisfatório. Temos que ter responsabilidade, saber exatamente o que estamos fazendo. Por essa razão, repito sempre a questão do estudo. Imagine se fosse um familiar querido seu, ali, precisando de ajuda e chegasse um profissional despreparado? Ninguém ia querer isso, certo? Portanto devemos ser os melhores profissionais do mercado e auxiliar a Justiça de maneira adequada, séria e com magnitude.

Estude!

Desde a época da pandemia, a área da Perícia Judicial vem crescendo. Porém, para se destacar é preciso estudar. Não existem atalhos, não existe outro caminho além dos estudos. É necessário se especializar, fazer cursos, pós-graduações, ler livros, manuais e continuar se aperfeiçoando a cada dia. Eu pretendo a todo momento estudar algo novo. Sou inquieta, amo estudar e amo o meu trabalho. Gosto de estar rodeada por pessoas inteligentes e aprender com cada uma delas. É fenomenal quando temos grandes líderes repassando conteúdos relevantes e conhecimentos para os alunos. Quanto mais estudamos, mais aprendemos e mais humildes ficamos. Devemos ter a humildade de aprender um pouco a cada dia. Um passo de cada vez, um tijolinho a cada conhecimento conquistado. O importante é dar o primeiro passo, começar com vontade de vencer e não deixar de estudar. O estudo engrandece o ser humano!

Meus conselhos

Quando recebi a minha primeira nomeação, reacendi a minha paixão. Não pensei duas vezes e fui atrás da minha felicidade. Da mesma maneira aconteceu quando me mudei para São Paulo. Quando conheci a terra da garoa, nunca mais fui a mesma pessoa. Aqui eu me encontrei, me tornei mulher, mãe e perita.

Se eu não tivesse me mudado e arriscado como me arrisquei não teria ido tão longe do modo como fui. Mesmo com pouca idade, não deixei o medo tomar conta de mim, afinal idade são apenas números. É esse o meu conselho para você: não deixe o medo a dominar ou a idade a influenciar. Quando a sorte e a oportunidade baterem na sua porta, abra! Oportunidades perdidas e tempo perdido não voltam mais. A vida é uma só e é muito curta para não ser vivida do jeito que você sempre sonhou. Todos temos direito à felicidade, basta você ir atrás da sua. Não deixe para depois o que você pode fazer hoje!

Dicas para os iniciantes

- Não busque apenas dinheiro. Estamos lidando com vidas!;

- Seja íntegro e tenha profissionalismo;

- Especialize-se em uma área de cada vez;

- Não se desespere, sua carreira não é conquistada em questão de dias. Tudo nessa vida leva tempo;

- Seremos sempre um eterno aprendiz, portanto estamos sempre em constante evolução. Aperfeiçoe-se;

- Não faça apenas um curso. Continue sempre se qualificando;

- Busque apoio dos mais experientes, não tenha vergonha de ir atrás, tirar dúvidas e pedir ajuda;

- Seja honesto na assistência técnica também, não apenas na Perícia Judicial;

- Quando adquirir experiência, não se esqueça de ajudar os novatos;

- Estude! Leia livros! Não faça cursos apenas pelo certificado. Seja um perito bom de verdade. A Justiça necessita de grandiosos peritos.

Um recado para as mulheres

Sejamos fortes! Sejamos corajosas! Somos donas de nós mesmas, somos donas do mundo! Nunca, jamais se sinta inferior em comparação a um homem. Temos o poder de dar à luz, temos o poder de gerar um ser humano dentro de nós! Não existe algo mais poderoso do que uma mulher dona de si. Busque o seu ideal, trabalhe, estude, vá atrás do que é seu. Lutamos tanto para ter direitos iguais, sei que ainda falta muito, mas já temos uma boa caminhada. Então, não deixe de conquistar o seu grandioso lugar no mundo. Precisamos nos unir, nos ajudar, nos aconselhar. Você pode ser o que você quiser e o nosso lugar é onde a gente quer. O que importa é você ser feliz! Não existe idade certa, não existe momento certo. Quem faz a decisão certa é você! A hora da felicidade deve ser imediata! Então esse é o meu conselho para você: você pode, você consegue e eu acredito em você. Juntas somos mais fortes!

Agradecimentos

Agradeço, em primeiríssimo lugar, ao meu DEUS. Sem ELE eu não seria nada nem ninguém. Em tudo que faço, coloco Deus na frente. Com Deus, estamos completos. A fé move montanhas!

Agradeço a minha mãe, que está sempre torcendo por mim. Mesmo em outra cidade, estamos sempre juntas. Não me canso de visitá-la, de ligar para ela várias vezes e de fazer questão que ela participe ativamente da vida do meu filho. Inclusive, eles são carne e unha. Ali, o amor impera!

Agradeço ao meu marido, que está sempre somando ao meu lado. É o meu companheiro diário. Companheiro de vida, de luta, de trabalho, de cuidados e de amor. Estamos juntos para somar, crescer e evoluir. Sonhar junto é tornar o sonho uma realidade. Estamos no caminho certo!

Agradeço ao meu filho, que é o amor da minha vida. É o meu coração fora do peito. É tudo para mim. Meu filho, tudo que eu faço é por você! Muitas vezes nosso trabalho demasiadamente duradouro não é compreendido. Quantas vezes meu filho me chamou para comer algo, passear com ele ou dormir e eu não pude, pois precisava entregar meu trabalho. Quantos finais de semana em aula ininterruptamente eu não pude estar com ele, porque estava estudando para me aperfeiçoar na minha área. Porém, ele foi muito compreensivo e sempre me deu forças para continuar. Obrigada, meu príncipe!

Agradeço ao meu pai, de quem sinto tanta saudade. Sinto a falta dele todos os dias. Não tem um dia sequer que eu não me lembre dele e dos momentos inesquecíveis que vivemos. Quando eu sonho com ele, meu coração se acalma. Espero que lá do céu ele esteja orgulhoso de mim. Te amo eternamente, pai!

Agradeço às minhas amigas que me apoiaram nos momentos difíceis, me auxiliando com estudos, apoio emocional e um amor sincero. Agradeço também a minha irmã, que sempre torceu por mim, da mesma maneira que eu torço por ela!

Por fim, mas não menos importante, agradeço aos meus cachorros, pois eles sempre estão comigo, madrugada adentro, me acompanhando do meu ladinho sem se cansar. Os animais são verdadeiros anjos na Terra!

"Viver é como andar de bicicleta, para manter o equilíbrio é preciso se manter em movimento. E para manter o movimento é preciso disciplina." Albert Einstein

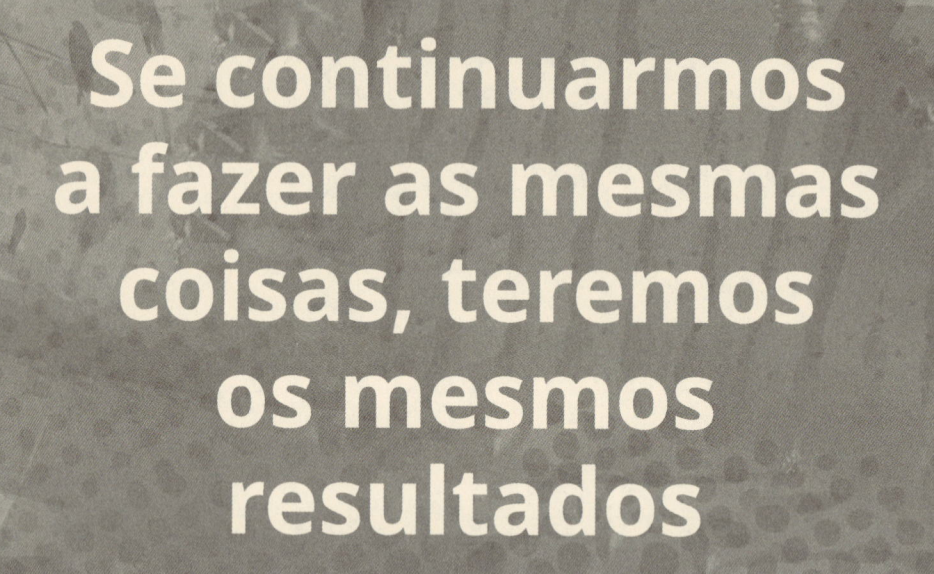

Se continuarmos a fazer as mesmas coisas, teremos os mesmos resultados

Carla Perdigão

Perita Forense com sólida formação acadêmica especializada em Grafotecnia, Documentoscopia e marcas. Graduada em Engenharia de Produção Mecânica pela PUC-RJ, tem 20 anos de experiência em multinacionais na área de suprimentos com grandes contratações. Atuou como gerente de Compras nas multinacionais Michelin e PSA Peugeot Citroen. Decidiu dedicar-se exclusivamente à perícia, realizando diversos cursos com certificações nacionais e internacionais. Possui pós-graduação em Perícia Judicial e Documentoscopia/Grafotecnia Avançada pela FTA e atualmente cursa sua segunda pós-graduação em Perícias em Imagens e Documentos Digitais com Peritus – software desenvolvido pela Polícia Federal, pela Study Prime. Atua como professora em cursos e pós-graduação de Documentoscopia e Grafotecnia. Cadastrada no Tribunal de Justiça do Estado do Rio de Janeiro, Justiça Federal e atua como colaboradora e palestrante da Comissão de Perícias OAB/Niterói.

INSTAGRAM

1) E você? Já descobriu o que o motiva?

2) A certeza de dar errado você só terá se desistir.

3) Desafie seus limites, seja persistente.

4) Confie nos seus instintos, eles nunca o decepcionarão.

5) Siga seus instintos, afinal, você é quem irá lidar com as consequências.

A maioria das trajetórias profissionais, dedicadas à busca da excelência, compartilha uma história marcada por desafios e conquistas. Formada em Engenharia pela PUC-RJ e pós-graduada pela UERJ em Gestão de Projetos, expandi meus horizontes internacionalmente, estudando e trabalhando nos EUA, na Espanha e na França. Durante duas décadas atuei em multinacionais francesas do setor automobilístico, gerenciando equipes multidisciplinares com projetos no Brasil, Argentina e França. A mudança com minha família para outro estado me obrigou a dar um novo rumo à carreira profissional. Ser sócia de uma empresa de roupas exigiu que aprendesse sobre empreendedorismo. Ao retornar à minha cidade natal, o acaso me fez descobrir uma paixão pela perícia forense. 20 cursos de especialização somados a uma nova pós-graduação em Documentoscopia Avançada me capacitaram nas áreas de Documentoscopia, Grafoscopia, Trade Dress, Marcas e Patentes.

Atualmente, além de atuar na perícia forense, leciono em cursos da área, lembrando que o conhecimento é uma jornada sem fim. Cada desafio fortalece e o sucesso é resultado da persistência. Avance sempre com confiança!

Construa sua vida repleta de realizações extraordinárias!

"Se continuarmos a fazer as mesmas coisas, teremos os mesmos resultados"

Muito prazer, me chamo Carla Perdigão e tenho a honra de apresentar minha jornada profissional. Espero que ela inspire todas(os) vocês a perseguirem seus sonhos com paixão e resiliência.

Família, Sonhos e Objetivo de Vida

A trajetória profissional da minha família é predominantemente ligada a órgãos públicos, mas algo dentro de mim me impulsionava para alcançar objetivos distintos. A ideia de uma vida pré-programada, embora respeitável, me causava desconforto. Sempre gostei que me desafiassem. Se eu ouvir "duvido você fazer tal coisa", só paro depois de conseguir. Ter um irmão mais velho ajuda bastante, quem tem sabe do que estou falando (risos). Meu pai, com sua firmeza, estabelecia os bons resultados nos estudos como minha única obrigação, enquanto meu irmão, dedicado, estudava para passar no concurso pois queria seguir a carreira exemplar do meu pai. Conquistou o primeiro lugar, tendo sido essa a prova concreta de que esforço e dedicação podem não garantir, mas com certeza são o melhor e o mais seguro caminho para alcançar os seus objetivos. Não menos importante, minha mãe sempre nos apoiando incondicionalmente. Família é o mais importante, e é uma das únicas coisas que temos até o fim das nossas vidas.

A certeza sobre minha vocação profissional sempre escapou de mim. Meu desejo era simples: ser bem-sucedida no que escolhesse ou naquilo que a vida me reservasse. Sem relevantes dons inatos aparentes, questionava se a capacidade de realizar as coisas por mérito próprio, sem pedir ajuda, era uma qualidade ou uma área de aprimoramento. Nunca me senti à vontade em pedir favores, pelo contrário, a realização de tarefas sem depender de ninguém trazia uma sensação de dever cumprido, especialmente quando ajudava outras pessoas. Acredito que, se cada um de nós olhasse para o próximo, a empatia poderia se tornar uma força transformadora, contribuindo para a construção de um mundo mais acolhedor e justo para todos.

Retornando ao meu dilema inicial, tomei a decisão de cursar Engenharia. Essa escolha não foi apenas pela variedade de áreas de atuação, mas também pela natureza desafiadora do curso, que estimula o desenvolvimento do pensamento crítico. E, assim, minha jornada começou a se desdobrar.

Sempre contei com apoio incondicional e suporte financeiro de minha família. Mesmo assim, dediquei-me intensamente aos estudos, valorizando o investimento familiar. Evitei a futilidade e busquei a excelência em cada etapa da minha jornada acadêmica, agradecendo pela base sólida que permitiu meu foco total no desenvolvimento pessoal e profissional. Optei por investir constantemente em minha educação, escolhendo um caminho significativo e recompensador, ao invés de uma vida sem perspectivas. Essas escolhas, acredito fortemente, contribuíram para meu desenvolvimento a longo prazo.

Formação: pilares para o futuro

Cinco anos de Engenharia, virando noites para estudar, não me impediram de buscar estágios para que eu pudesse conhecer o dia a dia de empresas, nas mais diversas áreas. Algumas entrevistas e vi resultados acontecerem. Logo fui chamada por uma empresa de usinas termonucleares, mas no primeiro mês vi que não era o que eu queria. Pedir demissão? Jamais!

Somente quando eu conseguisse outro estágio. Cursos de inglês e espanhol que fiz aos sábados, somados às experiências internacionais durante minhas férias, estudando e trabalhando nos EUA e na Espanha, me ajudaram em um processo seletivo muito concorrido. Primeiro passo em uma multinacional francesa. Assim comecei minha carreira no mundo privado, onde nem eu nem minha família, trabalhando em órgãos públicos, conhecíamos. Concluí minha primeira pós-graduação, direcionada para minha área de atuação atual. Cada passo dado, cada conquista alcançada, cada promoção foram resultado de um comprometimento pessoal incansável.

> *Equilíbrio, "Mens Sana in Corpore Sano". (Mente Sã em Corpo São)*

O equilíbrio entre vida profissional e social sempre foi uma prioridade. O lema *"Mens Sana in Corpore Sano"* tornou-se meu guia. Trabalho, vida social, saúde: comer bem e atividade física sempre. Como conseguir? Planejamento, organização, manter corpo e mente ativos. Preguiça? Exclua essa palavra da sua vida. Só se vive uma vez e nada vem de graça. Se vier, desconfie.

> *"Estude enquanto eles dormem, trabalhe enquanto eles se divertem, persista enquanto eles descansam e, então, viva o que eles sonham." Provérbio chinês adaptado*

Vida profissional

Ao longo de duas décadas em duas empresas multinacionais francesas do ramo automobilístico, me tornei gerente de uma equipe multidisciplinar. Não bastassem meus cursos de inglês e espanhol, tive que aprender francês. Grandes projetos e viagens frequentes para diversos países culminaram em um prêmio em Clermont Ferrand, França, pelo trabalho em equipe BRA-FRA. Às vezes a percepção que você tem de si mesma não é a que os outros têm de você. Receber esse prêmio sobre ter êxito em trabalhar com equipes de áreas diferentes e países diferentes, me fez entender que o verdadeiro sucesso muitas vezes reside na colaboração e na capacidade de construir pontes entre diferentes perspectivas e habilidades. A jornada profissional me mostrou que, mesmo sendo uma pessoa capaz e independente, alcançar metas grandiosas muitas vezes requer a sinergia de mentes diversas.

"Sozinhos vamos mais rápido. Juntos vamos mais longe."

Trocas, conhecer pessoas novas, outras habilidades, trabalho em grupo, parcerias, e fizeram descobrir uma nova forma de lidar com pessoas. Sempre fui muito cartesiana, mas consegui me adaptar muito bem, ouvindo o que as pessoas tinham a dizer. Mudanças podem ser assustadoras, mas podem nos tornar melhores do que éramos. Nunca se permita ficar em uma posição de conforto por muito tempo.

Vida pessoal

Ao mesmo tempo que sempre busquei desafios, buscava também alguém que me completasse, que vibrasse com as minhas conquistas. Vida a dois para mim é uma equação de somar, é acrescentar uma certa quantia a outra já existente. Obra do acaso, conheci alguém que se encaixava em minhas expectativas. Namorei, casei, curtimos ao máximo a vida de "casal sem filho" e, sete anos depois, engravidei.

Meu marido recebeu uma proposta em São Paulo, gerando um dilema sobre permanecer no Rio ou se separar temporariamente. Considerando a importância da proximidade na criação de nosso filho, pelo futuro dele e da minha família, nos mudamos todos para São Paulo.

A mudança

Largar meu emprego, deixar minha cidade e minha família não foi fácil, mas, no fim, conseguimos passar por muitos desafios juntos e isso nos tornou mais seguros. Comecei uma nova pós-graduação em MKT, mas não vi, a médio prazo, nenhum retorno que justificasse meu esforço; infelizmente, não a concluí. Fizemos muitas amizades nos quase oito anos vividos em São Paulo. Uma delas me ofereceu sociedade em uma loja de roupas. Área nova, novos desafios, uma aula de empreendedorismo. Nosso tempo por esta cidade passou como num piscar de olhos, mas confesso que a falta de previsão de voltar para o Rio me angustiava. Afinal fomos, sem previsão de volta. Até que este dia chegou. Muito felizes, voltamos para nossa cidade natal.

Conversando com um amigo de muito tempo, conheci a perícia. Meu instinto me dizia que eu deveria me aprofundar, conhecer mais sobre esta área. Confesso que não fiz outra coisa naquela noite a não ser conversar com ele e perguntar sobre as nuances e desafios envolvidos. Cada relato dele era como uma porta se abrindo para um mundo fascinante e desconhecido. Sua paixão pelo trabalho e pela resolução de problemas técnicos era palpável e aquela conversa despertou em mim uma curiosidade irresistível.

Ao perguntar sobre os casos mais interessantes que ele havia enfrentado, fui transportada para situações em que a perícia desempenhou um papel crucial na revelação de fatos complexos. O processo de investigação, análise minuciosa e a aplicação de conhecimentos técnicos para solucionar mistérios intrigaram-me profundamente.

Conforme a conversa avançava, percebi que a perícia em Engenharia não era apenas sobre resolver problemas, mas também sobre contribuir para a justiça e a verdade.

Senti uma faísca de entusiasmo crescer dentro de mim, e

naquela noite decidi que queria explorar mais essa área. Perguntei sobre cursos, livros recomendados e desafios comuns enfrentados por peritos. Cada resposta alimentava minha sede de conhecimento, e eu percebia que havia encontrado uma nova paixão.

Aquela amizade e conversa casual abriram portas para um novo capítulo em minha vida profissional. A busca por entender mais sobre a perícia tornou-se um objetivo que eu estava disposta a perseguir, ansiosa para mergulhar nas complexidades e desafios fascinantes desse campo.

Vida profissional, novo capítulo

A manhã do dia seguinte foi dedicada inteiramente ao estudo na área da perícia. A sede de conhecimento me impulsionou a mergulhar em uma pesquisa extensa, explorando todas as nuances desse campo tão intrigante. Através de livros, artigos e cursos on-line, busquei absorver o máximo de informações possível.

Cada nova descoberta alimentava minha paixão por aprender e consolidava meu comprometimento em me tornar uma profissional competente e especializada na fascinante área da perícia.

Guiada pelos conselhos do meu amigo, matriculei-me no meu primeiro curso de Perícia Judicial. Durante as aulas, descobri os desafios práticos e teóricos envolvidos. Os profissionais compartilhavam suas experiências, revelando os altos e baixos da profissão. Rapidamente percebi que, assim como em qualquer área, havia promessas exageradas e desafios significativos a serem superados.

A realidade da perícia não era uma narrativa simplificada, mas sim uma tapeçaria complexa de conhecimentos técnicos, habilidades interpessoais e resiliência diante das adversidades.

A lição mais valiosa foi a necessidade de discernimento. Em um campo onde as expectativas podem ser altas e as promessas muitas vezes grandiosas, era crucial ser cautelosa e criteriosa.

Aprendi a filtrar informações, distinguir entre as oportunidades genuínas e as falsas esperanças que, infelizmente, podem surgir.

Mergulhei no mundo da Perícia Judicial, passei por algumas áreas de Engenharia, cheguei a passar por cursos de perícia em veículos automotores, mas, em algum momento, me deparei com a perícia Documentoscópica e Grafotécnica. O instinto que me guiava sinalizou novamente e, confiando nele, decidi realizar um curso rápido nessa área, movida pelo desejo de ampliar meus horizontes.

Poderia abraçar tudo? Até que poderia, mas havia algo especial na área de Documentoscopia e Grafotecnia que capturava minha atenção de maneira única. A decisão de abraçar muitas áreas distintas também trazia consigo a ponderação da variedade de conhecimentos e habilidades necessárias para atuar plenamente em diversos campos da perícia. Sabia que cada especialização demandava dedicação e aprofundamento, e abraçar todas elas poderia diluir meu foco. Além disso, entendo que ser um profissional competente em uma área específica permite o domínio mais aprofundado e a possibilidade de contribuir significativamente em casos específicos. A especialização poderia solidificar minha reputação, assim como abrir portas para oportunidades mais desafiadoras.

Um simples curso, por curiosidade, tornou-se uma nova paixão.

A descoberta de técnicas avançadas para autenticação de documentos e identificação de características únicas na escrita despertou minha curiosidade de maneira intensa.

Ao mergulhar nas complexidades dessas disciplinas, percebi a importância crucial da perícia Documentoscópica e Grafotécnica em diversos contextos legais. Contribuir para a busca pela verdade e justiça, através da análise minuciosa de documentos e da escrita, tornou-se uma meta apaixonante em minha jornada profissional. Ajudar a quem precisa, não é recompensador?

A fascinação por essa nova vertente da Perícia Judicial cresceu a cada curso realizado e eu reconheci que essa descoberta não apenas ampliava meus horizontes, mas também oferecia outras oportunidades.

Minha jornada na Perícia Judicial tomava um rumo ainda mais desafiador e recompensador. As áreas de *Trade Dress*, Marcas e Patentes começaram a fazer parte do meu escopo de atuação, trazendo consigo desafios empolgantes e uma abordagem multidisciplinar para a resolução de casos complexos.

O *Trade Dress*, que envolve a proteção do *design* visual de produtos ou serviços, tornou-se uma área intrigante.

Quanto a Marcas e Patentes, a compreensão das inovações por trás de uma marca ou patente são essenciais para determinar a validade e a violação desses direitos de propriedade intelectual.

Eu me comprometi a aprimorar minhas habilidades somente nessas áreas e a contribuir de maneira significativa para os casos que exigissem minha especialização.

Quase 20 cursos realizados e duas pós-graduações, sendo a segunda focada na área digital, me proporcionaram uma imersão profunda incluindo a parte digital. Focar a área que nos interessa permite buscar a excelência naquilo que fazemos. Cada curso realizado foi uma peça do quebra-cabeça, contribuindo para a construção de uma base de conhecimento robusta e atualizada.

Determinação me permitiu aprofundar nos detalhes técnicos, além de facilitar a aplicação prática desses conhecimentos em situações reais. Tornar-me uma perita forense especializada significava munir aqueles que me contratavam com resultados embasados em *expertise*, pesquisa e técnica avançadas.

Além disso, essa jornada de especialização não era apenas sobre acumular certificados, mas sim sobre desenvolver uma compreensão profunda e holística da perícia. O conhecimento técnico especializado adquirido, ao longo desses anos, me capacitou a comunicar de maneira eficaz minhas conclusões perante tribunais e outros profissionais. E não para por aí, o estudo contínuo possibilita estarmos sempre atualizados.

Reconhecendo meu empenho e dedicação, um dos meus professores me convidou para ministrar aulas sobre elaboração de laudos nos seus cursos de perícia. Trabalhar ao lado de um profissional tão dedicado e competente é uma honra que valorizo profundamente.

Atualmente, além de desempenhar atividades na área da perícia, meu papel se estende ao campo educativo, onde busco inspirar outros profissionais a maximizarem sua performance nesse setor desafiador.

Lembre-se, o conhecimento é uma prazerosa jornada sem fim e cada passo nos leva mais longe na busca pela excelência. Continue avançando sempre, pois o caminho do aprendizado é repleto de conquistas e realizações extraordinárias. A cada novo desafio, você se fortalece e sua jornada se torna ainda mais gratificante. Você está no comando da sua trajetória, e o horizonte de possibilidades na perícia forense é vasto. Continue trilhando seu caminho com paixão e determinação, pois o sucesso é a recompensa daqueles que persistem. Avance com confiança e celebre cada conquista, só depende de você construir um futuro promissor e repleto de realizações extraordinárias. Parabéns pela sua jornada até aqui, o sucesso é seu, continue brilhando!

Capítulos da vida

Carolina Ulysséa Franzone

Perita em Documentoscopia. Pós-graduada em Perícia Judicial e Documentoscopia Avançada pela Faculdade de Tecnologia Avançada (FTA). Pós-graduada em Perícia Criminal e Ciências Forenses pelo Instituto de Pós-Graduação (IPOG). Pós-graduanda em Perícia Judicial e Ciências Digitais Forenses pela Faculdade de Tecnologia Avançada (FTA). Diversos cursos de especializações nas áreas de Perícia Grafotécnica, Perícia Documental, Perícia Papiloscópica e Assinaturas e Documentos Digitais. Formação acadêmica em Direito e Hotelaria. Membro da Comissão de Perícias da OAB-SP. Associada da Sociedade Brasileira de Ciências Forenses (SBCF).

INSTAGRAM

Nasci e cresci na cidade de Florianópolis, Santa Catarina. Sou a mais velha de uma família de quatro filhos. Tive uma infância maravilhosa, repleta de amor e carinho. Sou do tempo em que brincávamos na rua de taco, fazíamos guerra de lama na chuva, naqueles tempos em que não existiam telas. Meus pais sempre trabalharam muito para nos proporcionar uma boa educação, para eles essa era a prioridade e assim nos ensinaram a importância de estudar.

Estudei em uma escola que, apesar de pequena, se destacava pela qualidade do ensino. Cantávamos o hino nacional todos os dias, fazíamos formação, como no exército, e acredito que foi assim que surgiu meu patriotismo. Das matérias obrigatórias, lembro-me com carinho das lições de datilografia, e as fileiras de letras "A-S-D-F-G" soam como uma música na minha memória e até hoje penso nessa sequência quando estou digitando.

Quando ainda estava no colégio, aos 14 anos, dei o maior susto na minha família, tive minha primeira crise de epilepsia. Na época não sabíamos direito o que era ou o que fazer, então me levaram a diversos médicos, fiz muitos exames para descobrir que eu era epilética e como deveria ser meu tratamento para o resto da vida. Apesar de não lembrar o que acontece durante as convulsões, sei que para quem está vendo é algo muito assustador, mas toda minha família sempre levou de uma maneira muito leve e de uma forma que isso não impactasse na minha autoestima, afinal eu era só uma adolescente.

A estratégia deles deu certo e realmente isso não impactou na maneira como eu me via e foi inclusive nessa mesma época que me arrisquei na carreira de modelo, fiz book fotográfico, desfilei e pude vivenciar um pouco desse estilo de vida. Porém, logo percebi que não era bem isso que queria fazer da minha vida. Sempre tive muito carinho pelos animais e quando me perguntavam "o que você quer ser quando crescer?" minha resposta era imediata: quero cuidar dos animais.

Esse amor pelos animais, inclusive, foi uma das razões de eu parar de comer qualquer tipo de carne e frango. Aos sete anos vi um porco morrer, escutá-lo berrar e vê-lo sofrer foi uma das cenas mais traumáticas da minha vida. Foi tão assustador que depois disso nunca mais comi carne vermelha.

Foi esse carinho que sinto pelos animais que me guiou a optar pela Medicina Veterinária no meu primeiro vestibular, porém não tive sucesso, acabei desistindo e entrei na faculdade de Hotelaria. Antes de entrar para perícia, essa desistência sempre me assombrou, eu a via como um fracasso na minha vida. Porém, hoje, depois de anos, sei que foi a melhor coisa que eu fiz, sou completamente realizada como perita, e ainda consigo cuidar e ajudar os animais sem ser de forma profissional.

Durante a faculdade de Hotelaria tive a oportunidade de ir morar nos Estados Unidos e trabalhar como babá de uma família brasileira. Foi uma experiência incrível e muito enriquecedora, lá aprendi duas coisas: que tenho capacidade de me virar sozinha em qualquer situação e que sou extremamente apegada a minha família. Morria de saudades, queria voltar logo, mas ainda bem que meu pai me "obrigou" a ficar por lá, pois assim cresci e amadureci.

Foi por causa dessa experiência que percebi o quanto minha mãe era uma grande mulher, pois ela cuidava da casa sozinha, não tinha babás, trabalhava fora, fazia comida, nos levava para diversas atividades e nunca a vi reclamar de nada. Desde aquela época a via como uma inspiração e até hoje penso que, se for metade do que ela é e fizer metade do que ela já fez, serei uma mulher completa e realizada.

Depois de formada comecei a trabalhar na área de Hotelaria, porém não era algo que me enchia o coração, sentia que não era onde deveria estar. Então surgiu a oportunidade de ser sócia de uma papelaria. Gerenciei a papelaria por três anos e, apesar de gostar bastante, não tinha nenhum conhecimento na área administrativa.

E, sem experiência na área administrativa, o mais provável seria fazer um curso de Administração. Porém, eu sentia muita vontade de fazer Direito, o que na época não fazia nenhum sentido. Mas eu segui meu coração, minha intuição, fui contra o óbvio e comecei no Direito, mesmo quando todo mundo falava para eu fazer Administração.

Como era de se esperar, sem nenhuma experiência na área administrativa, administrar a papelaria não foi um sucesso, apesar de todo o conhecimento que adquiri. Infelizmente ou felizmente, a papelaria fechou no transcorrer do curso de Direito.

Durante a graduação, trabalhei em diferentes lugares, meu objetivo sempre foi adquirir o máximo de conhecimento possível e descobrir em que área eu gostaria de trabalhar, pois eu não queria advogar nem fazer concurso público. Mais uma vez eu estava indo contra a lógica e contra o senso comum. "Se você não quer advogar nem prestar concurso por que está fazendo Direito"? Essa era a pergunta que as pessoas mais me faziam. Na época não fazia sentido, mesmo assim continuei e me formei em 2012.

Já formada, trabalhei como assistente jurídico em um escritório de advocacia, mas também não era algo que eu amava ou sentia que iria ficar ali por muito tempo. Fiquei no escritório por dois anos e depois comecei a trabalhar em uma gerência de recursos humanos em uma secretaria do Estado de Santa Catarina. Devido ao trabalho que prestava, fui convidada a atuar como secretária na diretoria de recursos humanos do Estado de Santa Catarina e por ali trabalhei quatro anos.

Durante esse período trabalhando na secretaria estadual continuei na busca do que eu realmente gostaria de fazer, com o que eu gostaria de trabalhar. Essa vontade de me encontrar profissionalmente sempre pulsou dentro de mim. E foi quando eu me deparei com o curso de Perícia Criminal e Ciências Forenses. Li sobre o curso, fiquei bastante interessada e me matriculei na pós-graduação.

As aulas eram interessantes, mas foi só na metade do curso que descobri a Documentoscopia, dali em diante foram alguns módulos relacionados à parte documental e à grafotécnica. Foi assim que eu tive a certeza de que era esse o meu caminho.

O sentimento de felicidade e coração preenchido quando tive a certeza de com o que eu queria trabalhar é algo que não consigo descrever em palavras, afinal foram anos tentando descobrir, muitas dificuldades, muitas dúvidas e incertezas, mas que no final valeram a pena.

E durante o curso de pós-graduação participei do InterForensics, um dos maiores eventos de Ciências Forenses do mundo, e o maior da América Latina. Uma experiência única e de muito aprendizado para a minha carreira. Na sequência iniciei o curso de perícia judicial que aconteceu na cidade de São Paulo. Apesar de ter que fazer muitas horas extras para pagar e para conseguir as folgas para viajar, eu fazia sem reclamar e com muita boa vontade, pois estava sempre mirando lá na frente, no meu objetivo final.

Curso feito, no mês seguinte fiz um curso de perícia em falsidade documental, desta vez na cidade de Florianópolis. O curso foi decepcionante, mas nada a ponto de me fazer desanimar ou desistir. Voltei para São Paulo para fazer o curso de perícia grafotécnica e foi um divisor de águas no meu aprendizado.

Lembro-me, como se fosse hoje, de uma das coisas que falaram no curso: "Ao saírem daqui, façam seus cadastros nos tribunais que desejam atuar".

Retornando para Florianópolis, a primeira coisa que fiz foi realizar meu cadastro como Perita Grafotécnica no Tribunal de Justiça de Santa Catarina. E para minha surpresa, dois dias após preencher o cadastro, exatos dois dias, recebi minha primeira nomeação. E a segunda veio no dia seguinte.

Durante esse tempo eu ainda trabalhava na Secretaria do Estado, mas já sabia que meus dias por ali estavam contados. Confesso, porém, que fiquei com medo de largar um salário fixo e relativamente seguro para me aventurar como perita, afinal eu já tinha 38 anos.

Às vezes o medo de mudar nos impede de seguir adiante, ficamos inseguros e com receio. Eu nem tive chance de ficar em dúvida, porque o contrato com a empresa chegou ao fim e eu fui lançada para o que eu chamo de meu propósito. Agarrei a minha carreira como perita com unhas e dentes. E continuei a ser nomeada em vários outros processos.

Fiz diversos cursos, pois sentia que não estava preparada para trazer conclusões seguras para o Judiciário, precisava me especializar mais. Afinal, estamos lidando com vidas, e o perito judicial trabalha como um auxiliar da Justiça, é o "olho do Juiz" na demanda em que ele precisa sanar suas dúvidas. E um laudo sem fundamento, equivocado, pode trazer enormes prejuízo à Justiça e para mim.

Nessa busca incessante para tentar dar o meu melhor, descobri um curso que foi a chave de ouro. Nele encontrei tudo que eu precisava, aprendi como realmente deveriam ser feitas as análises, como montar um laudo, o que descrever, enfim, tudo. E somente depois de oito meses, após minha primeira nomeação, um longo período de trâmites processuais, vindo a casar com o término do curso, apresentei meu primeiro laudo pericial.

Quando lá no início fiz meu cadastro em Santa Catarina, coloquei disponibilidade para atuar em todo o Estado, justiça paga e gratuita. Precisava que meu trabalho fosse reconhecido, e me propus a percorrer o Estado se preciso. Não coloquei limite na distância a ser percorrida e diversas vezes paguei para ir trabalhar. Cheguei a percorrer quase mil quilômetros para realizar somente uma coleta de padrões. Mas, ao aceitar tal demanda, visava que seria um investimento para o futuro. Quando ia realizar a coleta de padrões, aproveitava a oportunidade para me apresentar nas comarcas, e deixava meu currículo. Foram alguns gastos que me trouxeram grandes retornos.

Para prestar o trabalho de excelência que eu almejava, além do reconhecimento como perita judicial, não poderia parar no tempo e então comecei uma outra pós-graduação específica na área: Perícia Judicial e Documentoscopia Avançada.

Como meus pais sempre me ensinaram a importância dos estudos, sei da necessidade de estarmos sempre aprendendo ou nos especializando e por isso grande parte do dinheiro que ganhava era destinado a novos conhecimentos, em cursos específicos da área. O retorno não poderia ter sido diferente. As diversas nomeações chegavam constantemente. A cada início de ano, colocava uma meta de processos a ser alcançada até o final do ano. Mas eu nunca acertava. Felizmente, a minha meta já era alcançada na metade do ano.

Uma das partes mais interessantes e que mais gosto no meu trabalho é o contato direto com as pessoas. Talvez isso seja fruto do meu trabalho na papelaria, ou na área de recursos humanos, ou uma mistura de todas as minhas experiências. Mas escutar as diferentes histórias de cada um me faz me sentir ainda mais realizada e feliz ao final de cada dia. E foi assim que eu tive a ideia de escrever sobre cada uma dessas histórias e ir documentando aos poucos e quem sabe um dia torná-las públicas.

Até hoje eu vibro com cada nomeação que chega, vibro

com cada laudo que apresento. Invisto em cada trabalho realizado um pouco do meu aprendizado dessa grande jornada.

Hoje descobri que o Direito civil que eu detestava na época dos estágios da faculdade tornou-se muito útil na minha vida como perita judicial. Todo aquele conhecimento, que achei que nunca usaria, utilizo no meu dia a dia. Posso dizer que meu caminho bem diferente do "normal" não foi nada lógico ou esperado. Na época nada do que eu escolhi fazia sentido, nem para mim nem para meus familiares, mas hoje olhando para trás tudo fez sentido, todos os pontos se conectaram para eu chegar aonde cheguei e ter os resultados que tenho. Hoje eu sei que que tudo isso somente deu certo porque eu estive disposta a sair da minha zona de conforto e pela minha vontade de descobrir meu propósito.

Como disse William Shakespeare, (...) *"plante seu jardim e decore sua alma, ao invés de esperar que alguém lhe traga flores. E você aprende que realmente pode suportar, que realmente é forte, e que pode ir muito mais longe depois de pensar que não se pode mais. E que realmente a vida tem valor e que você tem valor diante da vida! Nossas dúvidas são traidoras e nos fazem perder o bem que poderíamos conquistar, se não fosse o medo de tentar".*

A fórmula da felicidade existe?

Deborah Assad Bazo

É perita judicial e assistente técnica, especialista em Identificação Humana (perícias de voz, de identificação facial, papiloscopia e assinaturas), documentos digitais, assinaturas eletrônicas, grafoscopia e documentoscopia, acidentes de trânsito, gemologia, imagens, áudio, leitura labial, marketing, marcas e patentes e *visual law*. É docente na área de perícias judiciais nos cursos de pós-graduação na área forense, investigadora e detetive particular. Membro do Cadastro Nacional de Peritos, CNP 025285 e TJSP 46187 (https://www.tjsp.jus.br/AuxiliaresJustica/AuxiliarJustica/Perfil). Membro da Sociedade Brasileira de Ciências Forenses e da Sociedade Brasileira de Geologia. Pós-graduada com especialização em: Identificação Humana, Contratos Digitais, Assinaturas Digitais, Assinaturas eletrônicas, Cyber crime e Cyber Security, Informática Forense, Áudio e Imagens, Grafoscopia, Documentoscopia, Gemologia. Graduação em: Ciências exatas e biológicas – USP, Geociências – USP, Comunicação, áudio e imagens – FAAP, Reconstrução facial e Bioarqueologia (Sheffield University), e Análise de mercado empresarial e marketing e pós-graduanda em Direito Digital e Criminal Profiling.

INSTAGRAM

Todos nós, de alguma forma, damos prioridade para uma determinada opção no lugar de outra, ao fazer escolhas diariamente, não é mesmo?

E, de acordo com nossas escolhas, crenças, valores, recursos, vamos trilhando os caminhos que se transformam em nossa história de vida.

A partir das escolhas e decisões que tomamos, vamos adquirindo experiência, entendendo o que queremos para a vida, o que temos como objetivo e prioridade para o futuro, e também o que não queremos mais.

Isso faz com que possamos focar muito mais aquilo que gostamos, que pode ser o nosso dom, e que a sementinha já pode estar ali, hibernada, sem a gente saber. Por isso, acredito que as atitudes que tomamos e toda experiência pelo caminho, boa ou não, seja válida nos aspectos pessoal e profissional.

E chega aquele momento em que escolhemos priorizar equilíbrio emocional, saúde mental acompanhada de saúde física e realização pessoal.

Acredito que isso tudo anda junto, e aí a sementinha começa a germinar. Mas qual seria a "fórmula mágica" para chegar neste ponto?

Você se lembra do que o(a) encantava quando criança?

O legal disso tudo, o bonito e genial é que não há fórmula pronta, mas, sim, é como um quebra-cabeças, que vamos construindo desde criança. Aquele sonho, lembre-se do que deixava você com aqueles olhinhos brilhando, com algo que despertava em você muito interesse e continua por toda a vida. É a sementinha.

Depois, vamos crescendo, traçando objetivos. Chegamos a traçar metas e a vida traz uma nova pecinha no quebra-cabeças que não previmos, e pensamos que acabamos por mudar o curso do projeto.

Mas a minha pergunta para você é: será que muda mesmo o curso do projeto, ou é mais um aprendizado daquilo que nos leva a uma nova etapa, que vai se somando, construindo as experiências necessárias para a realização pessoal lá na frente?

Hoje, eu penso exatamente assim, revisando a minha trajetória. Vou contar para você:

Desde criança sempre fui muito curiosa, queria entender como as coisas funcionavam, os porquês, observadora, ficava ali no cantinho, tentando decifrar tudo, até nas diversões, observava o comportamento das formigas, o caminho que faziam, de onde saíam, para onde iam, o motivo da trilha que faziam, se paravam para conversar, e quais as razões. Tudo era tão fascinante!

Depois vieram as escolhas profissionais e os aprendizados

Mais tarde, ao decidir qual curso gostaria de fazer, queria mesmo Arqueologia, mas não havia faculdade dessa área no meu estado. Outra opção que gostava era Publicidade, da comunicação, daí me formei nesta área, gostei muito da formação, comecei a trabalhar com áudio, vídeo, edição, fotografias, criação de material publicitário, anúncio, *jingles*, *spots*, rádio, tv, mídias, marketing, análise de mercado, enfim, uma visão holística que ampliou minha mente, e algo ficou gravado para manter a minha centelha de questionadora. Os professores diziam sempre: "nunca confie nas notícias, pois o que aparece nas mídias é apenas 10% da verdade. Pesquise, certifique-se".

Fiz estágio na área de redação jornalística, arrisquei fotografia também, era *one woman show* (fazia tudo sozinha), porque o jornal não tinha verba para mais funcionários, então eu era a faz tudo, foi divertido e de grande aprendizado profissional e pessoal.

Depois, me chamaram para trabalhar em algumas multinacionais, foram anos de muito aprendizado, tanto sobre o ser humano, sobre o quanto a mulher naquela época era desvalorizada, não importa o quanto trouxesse de resultados, mas ela também tinha que ser bonita, submissa, não ter ambição, e aceitar ganhar menos que os homens de mesmo cargo. Caso houvesse oportunidade, seria para um engenheiro que nem sequer sabia o que era um *folder*, que eu tive que explicar, mas não cogitaram reconhecer o meu trabalho. Isso tudo foi me cansando, e aos 40 anos resolvi sair, mudar de área. Mas toda a experiência, a bagagem profissional foi imensa e está sempre comigo.

Ainda perdida, buscando algo que me realizasse, mas não sabia bem o quê

Mas, antes de chegar na mudança dos 40, houve muitas tentativas! Enquanto não me encontrava, buscava temas que gostava, fazendo os mais diversos tipos de cursos. Sempre gostei da lei, e resolvi que ia começar a faculdade de Direito. Pensei: vou ajudar as pessoas com a justiça! Na época eu estava com 30 anos. E encantada com a visão de que advogados fazem justiça e o mundo é lindo.

Até que numa aula maravilhosa e inesquecível de um grande mestre, nos disse: "No Direito eu posso fazer com que o maníaco do parque seja visto como uma vítima da sociedade e absolvido (era um *serial killer* brasileiro que esteve ativo entre 1997 e 1998), só vai depender da minha atuação como advogado dele".

Aquela fala me marcou, assustou e fui tão bobinha que desisti do curso!

Hoje, se pudesse voltar no tempo e me dar um conselho seria: Nunca desista de um curso! Mesmo que ache que não é aquilo que quer. Fará sentido mais tarde.

De qualquer forma, aprendi muito e uso até hoje todo o embasamento daquele curso maravilhoso. Mas vou voltar!

Eu seguia insatisfeita no trabalho de marketing e comunicação na época, percebi que queria seguir carreira solo, que dependesse de mim, da qualidade do meu trabalho e dedicação, e não de outros tipos de méritos. Mas ainda não sabia bem o que queria. Porém, já sabia o que não queria mais. Saí da área, pois me sentia explorada e sem realização. Começou a afetar minha saúde mental e física.

Já deu! Sei o que não quero mais. Mas estou quarentona e agora vou recomeçar?

Voltei a estudar, aos 43, e para me manter comecei a empreender com vendas on-line, iniciei uma faculdade pública, um desafio, na área de ciências exatas e biológicas. Estava entusiasmada. No primeiro ano foi um choque, é difícil a transição de humanas para exatas e biológicas, quase desisti, não achava que era capaz, mas colegas, professores, monitores, foram tão legais, e me falavam "se eu consegui, você também consegue", redobrei os esforços e consegui.

Neste momento, por ter encarado o desafio e alcançado

esta conquista, mesmo achando que não daria conta, me senti tão mais segura e poderosa, ampliei horizontes, e percebi o quanto a gente é capaz, se não se limitar. Esta escola me fez aprimorar o pensamento crítico, os docentes nos incentivaram a não acreditar apenas nos professores e sim nos aprofundarmos no tema, pesquisar, conhecer outros autores, outras formas de pensar, e construir a própria conclusão. Esta faculdade tirou minhas crenças limitantes, passei a entender que não é preciso ter medo, você consegue o que desejar, não importa a idade, sexo, posição social.

Basta querer, planejar e se dedicar. Nesta época, eu tive uma matéria que era Geologia básica. Sempre fui apaixonada pelo tema, e com o estudo a paixão se intensificou. Comecei a fazer outros cursos gratuitos na faculdade, sobre gemologia, identificação de minerais, era fascinante! Aprendi métodos e técnicas que me ajudaram a identificar minerais, gemas verdadeiras das artificiais, comecei a ajudar amigas a checar se o anel delas era diamante, zircônia, safira branca, se a lapidação era brilhante ou 8x8, se era ouro 18k ou 14k, ajudar empresas na identificação de lotes de minerais.

Mas, mesmo após formada, capaz de dar aulas de Matemática, Física, Química, Ciências, Biologia, eu ainda não tinha certeza do que queria. E para me manter comecei a dar aulas, vieram novos aprendizados, e imersa no ambiente acadêmico resolvi fazer outra faculdade: de Geociências e educação ambiental, para me aprofundar no estudo da formação do planeta, astronomia, rochas, minerais, paleontologia, e buscar ajudar de alguma forma na questão da consciência ambiental, que usei muito nas aulas e uso na vida.

Em paralelo, mais cursos, de arqueologia forense, fonologia, comunicação digital, computação forense..

E vieram as práticas, começaram os laudos de peças para pessoas que buscaram meu trabalho, passaram a aparecer cada vez mais. Quando percebi, já era uma *expert, e* começou como um *hobby*! E também análise de áudio e imagens, cuja bagagem vinda do meu curso de comunicação foi primordial para fazer toda a diferença, também marketing e publicidade! Atualizei-me com cursos na Faculdade de Comunicação e Artes, audiovisual digital e técnicas digitais.

Comecei a trabalhar com o que me dava imenso prazer, com algo que dependia da minha capacidade, mas eram esporádicas as perícias, pois eu não fazia contato com as varas, não me apresentava nos fóruns ainda. Então, também continuava com as aulas para me manter financeiramente.

Foi nessa época que fiz um curso de férias com um tema que achei interessante: Curso de Extensão Universitária em Ciências Forenses para uso na sala de aula (USP/Escola – 2019). Neste curso eu percebi o quanto eu já fazia perícias há dez anos sem saber, e o quanto eu poderia fazer mais, como expandir para atuar somente nisto, pois seria meu sonho realizado.

Daí em diante, investi em mais cursos na área, fiz até vários empréstimos para pagá-los, me especializei em outros segmentos da perícia, ampliei e continuo ampliando meu leque de conhecimento, contatos e aprimoramento.

E aí veio a pandemia

O momento da pandemia fez com que todos nós nos adaptássemos ao isolamento, apareceram cursos *on-line de qualidade*, pois todas as faculdades tiveram que se adaptar, e passei a fazer mais cursos de extensão e pós-graduação. Eu me inscrevia em todos que podia. Assim, foi uma imersão em cursos EAD e presenciais de perícia, que faço até hoje, e me especializei em várias áreas: Grafotécnica, Documentoscopia, documentos digitais, assinaturas eletrônicas, Papiloscopia, reconstrução facial, Bioarqueologia, identificação humana, áudio, vídeo, imagens,

Gemologia, Marketing, marcas e patentes, acidentes de trânsito (neste uso Física, Astronomia, cálculos, aproveito tudo que aprendi na faculdade).

Iniciei na época uma pós-graduação, e hoje concluí mais três especializações, e pretendo partir para o mestrado em Direito Internacional.

Tornei-me docente de cursos de pós-graduação da área forense, toda a bagagem da vida foi encaixando-se perfeitamente. Foi aí que pensei: "É isso que eu faço bem, pois faço com prazer, e a tal sementinha era este dom que foi brotando".

Tudo fazia sentido agora!

Toda a trajetória me expandiu a mente de um jeito extraordinário, e o salto quântico na carreira de perita decolou, graças à visão holística construída com todo o percurso da minha história, com pessoas maravilhosas que fui encontrando pelo caminho, que colaboraram para que eu chegasse até este ponto.

A bagagem que trouxe das experiências acadêmicas, profissionais e pessoais, que por vezes achei que não faziam sentido, agora se uniram como peças de quebra-cabeças, me deram a bagagem diferenciada na área pericial, e hoje eu respiro perícia em tudo que vejo, por onde passo, eu percebo algo como informação, seja uma série na tv, seja um curso, uma cena na rua que ajuda naquela conexão que faltava para esclarecer um caso complicado, tudo soma.

Aí entra o diferencial, os conhecimentos que você vai conquistando, o pensamento crítico, as parcerias.

E o principal: você precisa ter prazer em fazer isso, se sentir realizada, e perceber que faz bem o seu trabalho, chegou até aqui e aceita o desafio.

Planos

Elaboro metas palpáveis ano a ano, sem muita cobrança, mas, ao mesmo tempo, com um desafio para sair da zona de conforto. Busco aprimoramento constante.

Por que você contou tudo isso, Deborah?

Porque, muitas vezes, me senti sem rumo, uma sensação de estar perdida e com medo do futuro, da idade passando, de será que sendo mulher tenho chances depois dos 40 e fora dos padrões de beleza?

Tive que me reconstruir várias vezes, tive que recomeçar aos 40 anos, grana era curta, então estabeleci metas, fui buscar conhecimento em faculdade pública. Passei na melhor da América do Sul, e se eu posso, você também pode, com certeza. Afinal, somos todos iguais, constituídos da mesma matéria-prima. E veja só que bela matéria-prima, como disse Carl Sagan: ***"Somos todos feitos de poeira de estrelas!"*** Só podemos brilhar!

Lembre-se, eu não sabia ao certo o que estava fazendo e pra onde estava indo, só sabia que queria estudar, fazer o que me dava prazer, usar o que sempre esteve comigo, aquela fagulha de curiosidade desde criança, fome de conhecimento, de temas que eu não me pegava olhando para o relógio com vontade que acabasse logo o turno. Pelo contrário, é algo que me dá hiperfoco, se eu olho o relógio, falo "poxa, já é tão tarde, mas eu ainda preciso terminar este raciocínio, está muito interessante e estou quase lá para desvendar o mistério e, ainda mais, vou ajudar alguém que precisa muito desta análise".

E sim, hoje nós somos valorizadas na área pericial pelo nosso conhecimento e qualificação, e não percebo aqueles antigos preconceitos.

Percebo que um trabalho bem-feito traz o autorreconhecimento e a autovalorização. Isso é a felicidade!

Conselhos

Se eu puder aconselhar, diria apenas: você pode achar que o caminho não está certo, mas é porque está no meio dele ainda, siga em frente, continue com seus planos, tenha metas, busque conhecimento constante daquilo que você ama, que lhe dá aquele hiperfoco, e nunca pare o curso que começou! Vai ser importante, é uma das peças do quebra-cabeças que se completa lá na frente, perceberá que nenhum curso, nenhum momento da sua trajetória foi em vão. Tudo se conecta.

Aprofunde-se naquilo que você ama, que lhe dá prazer, que você faça sem olhar para o relógio, e sim como se fosse seu *hobby*, e continue se aprimorando.

Sou fã da poetisa e escritora Maya Angelou. Eu trago aqui pensamentos dela (tradução livre):

> *"Faça o melhor que você puder, até que você aprenda mais sobre aquilo. Daí, sabendo mais, faça melhor ainda".*

Por fim, faça parcerias com quem você se identifique, que tenha os mesmos valores que você, é prazeroso, lhe dá segurança nos primeiros passos, cria algumas amizades para toda a vida. E, se você se identificar comigo, vou adorar te conhecer!

Pronto, contei minha história, para que você possa encurtar caminho, ou não desistir de algo em que investiu neste momento. Se investiu, tem motivo, não desista.

Mantenha-se atualizada, aprimore-se. E seja sempre você, goste-se, confie e acredite.

> *"Sucesso é gostar de você, gostar do que você faz e gostar de como você faz." (Maya Angelou).*

E agora a chave de ouro: não faça algo em busca de reconhecimento de outras pessoas, ou ser igual às outras. Faça algo pela sua realização pessoal, ouça a sua voz, não se limite. Volto a citar a maravilhosa Maya Angelou com a frase que você deve gravar, tatuar, cantar:

> *"Se você tentar sempre ser normal e igual aos outros, você nunca vai saber o quão maravilhosa você pode ser!"*

Então, se existir a fórmula da felicidade, acredito que seja trilhar o seu caminho, curtindo a trajetória, os aprendizados, ousar aceitar desafios para saborear vitórias, parcerias, realizações.

> *"As pessoas podem esquecer o que você disse, o que você fez, mas nunca vão esquecer o que você as fez sentirem." (Maya Angelou).*

Espero ter feito você **sentir** o quanto você **pode** e que depende somente de **você**!

Dedicatória

Dedico aos meus pais, meu tio, minha família, e meu marido, pois me forjaram com ferramentas que me fizeram alcançar meu sonho.

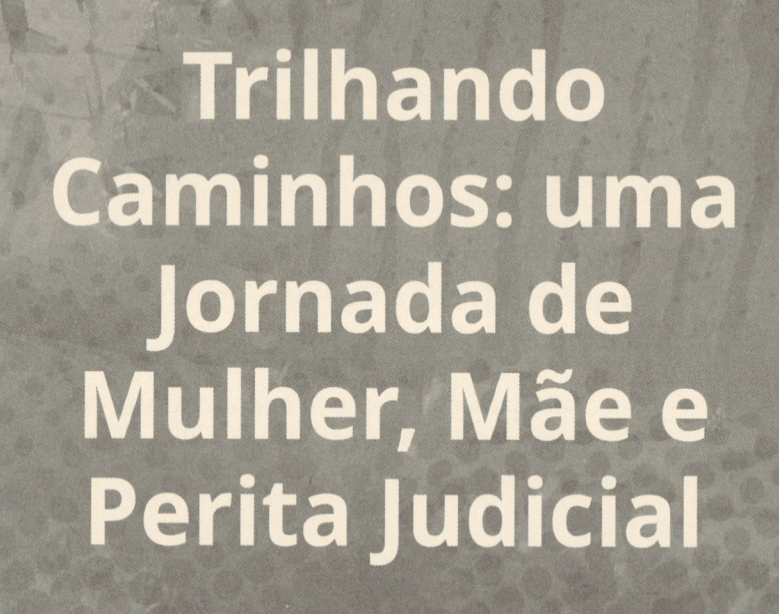

Trilhando Caminhos: uma Jornada de Mulher, Mãe e Perita Judicial

Eliúde Siqueira Paulino Soares

Perita em Documentoscopia, atuante no Tribunal de Justiça do Estado do Rio de Janeiro sob a matrícula 11.819, desde 2015, formada em Perícia Grafotécnica pela ESCRIM (Escola Superior de Criminalística e Ciências Policiais), núcleo educacional do Instituto de Criminalística e Ciências Policiais da América Latina, pós-graduanda em Imagens e Documentos Digitais com Peritus, ministrado pela Study Prime, pós-graduada em Perícia Judicial e Documentoscopia Avançada pela FTA (Faculdade de Tecnologia Avançada), com especialização em Análise Forense de Documentos Digitais pela FTA e em Assinaturas Eletrônicas pela Study Prime. Integrante do Comitê de Gestão no IMMPAAR (Instituto Multidisciplinar de Mediação, Perícia e Administração Judiciais e de Arbitragem do Rio de Janeiro). Sócia no escritório CPERCON Assessoria e Perícia Contábil, atuante como assistente técnica em causas extrajudiciais solicitadas por advogados emitindo pareceres técnicos, formulação de quesitos e críticas técnicas a Laudos Periciais. Consultora e mentora para peritos iniciantes através de plataformas on-line e/ou remotas.

INSTAGRAM

Minha história não é diferente das de muitas mulheres que tiveram uma infância difícil financeiramente. Nascida na baixada fluminense, no Rio de Janeiro, meu sonho de menina era ser aeromoça, porém, com o passar do tempo ser executiva de uma multinacional tornou-se meu objetivo. Todavia, sempre fui muito racional e procurava enquadrar meus sonhos a minha realidade financeira, de logística e até mesmo de tempo no sentido literal da palavra.

Filha caçula de uma família de três irmãos – sendo dois homens – e apenas eu de mulher, tive uma criação rígida e de certa forma mais ainda para mim por ser mulher. No entanto, meus pais sempre prezaram pelo justo quando o assunto era custear estudos. Minha mãe, por ser professora de formação, desejava que estudássemos em colégios particulares e assim foi até chegar ao 2º grau. No entanto, meu pai, único provedor da casa, não teve fôlego para continuar custeando nossos estudos. A partir daí, nos foram apresentadas duas opções: ou iríamos trabalhar para continuar financiando os estudos em colégios particulares, e nos restaria trabalhar de dia e estudar à noite, ou simplesmente iríamos estudar em colégios públicos, mas, neste caso, as opções em nossa região não eram bem-vistas por nossa mãe. Sendo assim, me restou a 1ª opção: trabalhar para custear os estudos, o que é assim até os dias de hoje.

A escolha inicial

Fui para o mercado de trabalho iniciando minhas atividades na recepção de uma pequena escola no meu bairro, mas dentro de mim sempre soube o que queria. E adivinhe? Eu não pretendia ficar ali por muito tempo, entretanto, como as opções que me cercavam não eram tão promissoras, a próxima oportunidade em vista era ser balconista numa loja de roupas infantis. Bom, ao menos era com carteira assinada, o que pode ser considerado um passo superado. Ainda assim, eu sabia genuinamente que não era isso que desejava para minha vida profissional. Porém, tinha que continuar em busca de crescimento e acomodar-me ali não era meu lugar de pouso.

Então, aproveitei a localidade do atual emprego e segui com o objetivo de estudar em escola particular, assim, fui cursar técnico em Administração de Empresas no colégio Santa Mônica, uma grande rede privada de ensino; enfim, tive que agregar ao pequeno salário muita comissão sobre as vendas efetuadas para conseguir pagar os estudos.

No entanto, mais uma vez, a força do pensamento, a perseverança e a fé em Deus prevaleceram em mim! Vislumbrei de longe a remota possibilidade de trabalhar numa multinacional, o que era algo distante da minha realidade. Todavia, a escola onde estudava em parceria com o CIEE (Centro de Integração Empresa Escola) foi a ponte que precisava para ingressar na tal sonhada grande empresa. Finalmente estava começando a vislumbrar uma luz no fim do túnel, fiz minha inscrição e não demorou muito fui escolhida para participar de um processo seletivo numa multinacional no ramo de fios e cabos de energia e lá estava eu, outra vez, sabendo o que queria.

Embarquei nessa nova realidade administrativa e organizacional onde não demorou muito e estava encantada com os processos industriais. Na condição de estagiária do setor de PCP

(Planejamento e Controle da Produção) comecei a aprender a planejar a capacidade produtiva do setor de cabos de energia e fibra óptica da linha de produção. Diga-se de passagem, foi uma baita experiência! Para mim, apaixonante.

Mas, nem tudo são flores. O estágio de nível médio estava para findar e para continuar na empresa era necessário cursar nível superior. E pasmem! Lá fui eu, outra vez, priorizar os estudos para galgar meu espaço. Influenciada pelo setor em que atuava, ingressei na faculdade de Administração de Empresas pela Unigranrio (Universidade do Grande Rio), e logo se tornou um desafio custeá-la, já que o estágio remunerado tinha tempo determinado para terminar e as chances de uma efetivação eram remotas.

No entanto, o que poderia se tornar uma dificuldade, na verdade se tornou um combustível para alcançar a tão sonhada efetivação, o que acabou se tornando uma realidade, só que em outra grande multinacional brasileira no ramo de fabricação de carrocerias de ônibus. A partir deste momento uma nova paixão surgiu e, outra vez, estava eu ligada aos processos industriais, setor esse pelo qual até os dias de hoje tenho admiração. Para mim, era lindo ver uma estrutura de suporte de carga denominado "chassi" se transformar em um lindo e grande ônibus e olha que era cada um mais lindo que o outro.

Por lá, solidifiquei a planta dos meus pés no mercado de trabalho e, graças ao peso das multinacionais de que fiz parte, pude trabalhar em outras grandes empresas passando, inclusive, por renomados órgãos públicos no setor de regulação do Petróleo e Pesquisa Energética do país, e para assessorar a diretoria destes órgãos cursei a faculdade de Secretariado Executivo Bilíngue também pela Unigranrio, que somado ao meu bom gene virginiano, com suas características inegáveis de organização, perfeccionismo e pragmatismo, soaram orgulhosamente como qualidades essenciais para o cargo.

Um novo capítulo

Movida naturalmente pela busca do lugar onde desejava estar, decidi cursar MBA em Gerenciamento de Projetos pela Fundação Getulio Vargas (FGV), na ocasião, almejava novos horizontes profissionais em uma empresa localizada mais próxima da minha residência em Nova Iguaçu, no Rio de Janeiro, pois o deslocamento até o centro do Rio estava não só me desgastando fisicamente, como também abalando o meu emocional. A partir deste momento, resolvi me lançar novamente no mercado, só que dessa vez com destino certo, tinha que ser perto da minha residência, inclusive a esta altura do campeonato estava disposta a trocar seis por meia dúzia, quanto à minha remuneração, se necessário fosse.

Pois bem, quando menos esperava fui chamada para participar de um processo seletivo para trabalhar em um projeto de gestão hospitalar numa unidade de grande porte do Governo do Estado do Rio de Janeiro, que era referência em traumatologia na Baixada Fluminense. Lá trabalhei como coordenadora administrativa, e tinha como principal função subsidiar a direção do nosocômio por meio de relatórios de prestação de contas.

Uma coisa não dá para negar: aquele ambiente, para muitos inóspito, foi para mim um divisor de águas, eu precisava estar lá e mal sabia eu que aquela, se não era a mais importante, sem dúvida foi uma das mais importantes experiências da minha vida, pois seria a que me fez repensar valores e conceitos até então adormecidos pelo conforto da rotina.

Diferentemente dos processos industriais que vivenciei nas indústrias em que trabalhei e do *glamour* das pessoas com quem cruzei nos órgãos públicos em que estive, o produto final desta nova realidade era a integridade da vida das pessoas em sua maioria simples, humildes e, sobretudo, carentes de tudo, inclusive de atendimento o mais humanizado possível, e posso dizer isenta de glórias que enquanto gestão foi o que buscamos oferecer.

Resiliência – Precisei conhecer

Dias difíceis até então não vivenciados na minha vida profissional começaram a surgir a partir do momento que o Governo do Estado começou a atrasar os repasses financeiros para a Organização Social da qual fazia parte naquele hospital. Era algo que sequer cheguei perto de passar nas empresas em que trabalhei, comecei a ficar preocupada com o pagamento mensal, afinal de contas, as contas estavam por vencer.

E no auge dessa crise financeira que estava prestes a ocorrer senti que precisava fazer algo, só que dessa vez não era me lançar no mercado de trabalho na intenção de fisgar um novo emprego, isso não me preencheria mais, não depois de tudo que vivi no hospital, não depois de vivenciar uma atividade que impactava diretamente a vida de pessoas, não depois de ter tido a vida tocada por algo maior que qualquer carreira pode proporcionar.

Eu decidi que precisava encerrar o ciclo no mercado de trabalho, mas não sabia exatamente o que faria, o destino não estava escrito, eu precisei conhecer, tive que me adaptar às mudanças que esta decisão me custaria. E adianto a você que me custou um retrocesso.

O capítulo da reinvenção pessoal e profissional

Finalmente, iniciei minha história de mulher na Perícia Judicial, por aqui muitas emoções ocorreram e muito aprendizado em todos os aspectos da minha vida. Incentivada por minha melhor amiga e hoje sócia nas perícias, Cristina Machado, que é perita contábil, desvendei os mistérios que permeiam este fantástico mundo pericial.

Era uma fase de autoconhecimento, recém-desempregada, eliminei despesas, investi minha rescisão em cursos e equipamentos para embarcar no fantástico mundo da perícia grafotécnica, não foi nada fácil, pois embora estivesse absolutamente disposta a retroceder na carreira, eu não tinha noção do quanto isso me custaria. Pois bem, foram três anos de adaptação! Nesse tempo passei por um turbilhão de sentimentos e emoções, senti saudade da iniciativa privada, de quando o salário caía certinho na conta, senti falta do *glamour* em me arrumar para sair para trabalhar, dos bate-papos num café (minha marca registrada), das viagens programadas, da liberdade em morar sozinha, da gasolina sobrando no carro, das roupas e sapatos da moda, das bolsas de couro que colecionava, de tudo isso, o que mais me tocava era a instabilidade financeira e consequentemente emocional.

Por vezes quis voltar ao mercado de trabalho e deixar a perícia apenas como segunda renda, mas não demorava muito e lembrava que seria uma decisão baseada na emoção e que em breve estaria insatisfeita novamente. Foi então que decidi sofrer os processos cada um a seu tempo, fiquei triste, nostálgica, mas decidi prosseguir. Porém, o que era preciso ser feito para me projetar nesta área? Bom, simples assim, eu não esperei cair do céu e fui em busca de informações com peritos que já estavam na área. Só que me lembrei que, além da minha amiga perita Cristina Machado, eu não conhecia mais ninguém e, principalmente, na área grafotécnica.

Naquela época o Instagram não era muito propagado no Brasil e também não existiam cursos na área com facilidade, logo, a caminhada por um bom tempo foi bem solitária. Mas uma coisa eu carrego comigo: o NÃO é garantido! E foi assim que pensei em procurar o professor dono do primeiro curso on-line que havia feito na época. Chegando lá me deparei com um cenário não muito solícito e depois de um chá de cadeira, finalmente, fui atendida. No meu íntimo pensava que teria com quem contar, talvez um aliado, quem sabe um mentor, alguém que pudesse me conduzir ao menos nos primeiros laudos periciais, entretanto, toda a expectativa se resumiu em minutos a um simples: *"Vou te indicar para um professor aqui do curso e ele vai te ajudar a sanar suas dúvidas".*

Ainda atordoada com a breve conversa perguntei à recepcionista se o professor indicado se fazia presente. E, para minha surpresa, ele não estava. Sendo assim, deixei meus contatos e dirigi-me à saída. Mas tive um pouco de sorte, ele estava chegando e finalmente me atendeu. Percebi pela surpresa dele que não era muito comum o atendimento presencial de alunos, mas com boa vontade fui ouvida e por pura empatia me instruiu nos meus primeiros laudos e graças às suas dicas pude dar o próximo passo.

Trabalho de formiguinha

Aqui a expressão *"com a cara e a coragem"* formou meu sobrenome, pois como se não bastasse estar cadastrada no Tribunal, era necessário também ir de comarca em comarca para me apresentar nas varas e torcer para ser atendida. No entanto, eu trabalho com o "NÃO", o sim seria uma conquista, e foi. Lembro-me de me reunir com minha amiga, Cristina Machado, perita contábil, e fazer um planejamento logístico com a rota diária que faríamos para literalmente bater na porta do Juiz(a), e assim o fizemos. Nessa saga fomos recebidas em vários estágios de humor, quem atua no Judiciário sabe bem o que é isso, entretanto, sabíamos que esse era um dos processos a ser experimentado em busca do objetivo final: a bendita nomeação. E assim percorremos vários pontos da cidade do Rio de Janeiro.

"Você colhe o que planta" — Essa metáfora me lembra de todo o esforço físico e mental que tivemos, cada ação tomada e com ela cada resultado obtido. Passados alguns meses e timidamente as primeiras nomeações começaram a surgir, cada intimação era prontamente respondida, todo o acompanhamento processual era rigorosamente planilhado e deste modo é até hoje.

Com o passar do tempo e um pouco mais consolidada nas comarcas de atuação, com a prática pericial e convívio de perto com as fraudes perpetuadas em nosso país, fui constatando a necessidade de estar mais preparada, então precisei buscar atualização e novos conhecimentos, mas dessa vez a oferta de cursos no mercado era maior e mais consolidada. Ter apenas a especialidade em Grafotécnica não era o bastante, pois sendo a Documentoscopia uma ciência ampla eu precisava me capacitar mais nessa área, foi então que busquei me aprimorar inicialmente com cursos de curta duração — que me ajudaram —, mas o diferencial mesmo veio com a pós-graduação em Perícia Judicial e Documentoscopia Avançada ministrado pela FTA (Faculdade de Tecnologia Avançada).

Pandemia de Covid-19 e a reinvenção

Com o advento da Covid-19, intensificou-se o uso de tecnologias digitais no Brasil. Nesse ínterim, as empresas, em especial, aceleraram seus processos em direção a transformação digital, o que remodelou o mundo dos negócios e criou consumidores com novos hábitos digitais. Todavia, paralelamente, os cenários de fraudes digitais tomaram uma proporção gigantesca a ponto de chegar ao Judiciário. No período pandêmico fiquei a pensar no futuro da perícia documental, pois via a tendência digital na qual praticamente todos os serviços estavam sendo realizados. Se a fraude existe, o que é um fato, o perito precisa deflagrar essa operação fraudulenta. E como auxiliar o Judiciário? Não resta dúvida que é por meio de estudos. Foi aí que precisei me reinventar na perícia! E hoje, já atuando na Perícia em Documentoscopia Digital, vivo em constante atualização visando subsidiar o Judiciário nas demandas de fraudes em documentos digitais.

Maternidade e Perícia – toda escolha requer uma renúncia

Mãe de três filhos, dois meninos e uma menina caçula de meses, carinhosamente apelidada de "miniperita", de longe a bebê que tem sido minha melhor aliada nesse tempo. Assim como seus irmãos, veio para trazer felicidade, porém, com o toque sensível peculiar do sexo feminino. A maternidade é algo de que nunca abri mão, sempre foi um sonho de vida, o desafio é como administrar a maternidade e os trabalhos periciais. Para que ambos funcionem, formei parceria com outros colegas peritos além de uma auxiliar que me dá o suporte administrativo necessário no escritório, deste modo, formamos uma equipe em que todos ganham e se ajudam.

Essa é minha história de mulher, mãe, esposa e perita judicial. Para você que pensa em ser perita de maneira autossustentável, ter flexibilidade de horário e lugar, autonomia e rentabilidade na carreira, aconselho você, sobretudo, a buscar conhecimento contínuo, não se deixar levar por propagandas mirabolantes que existem por aí, incentivo-a a embarcar nessa onda, porém, esteja disposta a viver os processos. Cada uma possui um ritmo de vida, seja razoável e vá de acordo com a sua realidade. Tenha em mente que na vida sempre temos um "lugarzinho" que é só nosso, e na perícia não é diferente.

Descubra o poder de vencer qualquer obstáculo

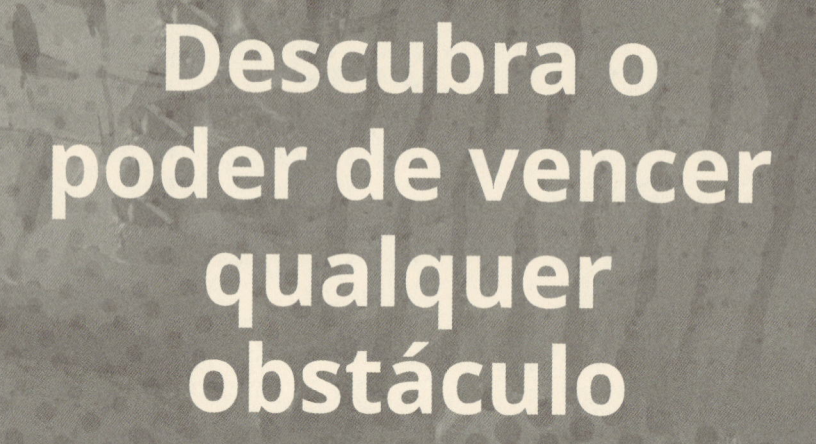

Fabiana Correia de Lima

Bacharel em Direito pela Universidade FIG-Unimesp; graduada em Licenciatura Plena em Letras pela Universidade de Guarulhos - UNG; formada em TTI (Técnico em Transações Imobiliárias) pela Sebrae; e possui diversas pós-graduações, incluindo Direito Imobiliário, Perícia Cibernética, Grafotécnico, Processo Civil pela Escola Paulista de Magistratura – EPM e cursando o Mestrado em Criminologia Forense.

CEO e fundadora das empresas M&P Consultoria Imobiliária e Jurídica e FL Perícia Judicial. Além disso, atua na comissão do Grupo de Estudo de Avaliadores do Crecisp e Membro da Cefisp da Delegacia do Crecisp de Guarulhos.

Como Perita Judicial do Tribunal de Justiça do Estado de São Paulo, com mais de dez anos de experiência, é especialista em perícias de Avaliação de Imóveis, Grafotécnico e Documentoscopia digital e digitalizada. Anualmente, realiza cursos para a formação de peritos iniciantes, atualização de peritos atuantes e também atua como palestrante.

INSTAGRAM

"Tudo é possível ao que crer". **Marcos 9:23**

Este é um versículo pequeno, mas que carrega um grande efeito e significado, principalmente para mim. Se você souber interpretá-lo e acreditar, tudo é possível. Contudo, isso exigirá de você mais esforço e dedicação para alcançar e conquistar o que almeja. Hoje, percorro uma trajetória de sucesso, desempenho, habilidade e coragem, mas nem sempre foi assim. Convido você a seguir este enredo comigo.

Antes de continuarmos, gostaria de fazer uma dedicatória aos meus pais, que foram fundamentais para minha chegada ao mundo e me ensinaram os princípios da fé em Jesus Cristo, que em algum momento da minha vida se tornariam significativos. Quero também homenagear minha saudosa mãe, Gedalia Lima, que sempre foi minha amiga e veio a falecer em 04 de outubro de 2023.

"A vida sem luta é um mar morto no centro do organismo universal." Machado de Assis

Como foram meus primeiros passos? Sou paulista, nascida prematura de sete meses, em 18 de junho de 1977, e registrada pelo meu querido pai em 30 de agosto de 1977. Desde cedo, a vida me mostrou que nada seria fácil, mas que seria uma vida real, com problemas e dificuldades, como qualquer outra pessoa enfrenta.

Nasci e cresci em uma família humilde, composta por meus pais, minha irmã mais velha e eu. Vivíamos uma vida simples, sem recursos financeiros para melhorar nossas condições. Diante das dificuldades financeiras, tive que começar a trabalhar aos 14 anos de idade e estudar no período noturno.

Sempre fui sonhadora

Quando era adolescente, eu sonhava com um mundo colorido: formar-me na faculdade, ser independente, casar, ter filhos, ter um bom emprego, ganhar meu próprio dinheiro, morar bem e comer bem. Cada fase da vida trazia um novo sonho, uma nova ambição, uma nova perspectiva, sempre com o propósito de conquistar. No entanto, tudo veio com sacrifício; nada foi fácil. Dentre os meus muitos sonhos, eu queria ser atriz, professora, cabeleireira, advogada, psicóloga, médica, enfim, tinha muitos sonhos. Não sabia por onde começar, até que um dia participei de uma seleção de fotos e fui chamada para ser figurante em uma novela chamada 'Pérola Negra', em uma famosa rede nacional de televisão. Foi uma experiência incrível, mas percebi que não me encaixava ali; minha timidez me impediu de me submeter a certas situações.

Com o incentivo de uma colega cabeleireira, aprendi a cortar cabelos, mas novamente não me encaixei e percebi que não tinha jeito para ser cabeleireira. O curioso é que, além das dificuldades e limitações da vida e do meu contexto, ainda tive que lidar com comportamentos negativos de algumas pessoas, embora soubessem de toda a minha limitação e esforço em cada conquista. O que eu tinha de especial era apenas a minha luta constante na batalha da vida para alcançar meus sonhos e chegar aos meus objetivos.

"É impossível vencer aquele que não desiste nunca."

Um dos meus sonhos sempre foi ser professora, e, com o incentivo do meu esposo Hermínio Lima e da minha filha Thais Lima, que aos quatro anos me acompanhava nas aulas, ingressei no curso de Licenciatura Plena em Português e Inglês na Universidade de Guarulhos. Foram quatro longos anos de estudo até a graduação, e, apesar dos pensamentos de desistência, minha determinação me fez perseverar.

Durante esse período, iniciei meu primeiro estágio e senti o gostinho inicial de que estava encontrando meu lugar e dando rumo à minha vida. Após a graduação, enfrentei desafios ao não ter a pontuação necessária para ser chamada como professora eventual ou substituta. Para não esquecer o que aprendi, comecei a dar aulas de inglês em casa e em uma associação de bairro. Com isso, ganhei experiência, descobri que gostava de ensinar e percebi que os alunos aprendiam com o método de estudo que eu aplicava.

Durante esse período turbulento e avassalador em minha vida, enfrentamos um grande desafio: meu esposo, que tinha uma loja de roupas em sociedade familiar, sofreu um prejuízo de mais de um milhão de reais. Essa situação provocou em mim um sofrimento profundo, com depressão e ansiedade, e minha mente estava completamente desestruturada. Em um momento de desespero, lembrei dos ensinamentos de minha mãe sobre a fé e busquei uma igreja, que se tornou minha única e última alternativa.

Foi durante as idas e vindas às reuniões que conheci o 'Congresso para o Sucesso', realizado todas as segundas-feiras, voltado para aqueles que desejam se realizar profissionalmente. Aprendi que sair das dívidas e superar desafios depende muito mais das suas atitudes do que de qualquer outra coisa. Ter força de vontade é essencial, mas o uso da fé é fundamental.

Embora houvesse um *'up'* na minha vida, ainda não tínhamos recursos suficientes para quitar todas as dívidas. Além das dívidas da sociedade mal sucedida, precisávamos pagar contas, cobrir gastos pessoais e garantir o básico para sobreviver. O diferencial era que, agora, eu tinha determinação e coragem para vencer, e com a fé, percebia que não estava sozinha.

Iniciamos um novo negócio e surgiu a oportunidade de trabalhar no Brás na feirinha da madrugada. Conseguimos nos alinhar financeiramente, mas as dificuldades continuavam. Enfrentamos a perseguição do Prefeito da época, que se tornava um grande terror para os chefes de família que sustentavam suas casas com o trabalho ali. Mais uma vez, minha família e eu tivemos que lidar com a adversidade, e confesso que foi difícil enfrentar os pensamentos negativos.

"Abrace as oportunidades e se livre do medo de arriscar."

Nesse ínterim, conversávamos com um amigo de longa data, Renato Zanotta (advogado), que mencionou um curso de TTI (Técnico em Transações Imobiliárias) que aconteceria nos próximos dias. Vimos naquele momento uma oportunidade de mudar nossas vidas. Apesar de não conhecermos nada sobre a profissão, estávamos determinados a ingressar no mercado de trabalho. Nos inscrevemos, e foram meses de muita dedicação para concluir o curso. Eu trabalhava durante a madrugada e, logo pela manhã, tinha que ir às aulas e fazer as provas. Foi um período de grande esforço, mas também de crescimento.

A Lei da Semeadora

O que as dificuldades fazem com você? Derrubam você ou levantam? Para mim, as dificuldades funcionam como trampolins, incentivando-me a ser melhor do que sou e do que fui ontem.

Tudo na vida requer um processo, que não pode ser simplesmente ignorado ou descartado. Esse processo é necessário para nos formar, amadurecer e nos levar ao sucesso. É fácil olhar para os resultados e desejá-los, mas raramente estamos dispostos a passar pelo processo necessário para conquistá-los. Todos sabem que 'Quem planta, colhe', mas poucos entendem que, antes de plantar, é preciso investir. Ou seja, você precisa das sementes, preparar a terra, plantar e, depois, esperar o tempo de crescimento. E mesmo assim, deve cuidar da planta para que ela não morra, até que, finalmente, ela dê frutos, e então venha a colheita.

A guinada de 180°

Em um grupo da igreja, surgiu a oportunidade para alguns jovens prestarem vestibular para ingressar na faculdade, com a chance de concorrer a bolsas de 100% e 50%. Fui contemplada com uma bolsa de 50% para cursar Direito na Universidade FIG-Unimesp. Lá, tive a oportunidade de conhecer professores e coordenadores que marcaram minha trajetória de vida, como a doutora Ossanna e a Elisabete Dias. Qualquer universitário sabe o quanto é desafiador conciliar estudos e trabalho, seja pelas questões financeiras ou pela falta de tempo. Essa jornada exige muita perseverança e disciplina, especialmente quando é necessário se organizar financeiramente para arcar com as despesas do dia a dia e as mensalidades da faculdade.

"Só saberá subir na vida aquele que tiver a humildade de descer quantas vezes for necessário."

Foi assim que, na sala da minha casa, montei a minha imobiliária. Sem recursos, sem capital de giro e sem dinheiro sequer para comprar um pacote de folhas de sulfite. Lembro como se fosse hoje: levei seis meses para alugar o primeiro imóvel, pois o mercado é muito volátil. Nesse período, as contas de água, luz, telefone e faculdade começaram a atrasar. Diante dessa situação, eu precisava gerar recursos para ajudar com as despesas de casa. Tomei uma decisão difícil: precisei trancar a faculdade por um semestre, pois não tinha condições de fazer a rematrícula e pagar as mensalidades, além de deixar o estágio na Justiça Federal de Guarulhos.

No entanto, não me acomodei. Decidimos investir mais na imobiliária, mantendo o foco e a determinação.

> *"As coisas boas chegam com o tempo, as melhores de repente"*

Nesse período, surgiu mais uma oportunidade: ingressei em um curso gratuito de Avaliação Imobiliária, oferecido pela delegacia do Crecisp de Guarulhos. No início do próximo semestre, conseguimos nos equilibrar financeiramente, o que me permitiu retornar à faculdade e concluir a graduação em Direito.

Decidi fazer outro curso gratuito pelo Crecisp, o de Perícia Judicial, que me abriu novas possibilidades profissionais e especializações. Naquele momento, eu estava superando mais um grande desafio na minha vida, pois, apesar de ainda ser muito tímida, sabia que precisava divulgar meu trabalho. Como diz o famoso ditado: 'Quem não é visto, não é lembrado.' Com o grande incentivo da Drª Elisabete Dias, criei meu primeiro cartão de visita como Perita Judicial em Avaliação Imobiliária e montei um currículo profissional, mesmo sem ter experiência prévia na área. Passei a divulgar meu trabalho nas varas, escritórios de advocacia, para clientes, familiares, meus queridos professores da Universidade FIG Unimesp e também nas redes sociais, expandindo assim meu 'networking'. Esse foi o pontapé inicial na minha carreira de perícias.

Após oito meses, fui contemplada com minha primeira nomeação, que veio através do convênio da Defensoria Pública (AJG). Logo em seguida, começaram a surgir perícias por estimativa e extrajudiciais.

A qualidade excede a quantidade

É importante mencionar a nomeação pelo convênio da Defensoria Pública (AJG), que, muitas vezes, não é bem vista por muitos peritos. Eu gosto de enfatizar a importância da justiça gratuita, pois os trabalhos realizados sob a AJG devem ser feitos com excelência, para que o magistrado reconheça a qualidade do serviço e tenha confiança no perito judicial. Foi assim que muitos magistrados passaram a enxergar o valor do meu trabalho, e começaram a me nomear como perita judicial. É extremamente gratificante quando um juiz te nomeia e afirma que você é de sua total confiança. Isso demonstra a importância de transmitir segurança e credibilidade no trabalho realizado, seja ele pela AJG ou por estimativa.

Entende-se que o perito judicial é o profissional legalmente habilitado e credenciado em seu respectivo órgão de classe, seja ele técnico ou científico, devidamente inscrito e vinculado ao tribunal ao qual o juiz está subordinado. Assim, o juiz será assistido por você, perito do juízo, quando a prova dos fatos depender de conhecimento técnico específico. Por isso, é fundamental manter-se atualizado por meio de estudos e pesquisas constantes.

É importante destacar que muitos acreditam que não têm oportunidades, condições financeiras ou que, por virem de famílias sem recursos, não podem estudar, ingressar em uma universidade ou fazer um curso de perito judicial, como o ministrado pela Douta Fabiana Correia de Lima (Fabiana Lima). Contudo, ao observar o resumo da minha história de vida, percebe-se que não é necessário ter muito para alcançar seus objetivos. Sua condição não pode ser uma barreira. A determinação, a persistência e a fé podem te levar a lugares que você jamais imaginou, assim como eu nunca imaginei que um dia estaria ministrando uma palestra de perícia judicial ao lado de um juiz de direito. Mas essa história ficará para uma outra oportunidade.

> *" O sucesso nasce do querer, da determinação e persistência em se chegar a um objetivo. Mesmo não atingindo o alvo, quem busca e vence obstáculos, no mínimo fará coisas admiráveis".* José de Alencar.

Uma trajetória individual, nunca solitária

Fabiana Dias Machado Monteiro

Fabiana Dias Machado Monteiro é carioca, pós-graduada em Documentoscopia Avançada. Especialista em Grafoscopia e Papiloscopia. Especialista em prevenção à fraudes. Especialista em Documentoscopia Digital e Biometrias. Membro da Sociedade Brasileira de Ciências Forenses, Coordenadora do Núcleo de Perícia Grafodocumental da Comissão de Perícias da OAB/RJ e membro da Comissão de Perícias da OAB/SP. Atua como perita judicial nas esferas Federal e Estadual. Palestrante e escritora. Professora de Perícia Judicial e Grafoscopia. Sócia majoritária da Monteiro de Mattos Perícias. Está casada desde 1995 com Luiz, a quem dedica um imenso amor e admiração. Tem três filhos: Julia, Tiago e Isabel que são a inspiração para que seja melhor a cada dia.

LINKEDIN

Minha vida nem sempre foi uma questão de aproveitar as oportunidades.

Era uma luta interna entre intuição e curiosidade. Mas nunca medo.

Costumo dizer que não tenho medo de nada, só de barata.

Eu sempre me entreguei àquilo que queria ou acreditava, pouco ligava para a opinião alheia, mesmo na adolescência, quando seria normal o conflito e a rebeldia. Cheguei a abrir mão das muitas facilidades que poderia ter, porque fiz escolhas erradas. Não culpo absolutamente ninguém, apenas minha impulsividade e ingenuidade.

Tive uma juventude bem bagunçada material e emocionalmente, por conta da separação dos meus pais, que foi algo complicado de lidarmos, muitos conflitos sobre que rumo tomar em uma busca inquietante por solidez e chão. Sou extremamente apegada a rotina e disciplina. Mudanças sempre me deixaram confusa e deslocada. Preciso de solo, raiz, lar e uma copa de árvore onde possa ter sombra e segurança.

Em meio a um turbilhão de mudanças nessa fase, conheci Luiz. Foi uma estrada em que precisei de muita garantia de estar bem pavimentada para poder colocar meu pé para aquele primeiro passo. Não foi fácil, ele tentou bastante. Percebi que ali eu me sentiria novamente em casa e uma vida cheia de emoção, maternidade, companheirismo, amizade e muito amor teve início, era 1995.

Naquele momento minha missão era minha família e acertei bastante nisso. Nasceram Julia em 1996 e Tiago em 2003.

Nós mulheres sabemos a importância de um solo fértil onde cresçam fauna e flora. E a importância de criar raízes, mas também asas.

Por um longo período foi assim e acredito na importância das escolhas. E na liberdade e inteligência emocional para mudanças.

Nunca houve espaço para anulações, nem da minha personalidade forte nem dos meus objetivos.

Aos 39 anos estava pronta para novos caminhos, pretendia voltar a estudar e tentar empreender, mas aí a surpresa de uma nova vida surgiu e aos 40 fui mãe pela terceira vez: Isabel nasceu em 2008.

Mais uma vez minha responsabilidade e dedicação estavam 100% voltadas para minha família. Repleta da certeza de que amava a rotina altamente estressante, criei métodos e metas a cumprir.

Toda mãe sabe que vai chegar o dia da liberdade, precisamos somente entender se essa palavra pertence a nós ou aos filhos. Sendo essa estrada solitária ou acompanhada, misturamos medo e ansiedade e, por que não? Alívio.

Mas sempre fui alma inquieta, nunca parei de empreender.

Reinvenção e resiliência: onde você estará aos 50 anos?

E foi assim que a Perícia Judicial entrou sem bater na minha vida.

Meu marido, hoje aposentado, era policial civil aqui no Rio de Janeiro e pertencente aos quadros desde os anos 1980. Foram 40 anos em um trabalho que amava e em que atuava com tremenda responsabilidade, dedicação e entrega. Fez inúmeros amigos e um deles pediu um favor relacionado a uma burocracia qualquer de que ele entendia os trâmites legais. E, assim, ganhou duas vagas em um curso de formação de peritos grafotécnicos para atuar no Judiciário. A princípio achamos que minha filha mais velha poderia fazer, mas ela havia acabado de passar para a Universidade Federal Fluminense e não tinha o menor interesse. Minha caçula estava com dez anos e eu às voltas com uma representação comercial de empresa de turismo voltado para um público muito restrito. Fui fazer o curso e foi algo que despertou em mim uma segunda paixão.

Filhos grandes, independentes – mesmo a mais nova bem madura para a idade -, pensei que aquele tema era tão interessante e coincidentemente estava assistindo a uma série chamada Manhunt: Unabomber, com a história da introdução da Linguística como produção de prova e o início da perícia forense no assunto. O universo sempre conspira, muitas vezes a nosso favor.

Ao final do ano de 2018 eu já tinha feito três cursos, entrado em uma graduação tecnológica em Perícia Forense e me preparando para mais cursos e uma pós-graduação em Documentoscopia.

Acreditei em mim, sem maiores surpresas, sabendo que tudo o que me propunha a fazer viria com um toque de planejamento, metas, esperas e ciência de que tudo acontece quando deve acontecer.

Tempo de plantar e tempo de colher

Acompanhar a evolução de tudo o que acontece faz parte do crescimento como pessoa e mulher.

Preparei o solo, plantei uma semente de qualidade que eclodiu em um caule sólido ainda com os primeiros galhos com flores. Os frutos estão amadurecendo. São projetos, sonhos e ambições que continuam crescendo e se transformando, aguardando o momento certo para serem colhidos.

Nesse processo, descobri que não acredito em resultados sem trabalho árduo e dedicação. Talvez eu seja uma mentora hoje, alguém que exige muito de si mesma, mas também entrega muito ao mundo e àqueles que me cercam. Prefiro raízes a asas, valorizando a base sólida que construí ao longo dos anos. São cinco anos que, de tão intensos, parecem 50 em termos de experiências e aprendizado.

Hoje, celebro mais do que conquistas pessoais. Consegui trazer meu marido para compartilhar a paixão e o trabalho, fortalecendo nosso relacionamento e nossos objetivos comuns. Fiz novas amizades que enriquecem minha vida com perspectivas e experiências únicas. E conquistei um espaço que me enche de orgulho, um espaço onde posso contribuir, aprender e crescer continuamente.

A Perícia Judicial

No contexto jurídico, a perícia é uma ferramenta importante para a busca da verdade nos processos judiciais, pois permite a análise técnica e especializada de evidências relevantes.

A designação de "prova científica" é aplicada quando a perícia envolve métodos e técnicas científicas ou técnicas especializadas que são baseadas em princípios científicos reconhecidos e rigorosos. Essa categorização ressalta a confiabilidade e a objetividade das conclusões periciais, o que pode aumentar sua relevância e peso no julgamento de casos judiciais.

Costumo dizer que perito é o cidadão curioso que se especializou e transformou em trabalho uma paixão em desvendar mistérios. Não se trata de opinião ou de "achismo", mas de embasamento. Por isso é necessária a observação antes de qualquer conclusão e treino, principalmente. Treinar a capacidade de ver e ouvir sem que haja qualquer interferência crítica subjetiva gerenciada por crenças, experiências, vivências ou histórias de outras pessoas.

É um fato amplamente reconhecido que o sistema penal brasileiro muitas vezes impacta desproporcionalmente a população mais vulnerável e economicamente desfavorecida. Isso pode resultar em situações em que a falta de recursos financeiros para contratar assistência jurídica adequada afeta a capacidade de defesa das pessoas em processos criminais. A defensoria pública desempenha um papel fundamental na garantia dos direitos dos indivíduos que não têm condições de pagar por serviços jurídicos privados, porém sua estrutura é pequena diante da imensa demanda de ações tanto na esfera criminal quanto na cível.

Em relação aos laudos periciais, a falta de recursos para uma defesa adequada pode limitar a capacidade de questionar ou contestar evidências periciais apresentadas pela parte mais abastada. Isso ressalta a importância de garantir que todos os indivíduos tenham acesso a uma defesa eficaz e de qualidade, independentemente de sua condição econômica.

Aí entra o papel do perito judicial

Para abordar essas preocupações, é necessário um esforço contínuo para fortalecer o sistema de defensoria pública, garantir um acesso equitativo à Justiça e promover a imparcialidade e a equidade nos processos judiciais. Isso inclui o controle externo e a revisão adequada de evidências, bem como o cumprimento dos princípios fundamentais do devido processo legal e dos direitos humanos.

Com um olhar preocupado, percebo um processo comprometido do ponto de vista de ética e boas práticas. A área fisgou uma enorme parte de mulheres interessadas em independência financeira, mas sem verdadeiramente atingir o objetivo precípuo da manutenção da justiça.

Errar em um laudo pericial, crucial para a tomada de decisão pelo julgador, e ainda não estar submetido a uma contraprova, é um dos meus maiores medos e o principal desafio em minha profissão.

Acredito muito no poder da curiosidade e do desafio diário da característica principal de uma perita: a curiosidade e a necessidade da busca pela verdade.

Não desistir, a idade não limita capacidade

Ouvi de mulheres mais maduras que me admiram por ter 'coragem' de recomeçar. Não acredito que seja uma questão de heroísmo, mas de saber que recomeços são mesmo difíceis e demandam muita resiliência. Como a metodologia em perícia.

Assimilar novos conhecimentos e se adaptar a novas circunstâncias é essencial em ambas as áreas. Na verdade, essa busca contínua por aprendizado e a capacidade de se adaptar a novos desafios são qualidades valiosas tanto ao recomeçar quanto ao conduzir uma perícia. A coragem está intrinsecamente ligada à autoconfiança, tanto ao recomeçar quanto ao liderar uma investigação. Acreditar em si mesmo é essencial para superar os obstáculos que inevitavelmente surgem.

Mas, para alcançar o sucesso, precisamos ir além da autoconfiança. Precisamos refletir sobre como os recomeços e o aprimoramento da metodologia em perícia levam ao desenvolvimento pessoal. À medida que enfrentamos desafios, crescemos e evoluímos como indivíduos. A cada reviravolta da vida e a cada caso pericial encontramos oportunidades para amadurecer e nos tornarmos versões mais fortes e sábias de nós mesmos.

Além disso, buscar orientação e apoio de mentores ou

pessoas mais experientes pode ser extremamente benéfico em ambas as situações. A experiência e os conselhos de alguém que já percorreu o caminho podem acelerar nosso progresso e nos ajudar a evitar erros comuns. A mentoria não é sinal de fraqueza, mas de sabedoria em reconhecer que todos nós temos muito a aprender e que o apoio de outros é inestimável.

Em última análise, como bem disse, não há atalho, não existe sucesso sem trabalho. A coragem, a resiliência, a autoconfiança e a busca contínua pelo aprendizado são os alicerces que nos permitem abraçar os recomeços e prosperar na metodologia em perícia. A jornada pode ser desafiadora, mas é aí que reside a oportunidade de crescimento e realizações pessoais que nos enchem de orgulho.

Seja quem você quiser

Mulheres têm uma habilidade única de se adaptar, crescer e prosperar em todas as fases da vida. Após os 50 anos, muitas vezes se encontram em um momento de profunda reflexão sobre o que e como desejam moldar seu futuro. Uma das áreas onde essa transformação é mais notável é na esfera da carreira profissional.

Após décadas dedicadas a criar e educar os filhos, muitas mulheres veem seus ninhos vazios e percebem que é hora de investir em si mesmas de uma maneira diferente. Isso pode significar mergulhar em novos desafios profissionais, retornar à educação ou explorar paixões que ficaram em segundo plano durante os anos de criação dos filhos.

O que é notável é que não há um caminho único ou regra a ser seguida. As mulheres têm a liberdade de serem quem quiserem após os 50 anos. Elas podem escolher retomar suas carreiras anteriores, buscar novos interesses ou até mesmo empreender. Essa fase da vida é uma oportunidade de se reinventar, de aprender coisas novas e de compartilhar sua vasta experiência com o mundo.

Mais do que nunca, a sociedade reconhece o valor da diversidade de idades no local de trabalho. Mulheres maduras trazem uma riqueza de conhecimento, habilidades e perspectivas que enriquecem as equipes e organizações. Sua resiliência, empatia e capacidade de multitarefa, desenvolvidas ao longo dos anos, são ativos valiosos.

A mensagem fundamental é que as mulheres têm o direito de perseguir suas paixões e ambições profissionais em qualquer idade. Não há um prazo de validade para os sonhos e realizações. É uma época para abraçar a liberdade de escolher e moldar o próprio destino. Outrossim uma oportunidade para lembrar ao mundo que as mulheres podem ser quem desejarem, independentemente da idade, e que suas jornadas e conquistas estão longe de terminar.

Esteja preparada!

Giovana Giroto

Apaixonada pelo Direito, iniciou a vida na perícia com o propósito de viabilizar a justiça através das Ciências Forenses. Graduada em Direito. Pós-graduada em Perícia Judicial com Ênfase em Documentoscopia; Perícia Criminal & Ciências Forenses; Perícias em Áudio, Imagens e Documentos Digitais; MBA Gestão Jurídica; Direito Público. Cursos de Determinação de Sentido de Traços em Perícias Grafoscópicas; Assinaturas Eletrônicas; Grafoscopia e Construções Exóticas em Perícias Grafoscópicas. Realiza mentoria para peritos iniciantes, atua como perita judicial no TJPR e como assistente técnica através da empresa de perícias particulares na qual é sócia.

LINKEDIN

Este aprendizado começou a ser construído ao vestir por três anos consecutivos uma frase estampada no uniforme do colegial. Acredite, isto muda sua vida! A frase: "A sorte favorece a mente preparada" (Louis Pasteur).

Esse mantra ainda permanece em minha jornada... e se ilude quem acha que estou falando somente de capacitação técnica, este é apenas um dos pilares a serem erguidos em sua caminhada.

Descrever minha trajetória profissional é complexo, até porque meu trabalho não é nada convencional e foram inúmeros fatores que me levaram a esta escolha, mas vamos lá. Meu ofício não é daqueles que a gente escolhe quando criança ou até mesmo antes de prestar o vestibular, "vou ser perita grafotécnica e documentoscópica!" Não... poucos "sonham" com esta profissão, até mesmo por falta de conhecimento, mas é apaixonante.

A frase de Louis Pasteur nos traz alguns aspectos intrínsecos que merecem atenção e explicando como os percebi vou contar minha história!

Preparo inicial

Se a sorte favorece a mente preparada, vamos ao principal, o preparo!

Iniciei minha vida escolar em um colégio particular de freiras beneditinas, uma das mensalidades mais caras da minha cidade natal, me recordo que de todos os alunos da minha turma eu era a que menos tinha condições financeiras de estar ali. Fiquei por 13 anos neste mesmo colégio e lá começou o grande aprendizado, de que estudo era investimento e não gasto!

Tive o melhor mentor que alguém poderia ter, meu pai! Por que ele tinha muito estudo e com QI acima da média? Não, não teve as mesmas oportunidades que me proporcionou, mas era sábio e me amava demais, certamente me orientou bem. Dedicou grande parte de sua renda mensal investindo em um ensino de qualidade, eu aproveitei e valorizei todo o esforço. Eu não gostava de estudar, mas gostava de aprender... Consegue perceber a diferença? Aproveitei todo ensino em sala de aula, mas não ficava lendo apostilas em casa. Meus pais sempre diziam que não me viam estudando, e não viam mesmo, mas sempre honrei toda a dedicação deles, nunca reprovei.

Esta primeira etapa de ensino consistente fez toda diferença ao me proporcionar uma estrutura e base sólidas para as próximas fases da vida. Pareço meu pai falando agora... e as experiências vividas mostram que eles (pais) sempre estão certos.

Preparo para escolhas

Esta fase da vida foi dura, mas muito boa! Faculdade. Dentre as opções que eu queria estavam Jornalismo, Odontologia e Direito. Na verdade, pelas opções, fica claro que eu não tinha ideia do que queria... E não tinha mesmo. Que fase, ter que escolher uma profissão para o resto da vida, parece até castigo! E, se você pensa que havia esclarecimento sobre as possibilidades dentro de uma área profissional, ledo engano, a mensagem era uma só, "você escolhe o que vai ser e fazer para o resto da vida". Ainda bem que era mentira.

E assim brinco que o Direito me escolheu, pois Odontologia era caro demais para manter com materiais e Jornalismo era um curso recém-inaugurado em minha cidade. Já Direito tinha boa faculdade, reconhecida! E para lá eu fui.

Se o Direito me escolheu mesmo eu não sei, penso que foi obra divina, pois me apaixonei logo no primeiro ano, até comecei a estudar... Foram anos de muito estudo e aprendizado. Na minha família não tinha absolutamente ninguém da área jurídica, nem um daqueles tios e avôs delegados de alguma coisa que muita gente tinha no passado, nem mesmo uma prima ou primo distante. Desbravei, sem conhecimento nenhum das oportunidades, fui entendendo aos poucos as possibilidades de trabalho.

Durante a faculdade percebi que havia somente dois caminhos a serem seguidos, ou seja, trabalhar em escritório de advocacia ou prestar concurso público. Nem dá para acreditar o quanto essa ideia é equivocada atualmente, vejo tantas opções dentro da área jurídica, mas acreditem, naquela época só se vislumbravam essas duas opções. Virei "concurseira", mal sabia o que estava escolhendo.

Eu me formei no ano de 2003, foi lindo. Fiz amigos que me acompanham até hoje. E lá se vão mais de 20 anos de amizade, posso afirmar que fazem parte da minha família, irmãos que levo para a vida.

Logo depois de formada, literalmente no susto, estava morando em São Paulo, começando a saga do concurso público.

Quando digo que foi no susto, foi mesmo. Ricardo, amigo de faculdade e da vida, me liga e pergunta "Vamos amanhã para São Paulo ver apartamento para morar e fazer curso preparatório no Damásio?"

Assim, em poucas semanas, estava morando em São Paulo, estudando em um curso preparatório para concurso! Inacreditável! Mas Deus me conhece, se me desse tempo para pensar, talvez não teria ido. Deus age desta forma em minha vida, no susto, mas no tempo certo.

Fiquei quase um ano em São Paulo, voltei antes de terminar o curso, pois meu pai infartou e tive que assumir a empresa de representações dele. Aventurei-me como representante comercial, vendendo produtos de saúde e nutrição animal. Quanto aprendizado.

No final desta fase, mais um pilar se ergue. Aprendi que nos preparamos para aquilo que "entendemos" que seja preciso, mas no final a vida nos prepara para o que realmente é necessário. O momento de "estar preparada" sempre chega!

Fase de desenvolvimento

Na fase em que trabalhei com vendas tive um salto de desenvolvimento.

Saí do estado "dependente" para o estado "dependem de mim". E agora? Meus pais dependendo financeiramente de tudo que eu conseguia vender... Difícil, né, mas é exatamente nessa hora que você cresce, se desenvolve e evolui. Acho que amadureci dez anos em um.

Aprendi um ofício que todos deveriam conhecer, vendas. Aprendi que a gente se "vende" a todo momento. Foram anos de muito conhecimento em uma área fantástica e motivadora, mas nunca abandonei por completo meus estudos. Fui me preparando aos poucos, em um ritmo menos dedicado do que o necessário para passar em concurso.

Fiz muitos cursos de vendas, era representante em uma multinacional e eles investiam nisso. Conheci sobre a pecuária do nosso país, fiquei fascinada. Aprendi coisas as quais não fazia ideia de como funcionavam.

No meio de tudo isso, precisei de ajuda psicológica. Fato é que a gente sempre precisa de ajuda profissional para manter a saúde mental, a vida é um carrossel quando você realmente se dispõe a enfrentar o que precisa. Tive um início de síndrome do pânico, bem sutil, mas identifiquei e busquei ajuda. No total, entre idas e vindas, fiz dois anos e meio de acompanhamento em terapia. Aqui outro pilar se erguia, talvez o mais importante de todos, a preparação do psicológico.

Aquela "menina" impulsiva, impaciente, que não pensava muito nas consequências do que fazia ou falava se despediu e deu chance para a "mulher" florescer. Foi lindo e necessário.

Ah, meu pai ficou ótimo, depois de uma cirurgia cardíaca e longa recuperação, retornou aos trabalhos e se aposentou 15 anos depois.

Fiquei quatro anos trabalhando com vendas, me casei e fui morar no Mato Grosso do Sul, agora decidida a me dedicar aos concursos. Mas me separei pouco tempo depois, tive que me organizar novamente... A vida é cheia de recomeços e assim mais um preparo, mudança de vida.

Decidi morar em Curitiba, no Paraná, isto foi em 2011. Aí sim começou minha dedicação exclusiva aos estudos.

Fase concurseira

Estudava dez horas diárias cronometradas (juro!), fora as aulas do curso preparatório pela manhã. Uma insanidade! Quem vive ou viveu essa situação sabe do que estou falando. Sempre quis a área de segurança pública, prestei vários concursos em diversos lugares, mas o que eu queria mesmo era ser policial federal, não importava se na fronteira com a Bolívia ou na tribo no meio do nada. Dediquei-me muito a este objetivo.

Foram três anos de estudo intenso, cursos preparatórios e treino físico. Aulas e aulas de várias matérias, português, raciocínio lógico, Direito, estatística... foi um árduo percurso, mas acumulei uma "bagagem intelectual" incrível. Outro pilar estava sendo erguido.

Passei, com louvor, na primeira fase do concurso de Papiloscopista da Polícia Federal em 2013, fiquei muito bem colocada e lembro até hoje que a nota da minha redação foi uma das mais altas daquele concurso, uma conquista que faço questão de contar. Mas não consegui passar no TAF (Teste de Aptidão Física). Aí você deve estar se perguntando: "Mas ela não treinou?" Vou lhe contar, eu treinei muito, seis dias na semana, vários deles duas vezes ao dia, "mas COMO você não conseguiu?"

Bem, em todos os concursos anteriores ao que passei, o edital do TAF das mulheres, especificamente no teste de barras, era de isometria, isto é, colocavam um apoio e você ficava em posição, com cotovelos flexionados e o queixo acima da barra, depois retiravam o apoio e você precisava ficar um tempo determinado na mesma posição. E foi isso que treinei todo aquele tempo. No edital do concurso que passei mudaram as regras e passaram a exigir flexão de braço. Em poucos meses não consegui reverter o trabalho de anos de exercícios direcionados para membro superior, meus músculos do braço estavam treinados para isometria... Enfim, não passei.

Se eu fiquei frustrada? Você não imagina quanto! Nem tenho palavras para descrever os dias posteriores ao TAF... A vida me preparando novamente.

Mas a resiliência é algo que aprendi com a terapia. E seguimos para um novo recomeço.

Fase pericial

Depois que reprovei no concurso ainda tentei continuar prestando outros, mas já não estava mais com a motivação necessária. Busquei outro caminho.

Na época eu namorava meu segundo marido, que era proprietário de uma franquia de cursos de pós-graduações. Percebendo que eu estava em busca de advogar em algum escritório, me fez o convite para trabalhar na empresa dele. Inicialmente, era para analisar contratos de alunos e esclarecer dúvidas em relação a questões contratuais.

Nos primeiros dias de trabalho na empresa, buscando entender sobre os assuntos e analisando os tipos de pós-graduações que vendiam, me deparei com uma especialização que mudou o rumo de minha vida.

Estavam formando uma turma de pós-graduação em Perícia Criminal & Ciências Forenses. Fui entender melhor do que se tratava.

Inacreditavelmente, o curso ensinava a colocar em prática exatamente tudo que eu tinha estudado durante aquele tempo todo! E neste momento da minha vida, em que eu estava mais perdida, tudo fez sentido novamente.

Eu estava Preparada!

Por muito tempo questionei o porquê daquele esforço todo nos estudos, sem, teoricamente, conseguir chegar a algum lugar. Acreditava veementemente que todo esforço seria recompensado... e neste momento veio a resposta.

Esta pós-graduação, que me deixou absolutamente encantada, tinha um investimento alto e sem previsão de abertura. A turma precisava de quantidade mínima para confirmar e eu não podia pagar, estava com pouca reserva financeira, tinha investido muito em cursos jurídicos.

Foi quando tive a seguinte proposta: se eu vendesse a pós-graduação e chegasse na quantidade ideal de alunos eu teria bolsa integral. Imagine! Atingi a meta em menos de dois meses, completei a turma e ganhei a bolsa!

Eu estava preparada! Toda minha experiência com vendas do passado foi aplicada. Vendi com a maior facilidade do mundo. Uni meu conhecimento na área jurídica, de como exercer a perícia, com minhas habilidades desenvolvidas em vendas. Foi lindo.

Iniciei minha primeira pós-graduação em perícia no ano de 2014 e NUNCA mais parei. Hoje no total são três especializações, diversos cursos de capacitação, congressos, simpósios, *workshops* e palestras na área pericial. Respiro perícia.

Sou apaixonada pelo que faço e agora entendo aquele ditado do filósofo Confúcio, que já na antiguidade ensinava: *"Escolha um trabalho que você ama e você nunca terá que trabalhar um dia sequer na vida"*.

Verdade seja dita, fiz muitas coisas das quais não gostava, mas que contribuíram absurdamente para chegar aqui. Meu trabalho exige dedicação e investimento (de tempo e dinheiro), mas é prazeroso e leve.

Com mais dois amigos de pós-graduação abrimos uma empresa de perícias, fizemos grandes parceiros peritos, em diversas áreas. Casei-me com um dos sócios, Ricardo. Brinco que eu tinha que me casar com um curitibano, amo esta cidade, as pessoas e tudo que ela me proporciona. Construímos nossa vida conjugal em uma parceria incrível, aprendo todos os dias com ele, homem como poucos, tive a sorte de encontrá-lo, mas eu estava preparada para este relacionamento.

Veja bem, quando se encontra algo que realmente o(a) motive e faça feliz, abre caminho e espaço para tudo que almeja na vida acontecer. Foi assim comigo e este aprendizado é transformador.

Pela primeira vez, em meio a uma pandemia, eu estava equilibrando os pilares mais importantes, espiritual, pessoal e profissional. Vou confessar que é difícil manter, exige preparo e dedicação constante, mas não me preocupo, a vida ensina e Deus prepara.

Muitas vezes tive a tal "sorte", que costumo dizer que são providências divinas, mas ao mesmo tempo eu estava preparada, pronta para assumir as responsabilidades e consequências.

Chego aos 44 anos de vida passando pelo único problema para o qual nunca estaremos preparados. Aqui vou chamar de "problema" mesmo e não desafio, estou perdendo umas das pessoas mais importantes da vida, minha mãe.

Talvez ela nem esteja presente quando este livro for publicado, mas teve a chance de acompanhar meu desenvolvimento e me ver feliz! Enfrentando bravamente um câncer em fase terminal, segue lutando e eu me dividindo nos cuidados com ela, trabalho, projetos, amigos, família, casa... Tudo aquilo que você, **mulher,** sabe que precisa ser feito e está sendo. Mas certo é que perder mãe ou qualquer pessoa que amamos é algo para o qual não há preparo, nem com a consciência de que seja o melhor para o momento, mas este é o único despreparo que me permito.

Aprendi que estar preparada para a vida que sonhei foi algo que aconteceu muitas vezes sem intenção, mas que dependeu de ação! O movimento constante faz a diferença. Você TEM que fazer sua parte, TEM que buscar evoluir... e Deus providencia estando presente onde você não escuta, onde você não enxerga, onde você não está... aí a vida acontece. É lindo!

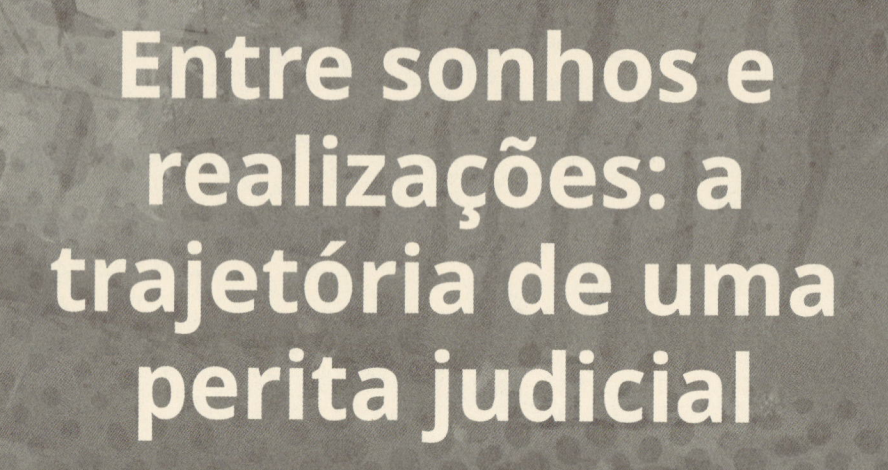

Entre sonhos e realizações: a trajetória de uma perita judicial

Jéssica Simão de Assis

Contadora e atuária, pós-graduada em Perícias Judiciais pela Fecap (Fundação Escola de Comércio Álvares Penteado) e graduanda em Direito pela Faculdade de Direito de São Bernardo do Campo. Fundadora da JSA Perícias Contábeis & Atuariais. *Expert* em perícias contábeis, financeiras e atuariais, possui ampla experiência como perita judicial em comarcas das mais diversas regiões do Estado de São Paulo.

LINKEDIN

> *"(...) Por isso, eu te pergunto: como anda a sua vida profissional? Espero de coração que o nosso sonho de nos tornarmos uma perita judicial tenha sido realizado."*

Esse é um trecho da carta que escrevi para mim mesma assim que concluí a minha primeira graduação. Recém-formada em contabilidade, repleta de sonhos e ansiedades, decidi registrar minhas aspirações e esperanças, para revisitá-las cinco anos depois. Quando abri a carta, anos mais tarde, a emoção tomou conta de mim. Quase todos os sonhos ali registrados haviam se concretizado. Releio essa carta todos os anos, como um lembrete da importância de sonhar e desejar.

Origens e influências

Nascida e criada em São Caetano do Sul, no estado de São Paulo, sou uma extensão das mulheres fortes que vieram antes de mim, especialmente da minha mãe, Rosilda Simão da Silva. Uma mulher negra, paraibana, sem estudo, que enfrentou a violência doméstica de frente e rompeu esse ciclo saindo de casa com os três filhos, sem nenhum apoio emocional ou financeiro.

Em uma época em que as mulheres eram ainda mais estigmatizadas quando separadas ou divorciadas, especialmente aquelas com filhos, minha mãe desafiou todas as expectativas sociais e optou por sua própria dignidade e segurança. Para mim, ela é a personificação da resiliência e da coragem. Crescer ao lado de uma mulher tão forte e determinada moldou quem eu sou e me deu a base necessária para perseguir meus próprios sonhos e conquistar tudo o que desejo, não só por mim, mas também por ela.

Tenho pouquíssimas lembranças da minha infância. Lembro-me vagamente de ter morado em um cortiço logo após a separação dos meus pais. Uma parte da minha família materna também vivia lá, o que transformou essas raras memórias em boas lembranças.

Depois de um tempo, nos mudamos para um novo bairro, era uma casa pequena, com no máximo 30m². Mal sabíamos que nós quatro (eu, minha mãe e meus dois irmãos) viveríamos lá por cerca de 20 anos. Nesse mesmo período, iniciei meu primeiro ano escolar. Sempre fui muito curiosa, lembro-me de reescrever páginas e páginas de livros, apenas pelo prazer de "desenhar as letras", sem entender os seus significados. Recordo-me, inclusive, da aula em que comecei a aprender o que era cada letra e os sons que faziam quando se juntavam. Aquilo para mim foi o início de um novo mundo, fiquei encantada. Aos sete anos de idade, minha professora do primário disse que eu seria escritora. Passei anos da minha vida dizendo que essa seria minha profissão no futuro.

Com o passar dos anos, minha curiosidade e desejo de aprender se transformaram em uma busca por independência e melhoria de vida. Esse desejo se intensificou à medida que eu crescia e percebia a realidade financeira da minha família.

A busca por independência

Junto com a pré-adolescência, veio a ânsia por um trabalho. Sempre quis ser independente e melhorar a vida da minha família, mas tinha plena ciência de que sem dinheiro isso não era possível. Minha mãe, sendo faxineira, conseguia nos oferecer condições mínimas para uma vida digna, sem qualquer tipo de luxo.

Aos 13 anos, comecei a fazer "bicos" em *buffets* para festas. Trabalhava horas a fio por alguns poucos reais, que entregava quase integralmente à minha mãe. Em um dia particularmente difícil, doente e exausta, fui menosprezada pelo dono do *buffet* com uma frase que me marcou por anos: "Quem mandou não estudar?". Naquele momento, tive a certeza de que seriam os estudos que me levariam o mais longe possível.

Aos 14 anos, comecei a trabalhar na recepção e administração de uma imobiliária. Durante esse período, além do ensino médio no período da manhã, eu fazia um curso técnico em Administração de Negócios no período da noite. Trabalhar e estudar sempre fez parte da minha rotina. Aos 16, tive uma péssima experiência trabalhando em uma farmácia, o que me deu mais motivação ainda em estudar para nunca mais ter que me submeter a determinadas situações por necessidade.

O encontro com a Perícia Judicial

Aos 17 anos, recebi uma oferta de trabalho de um dos patrões da minha mãe. Ele trabalhava em uma pequena sala comercial e a única pergunta que me fez na entrevista foi se eu gostava de matemática. Eu não fazia ideia do tipo de trabalho que eu iria fazer, mas agarrei a oportunidade com unhas e dentes.

O seu nome era Antônio Celso Gonzalez Garcia e ele atuava como perito assistente técnico de uma grande instituição financeira. Foi assim que eu fui apresentada à perícia contábil, que anos depois transformaria a minha vida.

O Sr. Antônio era uma pessoa única. Sempre tinha uma frase de efeito ou um conselho para dar. Extremamente trabalhador e visionário em relação a negócios, ele me ensinou muito sobre foco, dedicação no trabalho e nos estudos. Além disso, ele me ensinou sobre o verdadeiro significado do dinheiro, não apenas como um meio de adquirir bens materiais, mas como um facilitador do conforto, segurança e, principalmente, do direito de escolha.

No início dos trabalhos, eu fazia apenas digitação e digitalização de documentos. Em pouquíssimo tempo, fui introduzida aos processos judiciais e aprendi a elaborar cálculos conforme decisões judiciais. No entanto, em paralelo, ocorreu uma incorporação da instituição financeira para a qual trabalhávamos por outra, o que fez com que o Sr. Antônio perdesse o seu contrato de assistente técnico.

Trabalhamos juntos por quase dois anos e, devido à queda nos serviços, senti a necessidade de procurar outras oportunidades na área contábil. Com todo o apoio dele, participei de uma entrevista para um escritório de contabilidade e fui contratada. No entanto, logo nos primeiros meses percebi que aquele ambiente não era para mim. Descobri que o prazer dos trabalhos periciais que eu seguia fazendo paralelamente (aos finais de semana) era muito maior.

Avanços profissionais

Aos 19 anos, recebi um convite inesperado para trabalhar em um escritório de perícias financeiras e contábeis, cujos sócios também atuavam como assistentes técnicos de uma grande instituição financeira. Lembro-me da entrevista como se fosse hoje. Minha empolgação e paixão pela área me garantiram o emprego.

Durante os anos seguintes, me dediquei intensamente à minha carreira. Trabalhar novamente com perícias me trouxe uma enorme satisfação. Durante esse período, tive o privilégio de ter ao meu lado o meu grande mentor, Gerson de Arruda Filho, e minha grande parceira de trabalho, até hoje uma das minhas melhores amigas, Beatriz Nunes.

Foram muitos anos trabalhando em conjunto na elaboração de pareceres técnicos sobre laudos periciais produzidos por diferentes peritos judiciais, espalhados por todo o país. Essa experiência me permitiu discernir entre os pontos fortes e fracos de um laudo pericial. A partir dessas análises, pude compreender melhor as dificuldades enfrentadas pelos juízes e os principais problemas presentes nos laudos elaborados por diversos profissionais.

Essa jornada de estudos e análises foi única e muito valiosa, pois me ajudou a entender melhor a importância de uma prova pericial bem feita. Sem dúvida, essa experiência foi fundamental para minha formação profissional e para a qualidade do meu trabalho hoje.

Da mesma forma, sou imensamente grata por ter tido a oportunidade de trabalhar ao lado de profissionais tão talentosos e excepcionais como Gerson e Beatriz. Suas orientações e amizade foram pilares essenciais na minha jornada na Perícia Judicial.

Formação acadêmica e expansão de horizontes

Meu encontro com a perícia ocorreu de forma concomitante com o início da minha graduação em Ciências Contábeis. Os anos de faculdade foram bem difíceis, pois minha rotina era extremamente cansativa. Chegava em casa todos os dias após a meia-noite. As madrugadas e finais de semana eram dedicados aos estudos e trabalhos extras de perícia para complementar a renda. Muitas noites foram viradas à base de café e energéticos, mas o foco e a determinação sempre caminharam comigo.

Essa fase da minha vida não só moldou a profissional que sou hoje, mas também me ensinou a importância da resiliência e do esforço contínuo. Cada sacrifício valeu a pena, pois me trouxe a realização de atuar na área que amo, com a certeza de que sempre estive no caminho certo.

Apesar da exaustão e de todas as inúmeras dificuldades, logo no 7º semestre da graduação eu passei no exame de suficiência do Conselho Federal de Contabilidade (CFC) na primeira tentativa. Concluí a graduação em dezembro de 2014, com diploma de mérito e um prêmio do Conselho Regional de Contabilidade do Estado de São Paulo. A emoção de ser anunciada como a melhor aluna foi indescritível, um reconhecimento pelo esforço de anos.

Decidi logo em seguida fazer uma pós-graduação em Perícias Judiciais, com o intuito de aprofundar meu conhecimento e ampliar meu *networking*. Durante esse período, além de seguir trabalhando no escritório em que estava empregada, passei a atuar como assistente técnica de alguns advogados e desenvolvi parcerias com grandes peritos judiciais que enriqueceram a minha experiência na área.

Foi por meio de uma dessas parcerias que elaborei o meu primeiro laudo pericial, o qual envolvia a apuração de haveres de uma sociedade. Foram horas e mais horas de estudos e orientações do perito judicial nomeado no caso para esse laudo ser concluído e, quando o finalizei, tive uma sensação única. Parecia que eu havia concluído uma obra de arte. Naquele momento tive a certeza de que era isso que eu queria para a minha vida.

Após um ano e meio de estudos específicos na área de perícia, ao desenvolver meu trabalho de conclusão de curso da pós-graduação, meu orientador me aconselhou e insistiu que eu me habilitasse oficialmente como perita judicial no Portal de Auxiliares da Justiça. Embora eu tivesse muita convicção da qualidade do meu trabalho e da minha competência, minha pouca idade me causava insegurança. Afinal, se perícia é sinônimo de experiência, como eu poderia ser perita com apenas 20 e poucos anos? Hoje, depois de anos na área, percebo que a perícia não se trata apenas de experiência, mas também de habilidade e talento. E esses eu sempre tive.

O caminho para a autonomia profissional e a consolidação na área

Concluída a pós-graduação, iniciei uma nova graduação em Ciências Atuariais, percebendo a escassez de profissionais atuários na área pericial. Acabei me apaixonando perdidamente pela área. A minha primeira nomeação veio logo após me cadastrar no Portal de Auxiliares da Justiça, em 2018. A sensação foi indescritível.

No ano seguinte, decidi seguir na perícia como autônoma, saindo do escritório em que trabalhava (com muita gratidão) e pouco tempo depois abri a minha própria empresa. Apesar de todo o medo envolvido nessa decisão, eu nunca tive dúvidas do que eu queria.

Com o passar do tempo e com a ascensão financeira proporcionada pelos trabalhos periciais que elaborei nesse período, pude fazer escolhas e tomar decisões significativas na minha carreira. Acredito que a mais crucial delas foi decidir atuar exclusivamente como perita judicial de confiança de juízes, por meio de nomeações judiciais, deixando de atuar como perita assistente técnica de uma das partes ou na elaboração de trabalhos extrajudiciais. Embora soubesse que essa mudança poderia me trazer desafios financeiros e de fluxo de caixa, era esse o modo como sempre desejei atuar e nada me desmotivaria.

Ao longo dos anos, as minhas nomeações foram aumentando gradativamente. Trabalhei em diversos casos, cada qual com suas peculiaridades e desafios. Cada perícia é única e exige um olhar atento e uma análise detalhada. Com o passar do tempo, percebi que, à medida que entregava os trabalhos com qualidade e no prazo estipulado, os juízes confiavam mais em mim e mais nomeações eu recebia. Acredito, inclusive, que esse seja o segredo de um bom profissional da área: qualidade e comprometimento. Hoje, atendo mais de 80 varas em 40 comarcas diferentes.

Após concluir a graduação em Ciências Atuariais, iniciei uma terceira graduação, agora em Direito. Hoje finalmente me sinto completa e realizada, com formação nos três segmentos que compõem a minha área de atuação. Com certeza ainda tenho muito o que conquistar e acredito que a minha trajetória profissional esteja só começando.

Inspirando futuras gerações: mulheres na perícia

Essa jornada de estudos e dedicação também me permitiu refletir sobre o papel das mulheres na Perícia Judicial. Quando iniciei na perícia, minhas maiores referências na área eram todas masculinas. Foram poucas as mulheres com quem tive contato no início. Contudo, ao longo dos anos, tenho testemunhado, além da minha própria jornada de ascensão na Perícia Judicial, uma crescente presença de mulheres nesse campo.

A ascensão das mulheres na perícia é um reflexo do avanço da igualdade de gênero no mercado de trabalho e na sociedade como um todo. As mulheres estão conquistando espaços antes dominados por homens, mostrando competência, habilidade e determinação em todas as áreas, inclusive na Perícia Judicial.

Ao revisitar minha carta escrita em 2014, percebo o quanto realizei ao longo dos anos. Cada desafio, cada dificuldade enfrentada foi um passo em direção aos meus objetivos. A trajetória até me tornar perita judicial foi marcada por diversos momentos de exaustão e de incertezas, mas cada um deles contribuiu para minha formação pessoal e profissional.

Hoje, ao olhar para trás, vejo que não fui eu que escolhi a perícia, foi ela que me escolheu. Cada desafio enfrentado, conhecimento adquirido e conquista obtida foram essenciais para me moldar como profissional e como pessoa. A trajetória não foi fácil, mas cada obstáculo superado me deixou mais forte e mais preparada.

Espero que, ao ler esta história, você, que também sonha em ser perita judicial, sinta-se inspirada e motivada. Acredite no seu potencial, invista em sua formação e nunca deixe de sonhar. Porque, no final, são os sonhos que nos movem e nos fazem alcançar grandes realizações. Desejo que você encontre na Perícia Judicial uma carreira apaixonante e realizadora, assim como eu encontrei.

Quem sou eu

Juliane A. Zenatti Szenczuk

Perita Forense. Bacharela em Direito. Pós-graduada em Perícia Criminal & Ciência Forense; Perícia Judicial com Ênfase em Documentoscopia/Grafoscopia pelo Instituto IPOG. Perícia em Áudio, Imagens e Documentos Digitais pela FTA (Faculdade de Tecnologia Avançada). Atua há seis anos na área da perícia grafotécnica; documentoscópica; acidentológica; papiloscópica, mídia digital, investigação cibernética e simulação virtual de Croqui 3D (reprodução ilustrativa em casos de sinistros e local de crime) na esfera Judicial e Extrajudicial. Atua desde 2020 como membra da Diretoria, atualmente na função de primeira secretária na Associação de Peritos Judiciais do Estado de Santa Catarina (Apjesc). Coordenadora e professora de Cursos Livres Forenses (APJESC; Zenatti Consultoria Pericial & Treinamento/SC; ML Consultoria Técnica e Pericial/PR; Agência de Informações/BA; Instituto All Save/RJ; Órion Centro Especializado em Perícias e Monteiro de Mattos Assessoria Empresarial/RJ). Membra da Cesp – OAB/RJ – Comissão Especial de Perícias da OAB | RJ. Habilitada no Tribunal de Justiça do Estado de Santa Catarina, Justiça Federal e Tribunal Regional da 4ª Região.

INSTAGRAM

Quem sou eu?, um clichê que ainda não sei ao certo como responder. O motivo é simples, estou constantemente em processo de evolução e autoconhecimento, é uma tarefa árdua, não é mesmo? Encarar a si mesma, descobrir sua identidade e o propósito que seus sonhos deixarão como legado na existência de sua vida, para tanto, identifico algumas explicações ao longo dessa jornada.

Fazendo uma breve retrospectiva, a minha infância teve dois pontos comuns que corroboraram este processo: primeiro minha paixão pelos livros e, segundo, pela perícia forense. A experiência com os livros foi através da minha mãe, pessoa incrível que admiro, pois ela, mesmo sem ter concluído o ensino fundamental, foi minha maior incentivadora intelectual.

Outra lembrança que guardo carinhosamente é dos momentos em que ficava no escritório com o meu pai, brincando com uma máquina de escrever, embora pequenina, já me imaginava sendo uma "escritora", e vejam só, cá estou, dando o primeiro passo neste extraordinário projeto.

Como qualquer criança, possuo memórias positivas e negativas, mas alguns episódios trouxeram consequências que influenciaram a minha vida adulta.

Naquela época, eu era uma menina introvertida, porém, amava brincar pelos terrenos baldios, britas, construções abandonadas, pois eu era uma criança aventureira, curiosa e exploradora, geralmente em locais nada convencionais, do tipo que pulava muros, subia em árvores, examinava porões procurando "objetos" que seriam analisados e seus resultados significativos mudariam a "história" ou o "mundo" de alguém, com um senso investigativo destemido. Atualmente, na perspectiva da perícia forense, essa ideologia já fazia parte da minha essência.

Na escola sofria *bullyings* de violência física, o que consequentemente colaborou para que me refugiasse nos livros, porque sempre representaram uma fonte inesgotável de conforto e um universo que só minha imaginação podia compreender. Inúmeras vezes, me escondia na biblioteca, e lá eu aprimorava meu conhecimento por horas. Entretanto, meu déficit de atenção era seletivo; certa vez, a professora se pronunciou publicamente expondo sua opinião, segundo a qual eu "nunca seria alguém na vida". Naquele momento algo dentro de mim mudou, como consequência, novas inseguranças surgiram e desacreditar no meu potencial foi só o começo.

Meus complexos internos geraram vida a um turbilhão de expectativas e sentimentos, e desde então tais introspecções me perseguiam: "Quem sou eu?", "Qual meu propósito?", "O que eu quero ser quando crescer?". Embora ainda não soubesse o significado de cada pergunta, no meu íntimo eu almejava ser "alguém importante".

Em que pesem as ultrajantes palavras, um provérbio se tornou *rhema* em meu coração, ativando ao mesmo tempo minhas fraquezas e forças: "Assim como você imagina em sua alma, assim você é". Logo, uma nova fase começa: "A busca incessante por aprovação".

Finalizando o ciclo da adolescência nos mudamos para o litoral, concluí o ensino fundamental, completei a maioridade, construindo minha vida profissional nos comércios, escritórios e outros segmentos empresariais, estando sempre presente em minha vida a literatura e o sonho de fazer uma faculdade.

Nessa época um novo ciclo se desencadeava, e com ele diversos desafios, além da indecisão sobre qual profissão eu escolheria e assim me tornaria "alguém", eu precisava optar por um curso acessível financeiramente e que eu pudesse custear, em razão de os meus pais, nesse lapso temporal, não terem condições financeiras para arcar com as despesas dos estudos nem do meu irmão nem dos meus, pois todos precisavam trabalhar para ajudar com o sustento da casa. Embora tivesse afinidade na área da Psicologia, por inspiração do meu irmão, ingressei na faculdade de Direito.

Importa enfatizar que essa fase da minha vida se resume em: "só vive o propósito quem suporta o processo". No decorrer do curso, iniciei meus estágios no Fórum – Gabinete da Vara da Fazenda Pública e Executivo Fiscal e Funservir – Plano de Assistência à Saúde do Funcionário Público, ambos na Comarca de Balneário Camboriú, Santa Catarina. Nesse ínterim fui diagnosticada com anemia profunda, alergia crônica respiratória e alimentar, que havia comprometido um percentual considerável do meu pulmão. Então, além dos trabalhos "extracurriculares" como faxineira nos apartamentos de luxo à beira-mar, lograva dos dias de recesso nos finais de ano para fazer *freelancers* em setores de vendas na área comercial para custear o tratamento particular com um especialista ao longo dos cinco anos.

O período acadêmico perdurou por sete anos, concluí essa etapa em 2014. Confesso que foi uma rotina intensa e peculiar, considerando o contexto geral que resume a bolsa parcial de estudo; a reabilitação da minha saúde física; as abdicações e economia em tudo que abrangia despesas basilares; os percursos em que incontáveis vezes caminhava 14km entre a faculdade até em casa, noites de chuvas e frio, pois não tinha condições de pagar sequer uma passagem do transporte público (coletivo), dependia muitas vezes da solidariedade e empatia de amigos e colegas para me dar carona; e por fim, dispor das madrugadas para realizar atividades acadêmicas.

Entre tantas memórias construídas nessa jornada, de fato houve momentos de profunda angústia, lágrimas e desespero, mas também de perseverança e fé, a convicção em meu íntimo de uma fase importante, necessária e temporária, pois não só estava construindo os alicerces do meu futuro profissional, mas fortalecendo meus princípios e caráter como pessoa, um degrau diário e constante.

Quando aprendemos a ser gratos pelo processo, a fé se torna suficiente, porque nem todas as pedras que encontramos no caminho serão obstáculos, às vezes elas também podem ser escadas que nos levam ao nosso objetivo, pois as metas podem me dizer até onde posso chegar, já o propósito me leva além do que posso imaginar. E a fé sempre dispôs de um significado sublime e extraordinário para mim. Como profere Hebreus 11:1. "A fé é o firme fundamento das coisas que se esperam, e a prova das coisas que não se veem".

Durante o curso, por vezes acompanhei-me de muitas objeções, embora considerasse afinidade em algumas áreas do Direito, não sabia ao certo qual realmente definiria o meu "dom", "talento" ou "propósito".

No entanto, principiou o período das matérias optativas, entre elas a disciplina de Psicologia Criminal, anteposta sem nenhuma hesitação, pois representaria a conexão não somente do meu Trabalho de Conclusão de Curso - TCC, mas o estímulo que futuramente consolidaria a profissão que escolhi seguir.

Após o término do curso superior de Direito, aparentemente, tudo estava seguindo seu trajeto natural, todavia, eis que um novo ciclo se iniciara paralelamente com outros reveses.

Nessa fase da minha vida, procurava por uma pós-graduação na área pericial, entretanto, naquela época os cursos desse segmento eram em outros estados, e seria inviável custear tais despesas, pois não havia opções de aulas on-line e quanto aos cursos que envolviam o Direito nenhum me despertava aspirações. Mas, de alguma forma, eu não desistia de pesquisar, até que um certo dia, surpreendentemente, encontrei uma instituição que estava abrindo turma próximo a minha cidade.

Admito que foi uma sensação inigualável, instantaneamente meu coração disparou de tanta euforia, pois o encontro da preparação com a oportunidade gera o rebento que chamamos de atitude, pois na maratona da vida é o passo que precisamos escolher para alcançar nossas conquistas, e isso nem sempre é uma decisão simples e fácil, me sentia como uma borboleta dentro do casulo, por mais que o processo de libertação seja doloroso, o medo da liberdade também é assustador, voar rumo ao desconhecido não exige somente coragem, mas confiança e fé, porque não vemos o cenário inteiro, apenas um vestígio do destino que nos espera. Por conseguinte, foi a bússola para realizar a minha primeira pós-graduação em Perícia Criminal e Ciência Forense.

Nesse ínterim, ingressei no escritório Cavalcanti e Zenatti Advogados Associados, com o intuito de desenvolver na prática o estímulo pela advocacia, sucedendo-se por dois anos.

Uma frase que resume esse período da minha vida é: "respeite o processo, e você entenderá o propósito". Nesse lapso temporal, eis que surge uma nova pós-graduação na área de Perícia Judicial com ênfase em Grafoscopia e Documentoscopia, e não preciso nem dizer o quanto me empolguei!

Cada vez mais, tornou-se evidente a paixão por essa área, dispunha não somente da facilidade em compreender a matéria em si, mas o conjunto perceptual nas entrelinhas que estimulam a investigação, pois a perícia forense é mais que uma análise investigativa técnico-científica, em sua essência é a destreza pela veracidade, aclamada pelo senso de justiça, o qual não só abrange o interesse particular de um indivíduo, mas também do coletivo, tendo em vista sua atuação em prol da sociedade.

Em 2019, ainda estava no escritório quando me cadastrei no site do Tribunal de Justiça de Santa Catarina – TJSC, no qual desejava dar mais um passo ao desafio de ser nomeada, e enfim colocar em prática tudo o que havia construído de conhecimento na teoria. Lembro-me que em menos de 15 dias entrei no meu e-mail e visualizei a minha primeira nomeação judicial, e minha reação entusiástica e concomitantemente desesperadora: e agora? O que eu faço?! Então, me dei conta que eu precisava fazer a escolha que determinaria minha vida profissional.

Sempre trabalhei com a segurança da CLT (Consolidação das Leis do Trabalho), obviamente que se tornar uma empreendedora atemoriza, mas eu estava disposta a assumir riscos, rescindi meu contrato no escritório de advocacia e iniciei oficialmente minha história profissional, estabelecendo meu laboratório pericial *home office*.

De 2020 a 2021, finalizei minha terceira pós-graduação de Perícia em Áudio, Imagens e Documentos Digitais, entre outros certificados extracurriculares; obtive minha carteira de clientes atuando em perícias judiciais e assistências técnicas no Estado de Santa Catarina.

No que tange a algumas parcerias, não poderia deixar de mencionar o meu amigo e colega Mario Ernesto Alves, perito forense e mestre na área pericial, o qual se dispôs a ser meu alicerce preeminente, bem como zelosamente me apadrinhou nessa carreira, compartilhando com sabedoria e expertise seu intrínseco conhecimento.

Do mesmo modo que dedico minha gratidão aos professores que ao longo da carreira corroboraram assertivamente a construção da minha formação, especialmente, Thiago Freitas - perito oficial PCERJ e coordenador dos cursos: Edição de Imagens em Laudos Periciais; Papiloscopia para Peritos Judiciais e Inteligência Artificial – I.A Aplicada à Atividade Pericial, o qual, visando o universo docente, foi pioneiro em me despertar para tal *insight*, bem como propiciou a oportunidade nos seus cursos para aprimorar minhas habilidades nesse segmento, acreditando no meu potencial.

Através dessa intrínseca parceria, se sucederam grandiosos *networkings*, dos quais dispus do privilégio de conhecer profissionais seletos do ramo pericial, peculiarmente, a perita, palestrante e professora Rita de Cássia Mendonça – coordenadora desta obra *Mulheres na Perícia Judicial* -, de quem honradamente aceitei o convite para participar deste excepcional projeto.

Gratulações aos colegas, membros que compõem a Diretoria da Associação de Peritos Judiciais do Estado de Santa Catarina (Apjesc), na qual sigo exercendo meu ofício como vice-secretária (2020 a 2022) e primeira-secretária (2022 a 2024), bem como coordenadora de cursos forenses implementados pela instituição.

Sobretudo, aos meus estimados pais, Antonio e Lenira, meu irmão, Lucas, e cunhada Ana Paula, pelo apoio incondicional, minha eterna gratidão a Deus, por me abençoar com uma família que versou minha estrutura com princípios e valores, sempre me incentivando a correr atrás dos meus sonhos.

Ao meu cônjuge, Jhonathan Szenczuk, por esses 13 anos de companheirismo, o qual participou de toda minha trajetória acadêmica, desafios profissionais e atual carreira, sendo meu suporte em cada transição.

Aos meus amigos a curto ou longo prazo nessa trajetória, que ainda fazem ou fizeram parte da minha história.

Importa salientar que o significado da vida é algo que tem sido debatido pelos mais diferentes ramos do pensamento e inúmeras teorias, e a melhor resposta que conseguiram não é conclusiva sobre o verdadeiro objetivo da nossa existência.

Não se trata de religião, mas um exercício de fé, pois todos nós fomos dotados com dons e talentos, e muitas vezes as circunstâncias da vida são agentes nocivos que esterilizam a nossa capacidade de sonhar e acreditar em nós mesmos.

Por muitos anos auferi minhas metas através de esforços em dobro, porque nada daquilo que eu conquistava parecia ser o suficiente para estar "acima da média", a busca incansável por aprovação desgastava a minha energia tentando provar que eu poderia ser "boa" em alguma área da minha vida, inclusive na profissão escolhida, e quando minhas expectativas eram frustradas, cada tentativa extra era profundamente dolorosa e devastadora.

Se você vive essa realidade, deixe-me dizer: nada é impossível quando se tem fé. Sua perspectiva neste momento presente pode apontar para um futuro extraordinário, tenha a leveza, coragem e ousadia de saber que você pode dar os primeiros passos agora em direção dos seus sonhos!

Algo valioso aprendi durante minha jornada: por trás de toda pessoa há uma história e realidade que não conhecemos; compreendi que "até que você saiba quem é, jamais poderá cumprir o seu propósito", nossas atitudes determinam em qual lugar queremos chegar.

Presumo que minha missão existencial consiste em duas razões: a primeira é me redescobrir como indivíduo, viver cada etapa do processo e evoluir, porque o trajeto é tão primordial quanto a chegada de cada trajetória, milagres acontecem no percurso e podem ser tão recompensadores quanto a conclusão de cada ciclo, pois o resultado é apenas uma consequência, e ter essa consciência é simplesmente libertador; e a segunda é transcender minha natureza individual contribuindo em sociedade, ou seja, quem eu sou é a construção de um legado cujo propósito é gerar impacto na vida de outras pessoas.

É com muito orgulho que hoje eu posso mensurar a minha paixão por esta profissão que se tornou realidade na minha vida, tenho a plena certeza de que estou onde devo estar.

Através da perícia forense, a maior recompensa é inteirar-se da veracidade do caso, tendo em vista que o resultado do seu trabalho contribui com a justiça e pode ser alcançada intemporalmente, mesmo que as vítimas dessas fraudes tenham falecido.

Uma demonstração disso é um caso curioso que envolvia uma ação de cobrança indenizatória securitária com indenização de danos morais em face da previdência, sendo o documento questionado apólice de seguro de vida, o sobrinho estava reivindicando o espólio.

Visando que os documentos oficiais de identificação haviam sido queimados pela família do agricultor, sem qualquer instrução, restou a investigação através de tabelionatos e prontuário hospitalar, pois no documento questionado, em que constava a assinatura esta supostamente foi realizada no período de internação.

Dessa forma, na data da diligência, solicitei, além do prontuário médico, dados de entrada e saída dos visitantes, e pasmem, não havia nenhum registro de que o paciente teria recebido visitas nesse lapso temporal dos familiares, do vendedor intermediário ou da própria asseguradora.

Talvez você se pergunte: "Mas qual é o objetivo dessa informação? Substitui uma análise grafotécnica?" Não! Contudo, contribui para que o perito tenha uma diretriz, parafraseando um ditado popular: "Onde há fumaça, há fogo".

Isto posto, a perícia foi minuciosamente efetivada, condizente com a metodologia empregada, e concluiu-se que as características individuais dos grafismos questionados não partiram do punho escritor do *de cujus*, todavia, atestaram-se elementos convergentes de que partiram do punho escritor do sobrinho.

Portanto, não havendo impugnações das partes, o juízo julgou a causa improcedente, ou seja, a favor do Laudo Pericial, condenando o autor aos custeios das despesas processuais em face da ré.

Como pode se observar, a perícia forense tem um papel importantíssimo a ser desempenhado não somente em razão dos tribunais, inobstante, compreendido na sociedade como realmente é, e como se aplica em cada área na vida real.

Por fim, concluo este singelo capítulo elucidando com uma frase extraída da obra *Café com Deus Pai*:

> *"O olhar da esperança enxerga o impossível como uma oportunidade"*. Junior Rostirola

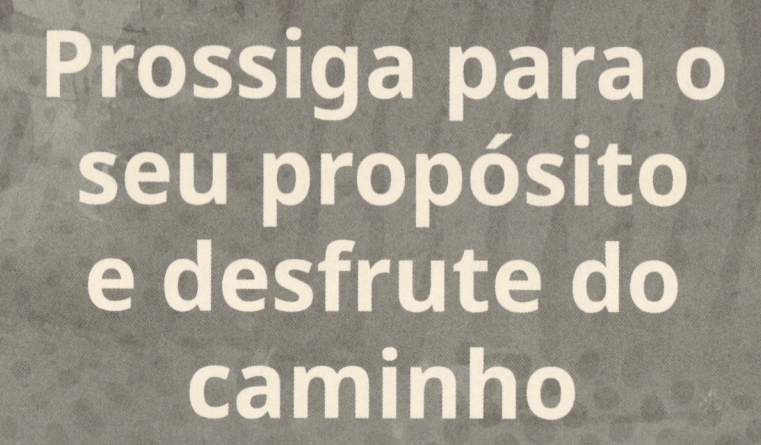

Prossiga para o seu propósito e desfrute do caminho

Mara Alves

Paulista, formada em Ciências Contábeis. Atua há 29 anos em perícias judiciais e extrajudiciais, no estado de São Paulo, sendo os últimos nove anos dedicados à perícia bancária e financeira. Mãe de um quarteto fantástico. Coautora no livro "Conta de Novo... Como me Tornei Mãe Através da Adoção".

LINKEDIN

Em 1936, na cidade de Morpará/BA, nasceu Benevides Miguel da Silva, filho de Matias e Sebastiana. Nasceu numa família típica do sertão nordestino, passando muitas dificuldades. Naquele lugar não existiam escolas, então, o "Seu" Matias, seu pai, pagava uma pessoa para ensinar os filhos a ler e escrever. Viveu naquela cidade, com seus pais e seus sete irmãos, até os 14 anos, quando se mudou para São Paulo, "cidade grande", para tentar a sorte.

Em 1939, na cidade de São Bernardo do Campo, em São Paulo, nasceu Lúcia de Freitas, filha de Tiago e Belarmina. Era uma família de seis filhos. Seu pai faleceu quando ela tinha 12 anos, então, para ajudar financeiramente, começou a trabalhar como doméstica. Não conseguiu completar o 1º ano do ensino fundamental.

Benê, como era carinhosamente conhecido, depois de três dias e três noites dentro de um ônibus, chegou em São Bernardo do Campo.

Como todo nordestino daquela época, ficou na casa de seu irmão mais velho até conseguir o seu primeiro emprego, numa metalúrgica, mudando-se para uma pensão de rapazes.

Enquanto isso, Lúcia, mesmo sem saber fazer contas, matriculou-se numa escola de corte e costura. Para fazer os moldes das roupas, tinha que saber as operações básicas de matemática.

Como nunca aprendeu, ela usava a fita métrica para tal. Para dividir ou multiplicar, ela dobrava a fita pelo número de divisões ou multiplicações que precisava para confeccionar as roupas.

Os destinos se cruzaram e, em 1959, Lúcia e Benê se casaram, e, aos poucos, foram construindo juntos o futuro. Ela continuou como costureira e com o seu 1º ano do ensino fundamental incompleto. E ele, como metalúrgico, fez supletivo e terminou o ensino fundamental.

Tiveram cinco filhos, dentre os quais eu sou a filha do meio. Mais velhas que eu, duas mulheres, e mais novos, dois homens.

Meu pai, apesar de pouca instrução e tantas dificuldades que a vida lhe pregou, era um homem sábio, grato, generoso e sensato. O meu maior incentivador, uma pessoa excepcional!

Eu e meus irmãos sempre estudamos em escolas públicas.

No segundo ano do ensino médio, comecei a estudar no período noturno, pois precisava trabalhar. Uma colega de classe me indicou no seu trabalho. Fiz um teste e passei. Meu primeiro emprego foi num escritório de contabilidade. Comecei operando uma máquina elétrica específica para a contabilidade. Eu digitava os valores, colocava uma ficha amarela nela (tamanho de uma folha A4) e a máquina registrava, apurando os saldos das contas.

Esse método não era mais usado naquele escritório, mas a contabilidade dos clientes estava atrasada, e fui contratada para colocar aquelas "fichas" em ordem, e consegui. Finalizado aquele trabalho, fui transferida para um outro setor, mas continuei na contabilidade.

Permaneci nesse escritório por, aproximadamente, três anos. Gostava de matemática, gostei da contabilidade, e isso me impulsionou a optar pelo curso superior de Ciências Contábeis.

Prestei vestibular apenas numa faculdade e passei. Ela ficava em Santo André. Só que não era a melhor na época. No ano seguinte, tentei transferência para uma boa universidade, também em Santo André, mas não consegui. Então, prestei o vestibular, passei e comecei o curso novamente. Consegui eliminar apenas duas matérias, mas fiquei feliz com o objetivo alcançado.

Nessa época, eu já estava em outro emprego. Havia prestado um concurso para escrevente técnico judiciário, passei, e, dois anos depois, fui chamada para trabalhar no Tribunal de Justiça do Estado de São Paulo, na comarca de São Bernardo do Campo. Concursada, lembro bem que, quando fui tomar posse do meu cargo, o funcionário do RH disse que eu podia descartar a minha carteira de trabalho, pois, "uma vez funcionária pública, funcionária pública para sempre".

O trabalho no Tribunal de Justiça nada tinha a ver com o que eu almejava, que era trabalhar com números, pelo contrário, ali foi um treinamento, um intensivo de português, redação, e vocabulário jurídico.

Foi também a primeira vez que tive acesso aos laudos periciais, pois um dos meus trabalhos era juntar esses laudos nos processos.

Os laudos me encantavam, pois ali eu via números, explicações desses números, conseguia visualizar o olhar matemático do perito, e isso me fascinava, mas continuei ali, apenas juntando-os nos processos.

No terceiro ano de faculdade, ou melhor, na última aula de contabilidade geral, do terceiro ano, o meu professor, muito querido, Paulo Cesar Rosa, aos "45 minutos do segundo tempo", disse que estávamos indo para o último ano da faculdade, e que, se quiséssemos trabalhar na área, aquela era a hora, aconselhando-nos a ingressar na área contábil.

Esse conselho mudou a minha vida, mudou o meu curso profissional.

Sim! Havia entendido que aquela era realmente a hora.

Comecei a procurar por estágios. E, então, consegui uma

oportunidade na área contábil. Pedi exoneração do Tribunal de Justiça (o que muitos acharam uma loucura, pois, "uma vez funcionária pública, funcionária pública para sempre"), e, com plena convicção do que queria, fui estagiar numa metalúrgica, multinacional, uma indústria automotiva. Era 1994.

Como uma boa são-bernardense, fiquei feliz em estagiar numa indústria automotiva, ou, como dizíamos, numa montadora.

O ano terminou e, com ele, findou-se o contrato do estágio. Terminei a faculdade, e, já na formatura, estava sem trabalho.

Os meses que se seguiram foram muito desafiadores. Estava muito difícil conseguir uma recolocação profissional.

Eu ia às entrevistas, e, quando viam na minha carteira profissional uma lacuna de, aproximadamente, três anos, não entendiam, mesmo eu explicando que, naquele período, fui funcionária pública, motivo pelo qual não constava registro em carteira.

Cheguei a ouvir, numa das várias entrevistas que fiz, que era melhor eu mentir e dizer que não trabalhei naqueles anos que dizer que eu era uma funcionária pública.

Fiquei muito triste com isso, e algumas vezes cheguei a pensar se havia feito o correto: deixar um trabalho com estabilidade, para seguir carreira na área contábil. Estava formada, com estágio na área, mas sem emprego.

Fui selecionada para mais uma entrevista... e lá vai a Mara novamente... Só que essa, na verdade, não era uma entrevista, e, sim, a venda de um curso, e funcionava da seguinte forma: eu pagaria três parcelas de um certo valor, faria um curso, e, depois, tentariam recolocar-me no mercado de trabalho.

Só que, quando eu estava fazendo o teste (antes de saber que se tratava de um "curso"), a pessoa que me entrevistou conversava com o seu colega de trabalho e comentou sobre uma vaga temporária que havia surgido.

Quando foi me vender o curso, eu comentei sobre a conversa dela com seu colega. Ela me explicou que era para um trabalho temporário, terceirizado, de apenas três meses, pois a pessoa que estava naquela vaga havia sido efetivada, surgindo, então, o lugar temporário: um salário baixo, para um breve período, na área de conciliação bancária, também numa multinacional, sem chances de efetivação. Eram essas as condições.

Pedi a ela aquela chance, pois "sabia" fazer conciliação e estava precisando muito trabalhar.

Então, ela me encaminhou à empresa para fazer um teste, que seria realizado no outro dia de manhã.

Quanto ao "sabia fazer conciliação", não era bem assim, eu nunca havia trabalhado nessa área, mas tive contato com a matéria na faculdade, então, precisava me preparar para o teste.

Chegando em casa, peguei os meus livros, estudei a matéria (na época, não existia essa maravilha chamada internet) e também liguei para um amigo de faculdade, que trabalhava na área de conciliação de uma grande empresa. Por telefone, ele me deu uma aula! E, com isso, fui para o teste e passei. Pronto! Estava de volta ao mercado de trabalho, ainda que temporariamente, mas estava!

Os três meses viraram 11, pois gostaram do meu trabalho e continuei como terceirizada naquela empresa.

E eis que surgiu a oportunidade que eu mais esperava: uma vaga efetiva, para analista. O coordenador da área me chamou, ofereceu-me a vaga, e, é claro, fiquei muito grata e feliz. Deram-me um teste, no qual fui muito bem. Tanto eu quanto ele estávamos certos de que a vaga era minha. Só não contávamos com os padrinhos existentes naquele lugar (e que não eram de casamento!).

No dia seguinte ao teste, começou a trabalhar lá o cunhado de um rapaz que trabalhava comigo, e, pasmem, foi selecionado para a vaga que, até o dia anterior, era minha. Levei uma rasteira! Fui ao chão!

Minhas expectativas de me tornar uma funcionária daquele lugar foram frustradas.

Era tempo de buscar novas oportunidades e não naquela empresa.

Conheci pessoas sensacionais ali, entre elas, o Nilton, que se tornou, além de um grande amigo, o meu padrinho de casamento. Através dele, conheci uma pessoa mais que espetacular, mais que amiga, o Edson, meu esposo. Nada é por acaso, creio nisso.

Na semana anterior ao teste, junto com minha irmã, fui ao lançamento do primeiro livro de um amigo. Ele morava em Salvador, na Bahia, e veio para São Paulo, exclusivamente, para esse evento.

Minha irmã, generosamente, ofereceu a nossa casa para ele se hospedar durante o lançamento, mas ele havia dito que já estava na casa de um amigo.

Chegando no lançamento, deparei-me com o perito judicial que atuava na vara onde eu trabalhava, no Tribunal de Justiça, em São Bernardo do Campo, Roberval Ramos Mascarenhas, e o mais incrível é que ele se lembrava de mim (nunca conversamos antes, só o conhecia de vista). Perguntou-me sobre trabalho, e eu, é claro, não perdi a oportunidade de falar sobre a faculdade de Ciências Contábeis.

Era na casa desse perito que o amigo soteropolitano estava hospedado.

Depois de perder a vaga de analista na empresa, lembrei-me desse encontro e decidi ligar para esse perito, para pedir uma oportunidade no seu escritório.

A resposta dele não foi aquela que esperava. Eu queria trabalhar no escritório de perícia, mas, na época, ele não precisava de colaboradores. Então, gentilmente, pediu o meu currículo para enviar para uma agência de empregos, na qual um grande amigo seu era sócio.

Enviei o currículo e, depois de três semanas, para minha surpresa, recebi uma ligação da secretária do Roberval, pedindo para eu comparecer no escritório.

Fui até lá e, depois de uma boa conversa, ele me ofereceu um emprego. Disse-me que a faculdade de Ciências Contábeis atrelada à experiência adquirida no Tribunal de Justiça seria de grande valia para o escritório.

Sim! Experiência no Tribunal de Justiça! Aquele emprego que tinham até me aconselhado a não mencionar nas entrevistas! Sem ele, talvez teria sido mais difícil ser contratada pelo perito judicial.

Comecei ali auxiliando uma pessoa de grande confiança dele até que, meses depois, ele me passou um processo para analisar, montar a estrutura do laudo e elaborar os cálculos. Pronto! Ingressei na área da perícia!

Sou muito grata ao Roberval Ramos Mascarenhas pela oportunidade de ingressar na área, me apresentar à perícia, que se tornou a profissão que tanto amo, a minha profissão. Roberval foi o meu mestre, me impulsionou, e acreditou no meu potencial.

Adquiri muita literatura na época: livros sobre sistemas de amortização, matemática financeira, contratos, legislações... Fazia pesquisas em bibliotecas, fiz vários cursos, inclusive um intensivo de português. Sim! Precisava escrever de forma clara e precisa.

Foi uma parceria duradoura de dez anos. Durante sete anos fui funcionária no seu escritório e três anos prestei-lhe serviços como autônoma.

Durante os sete anos, eu era exclusiva do escritório. Não achava ético buscar nomeações, ou prestar serviços a outros peritos, sendo funcionária daquele lugar.

Comecei a enviar meu currículo para as varas cíveis da capital somente quando passei a trabalhar como autônoma. Nessa época, eu já estava casada. Era 2004, casei-me em 2002.

Ia aos fóruns, me apresentava aos diretores dos cartórios, colocava os meus serviços à disposição, e, se achasse conveniente, me apresentava aos juízes.

Eu sempre ia aos fóruns, com ou sem nomeação. Ainda que eu não tivesse nenhuma nomeação, eu ia como se perita fosse. Entrava nos cartórios, nem que fosse para dar uma olhadinha, dizer um "bom dia".

Comecei a trazer à existência aquilo que não existia: minhas nomeações.

E, assim, começaram a acontecer: uma aqui... outra ali... Prestava serviços para alguns escritórios de perícia também.

De 2008 a 2014, fui associada a um escritório que prestava serviços de assistência técnica para uma grande instituição financeira. Que tempo precioso! Foi ali que conheci o perito Laerte Mancuso, com quem aprendi muito, não apenas a parte técnica, profissional, mas também a pessoal. Uma sensatez inigualável! Muito grata a ele também pelos ensinamentos que adquiri ali.

A experiência, estudos, e a busca por excelência trouxeram-me muitos clientes e trabalhos novos. Eram muitas horas de trabalho, muita disposição, prazos para cumprir... Minha vida começou a se resumir nisso, até que, em 2016, recebi o melhor presente da minha vida: a chegada dos meus filhos. Depois de 14 anos de casada, Deus me presenteou com algo muito precioso: a maternidade, através da adoção. Meus filhos chegaram em 2016. Um quarteto fantástico! Jenipher, Lucas, Sthephany e Heloísa.

Como me ensinaram! Com eles, precisei reaprender a ter equilíbrio: falar "não" quando fosse preciso; reconhecer as minhas limitações; indicar um colega para um trabalho que não conseguiria fazer ou por falta de tempo ou por falta de expertise; pedir ajuda quando fosse preciso... Um aprendizado constante.

E como é importante esse equilíbrio! Precisamos dele para colocar ordem na nossa vida como um todo.

Uma vez, conversando com uma amiga, disse a ela que eu não me sentia corajosa, e ela, sem pensar, lançou: "Você á a pessoa mais corajosa que conheço".

Entendi, naquele momento, que renúncias fazem parte de um processo de crescimento. Não significa mostrar-se fraca, não significa que lá na frente você não poderá retomar o que renunciou.

Precisamos analisar o momento e tomar decisões corajosas, não apenas com o nosso braço forte, mas também com o coração.

Esteja bem com você, não tenha medo de ser feliz, coloque paixão naquilo que faz. Construa um caminho, o seu caminho.

Agradeço a Deus pelo caminho trilhado até aqui e pelo caminho que ainda vou e tenho para percorrer.

"Pensava que nós seguíamos caminhos já feitos, mas parece que não os há. O nosso ir faz o caminho." C.S.Lewis

Fé, persistência e otimismo: meu segredo para trilhar um caminho de sucesso

Mayane Melo

Perita em Documentoscopia (documentos físicos e digitais), Grafotécnica e Contábil, também especializada em Perícias de Assinaturas Eletrônicas. Membra da Comissão de Perícias da OAB/SP, advogada e contadora, pós-graduada em Perícia Documentoscópica Avançada e Perícias Judiciais (FTA), pós-graduanda em perícias em imagens e documentos digitais, especialista em Controladoria Financeira, Advocacia Trabalhista e Direito Notarial e Registral, atua como perita judicial e extrajudicial nas matérias Contábil, Grafotécnica e Documentoscópica há mais de 15 anos. Como perita judicial atua em quatro estados, 15 cidades e 26 varas e como perita assistente, nas referidas matérias, em nível nacional.

Possui sete anos de experiência na docência em cursos de graduação e pós-graduação. Perita Certificada Internacionalmente, palestrante, professora e escritora.

INSTAGRAM

"A fé é que nos leva à persistência para buscar um caminho de sucesso." Esta é uma frase que eu levo comigo e sempre gosto de repetir. Talvez seja porque durante toda a minha vida carreguei uma fé inabalável, desde a minha infância. Nasci em Ituverava, uma pequena cidade do interior de São Paulo, numa família humilde, com poucos recursos, filha de Jamil, um caminhoneiro muito trabalhador, e de Leni, uma dona de casa exemplar, mas num lar repleto de amor e empatia pelas pessoas. Quando penso na Mayane criança, me vem na mente aquela menina otimista e cheia de esperança.

Meu pai sempre trabalhou muito, indo e vindo pelas estradas deste Brasil, mas o antigo sonho de cultivar uma lavoura persistia, pois era a sua origem. E assim ele começou a arrendar pequenas áreas hectares para plantar milho e soja. Enquanto isso, minha mãe zelava cuidadosamente de nós, eu e meu irmão caçula Maickon, com muito carinho e atenção, roupas impecáveis, bem como a alimentação.

Durante a sua empreitada rural, eu me lembro muito bem de um caderno pequeno que ele tinha e onde anotava tudo o que gastava. Em outro, ficavam as anotações das despesas da casa e eu sempre ficava de olho neles. Eram muitos números. Curiosa demais, eu tentava ajudar. Tinha entre 10 e 12 anos e refazia todas as contas nas últimas páginas dos meus cadernos da escola, para no fim do dia mostrar a ele. Surgiu, assim, minha paixão pelos números.

Com o passar dos anos segui me dedicando bastante à matemática, tanto que na escola minhas notas sempre eram A ou B. Eu recordo que quando tirei um único C até minha professora na época, que se chamava Marisa, levou um susto. Na realidade, ela até gritou comigo de espanto.

Com uma vontade imensa de ir para a faculdade, antes de concluir o 3º colegial prestei vestibular para Ciências Econômicas na faculdade Facep - Centro Universitário Municipal de Franca. Antes do fim do ano saiu o abençoado resultado, que chegou na minha casa através do meu tio Rogério. E lá estava eu, entre os colocados de uma faculdade renomada. Parecia um sonho!

No ano 2000 ingressei no curso de graduação e nos primeiros dias de aula tudo parecia um sonho, minha ficha demorou a cair. Viajava 80 km, de segunda a sexta-feira, para ir de Ituverava a Franca. Ali comecei a aprender o que era a correria da vida de adulto.

Meus dias eram muito puxados! Eu trabalhava como recepcionista em um hotel em Ituverava até às 16h. De lá, seguia para casa para tomar um banho rápido, comer algo e correr para pegar o ônibus que passava às 17h. Chegava de Franca por volta de 1h da manhã e às 7h tinha que estar no hotel. Contudo, apesar da correria, eu amava aquilo e com 19 anos sentia muito orgulho de mim.

Nessa correria da minha vida, meu paizinho também seguia com sua luta e seus sonhos. Mas, infelizmente, após dez anos de tentativas, não deu certo para ele conciliar a profissão de caminhoneiro com a de agricultor.

O ano de 2001 foi muito triste para toda a família e para mim um momento de superação. Um profissional não qualificado indicou uma dose errada de agrotóxico para a lavoura de soja que meu pai havia plantado, o que resultou na perda de toda a produção. Sem nenhum lucro, restou o prejuízo com os custos. Para pagar as dívidas ele teve que vender tudo o que tínhamos: casa, caminhonete, trator. Sobraram apenas um carro velho e o caminhão.

Aquele foi um dos momentos mais desafiadores e tristes da minha vida. Meus pais, com vergonha, pelos muitos murmúrios que cercam uma cidade pequena, decidiram mudar para Uberlândia, Minas Gerais, uma cidade em desenvolvimento constante, promissora, com excelentes oportunidades de crescimento e estudos. A ideia era que meu pai continuasse a trabalhar com o caminhão, na região do Triângulo Mineiro, e assim ocorreu.

Eu tive que abandonar a faculdade, pois meus pais não concordavam que a filha tão jovem morasse em Franca na casa dos avós. Também tive que pedir demissão do trabalho e dizer adeus a todos os meus amigos. Partimos, então, para o novo desafio.

Os primeiros dias foram muito desafiadores, eu me sentia perdida naquela cidade grande, sem estudar, sem trabalhar e sem amigos. O coração doía e era uma tristeza só! Mas com o passar dos dias veio o meu despertar. Tirei uma força de mim que não conhecia e decidi não ficar parada "chorando pelo leite derramado". Se para mim era difícil aquela situação, para meus pais era pior ainda. Assim, decidi procurar um emprego e com o meu salário pagar uma faculdade particular.

Foi então que saí à procura de trabalho e surgiu a oportunidade de cobrir as férias para uma vizinha em um escritório de advocacia. Quando ela retornou ao trabalho, me ofereceram a vaga, e ela teve que sair. Não gostei da situação, mas não era culpa nem escolha minha. Logo, aceitei a oportunidade.

Em 2002, ingressei no curso de Ciências Contábeis da FPU (Faculdade Politécnica de Uberlândia). Aos poucos, a vida foi voltando ao normal, mas a minha correria era maior que antes. E foi durante o primeiro ano da graduação que eu me apaixonei e senti no fundo da minha alma que havia feito a escolha correta. De um evento triste ocorrido na família, nasceu a oportunidade de um recomeço que jamais eu esperaria.

Durante esse tempo, eu percebi que não estava feliz com o impasse entre estudar números na graduação em Ciências Contábeis e trabalhar com Letras em um escritório de advocacia.

Comecei a procurar um estágio ou trabalho na área em que eu estudava e encontrei. Fui admitida na empresa Mira Transportes. Minha primeira função foi no setor de contas a pagar, mas em três meses já era a coordenadora do departamento financeiro. Muita responsabilidade, exigências e mais correria.

Foi um período de muito aprendizado e também de sacrifícios. Recordo-me claramente de um dia muito difícil no qual eu tinha que fazer o trabalho em sala de aula e para isso tinha que tirar cópia de uma folha que custava na época R$ 0,05 e eu não tinha esse valor. Sorte que meus amigos eram companheiros e me emprestaram o dinheiro. Como tenho saudade daquela época, de ajuda mútua e de aprendizado como ser humano.

Mesmo com todos os transtornos e dificuldades, em 2006, já no último semestre da faculdade, decidi me dedicar apenas aos estudos. Foi um momento de amor e paixão quando assisti, pela primeira vez, a uma aula de Perícia Contábil. Vibrei por dentro, um sentimento que não consigo explicar. Como se devesse ter passado pelo que passei para chegar ali naquele momento e entender o real sentido de tudo.

Escolhi enfatizar essa parte porque, até aquele momento, quase todas as disciplinas que eu já havia cursado não tinham me chamado tanta atenção. Era só aquela velha história de que quem faz graduação em Ciências Contábeis tem que ser contador, abrir escritório de contabilidade, etc... E eu não queria isto. Desta forma, quando descobri a Perícia Contábil e o leque de trabalho e de oportunidades, sem nada de rotina, foi o ápice.

Naquele momento, eu conversei com os meus pais sobre a minha descoberta. Era, enfim, a escolha do que queria para a minha vida e a cada aula que eu assistia, do querido e superinteligente professor Valdonir, eu tinha mais certeza.

Pedi demissão do trabalho e com o valor do acerto resolvi me dedicar apenas à faculdade e à disciplina de Perícia Contábil. Paguei os últimos boletos do curso, me lembro que novamente quase não me sobrou nada, mesmo assim, eu estava feliz. Mas sempre pensava em como seria bom se eu conseguisse uma oportunidade de estagiar na área. Só passava pela minha cabeça o escritório de Perícia Contábil daquele professor de perícia.

Assim, em um belo dia, com muita vergonha, eu esperei o fim da aula e fui conversar com ele, para quem sabe ter uma oportunidade de trabalhar no seu escritório que era exclusivamente de Perícia Contábil. O máximo que eu poderia ouvir seria um 'não'.

Porém, por sorte e por Deus, o abençoado professor Valdonir me deu a oportunidade. Mesmo sendo os últimos meses do ano letivo, eu me tornei estagiária de um escritório de Perícia Contábil. A alegria transbordava em todo meu ser, eu nem conseguia ver problema em fazer um estágio não remunerado.

Em dezembro de 2006 terminei minha graduação em Ciências Contábeis e assim fiquei livre para me aprofundar em Perícia Contábil. Teve início o ano de 2007 e permaneci no escritório em período integral para aprender mais sobre a profissão. Aproveitei a oportunidade de ter como mentor um professor renomado e ser humano incrível que não media esforços para me passar tudo o que sabia.

No meio do ano, consegui o meu desejado CRC e me tornei, enfim, uma contadora habilitada, ansiosa para me cadastrar nos tribunais e me apresentar como perita contábil.

Mas, antes disto acontecer, eu tive uma outra grande surpresa e posso dizer que mudou totalmente a minha vida. A minha dedicação pela Perícia Contábil foi vista e reconhecida pelo grande profissional, ímpar da área, o professor Valdonir, que eu tanto admirava, admiro e sempre vou admirar. Ele me convidou para ser sua sócia no escritório e assim me tornei literalmente uma Perita Contábil, com empresa.

Como eu já era uma contadora perita, não com muita experiência, mas com conhecimento e prática, no início de 2008, com o currículo nas mãos e muita humildade, percorri os fóruns da região do Triângulo Mineiro para tentar conversar diretamente com os juízes e pedir uma oportunidade para demonstrar o meu trabalho e meu desejo de ser nomeada Perita Judicial Contábil.

Assim, eu visitei as cidades de Uberlândia, Araguari, Monte Alegre de Minas, Capinópolis, Ituiutaba e Tupaciguara. E a tentativa deu certo! Em menos de um mês chegava minha primeira nomeação, que veio de Monte Alegre de Minas. Enfim, um dos maiores sonhos da minha vida se concretizava, eu me tornava uma Perita Judicial Contábil.

Não posso afirmar que tudo são flores, já me deparei com vários processos de alta complexidade, vários volumes e ainda sobre o amparo da AJG (Assistência Judicial Gratuita), contudo, eu sempre tentei realizar um excelente trabalho, para que tanto o juiz, os advogados ou as partes ficassem satisfeitos, mas principalmente entendessem o que estava escrito.

Em meados de 2008 iniciei minha primeira pós-graduação que não era voltada exclusivamente para Perícia Contábil, pois não havia na época, mas tinha matérias relacionadas à Controladoria Financeira. Decidi que queria aprender mais, me tornar especialista e tentar passar um pouco de conhecimento para outras pessoas.

Teve início o ano de 2009 e fui surpreendida com o convite para ser professora na graduação no curso de Ciências Contábeis da FPU (Faculdade Politécnica de Uberlândia), na disciplina de Perícia Contábil. Confesso que nunca senti tanto frio na barriga, nesse momento eu estava substituindo meu professor e sócio Valdonir. Era muita responsabilidade, mas novamente e com o apoio dele e do coordenador do curso, Túlio, aceitei o convite, com muita alegria e gratidão no meu coração.

Foi desafiador e mais uma vez me dediquei com toda minha força, pois meu dia passou a ser integralmente dedicado à Perícia Contábil. Eu trabalhava no escritório durante o dia, cuidando das minhas perícias e também ajudando o perito Valdonir com as suas. À noite era professora da disciplina na graduação.

Sim, eu me sentia realizada, mesmo com os desafios que apareciam e muitas vezes eram pouco remunerados. Foi quando no final desse mesmo ano fui homenageada como professora na colação de grau dos meus alunos, minha primeira turma. Não existem palavras para descrever a minha alegria naquele momento. Passou um filme na minha cabeça. Como é importante a gente buscar e acreditar nos nossos sonhos!

Naquele momento, eu sentia que estava tudo fluindo muito bem, mas desejava novos desafios e foi assim que, também em 2009, Iara, uma advogada experiente e mãe do meu sócio, foi até o nosso escritório e me apresentou um *Laudo Pericial Grafotécnico*. Na ocasião, ela me disse: "É uma área da perícia muito boa, aqui na região conheço apenas uma pessoa que faz".

A fala da advogada, aquelas letras, traços, estudos, entre outras coisas que constavam naquele documento impresso em preto e branco me chamaram a atenção. Comecei, então, a pesquisar sobre cursos referentes ao assunto.

Descobri em São Paulo um curso presencial, o primeiro que fiz de Perícia Grafotécnica, e desde então não parei mais. As letras e os traços se tornaram minha segunda paixão. Quase todos os cursos relacionados à grafotécnica ou documentoscopia que descobria eu tentava fazer. Atualmente, somos 20 certificados nessas áreas, sendo três internacionais.

E pensando naquela Mayane que queria estar na docência e tentar passar um pouquinho de conhecimento sobre perícia para outras pessoas me tornei uma profissional realizada. Além da PUC-Minas - Faculdade Católica de Uberlândia, eu passei a ministrar aulas na faculdade Unipac de Uberlândia. Também fui professora substituta na UFU (Universidade Federal de Uberlândia) e lá permaneci durante dois anos. Ainda fui coordenadora de dois cursos de pós-graduação da PUC- Minas.

Porém, a minha busca por conhecimento sempre se sobressaiu na minha vida e por isso decidi entrar no curso de Direito. Após tanto analisar e ler documentos que envolviam as perícias, se tornou necessário me aprofundar no âmbito jurídico para não só executar a perícia, mas também entender a matéria em si. Foi quando em 2015 decidi abandonar a docência para me aprofundar no Direito, sendo perita durante o dia e fazendo faculdade à noite.

Em 2018 iniciei a pós-graduação em Direito Trabalhista, em 2019 em Direito Notarial e Registral e em 2023 na Perícia em Documentoscopia Judicial. No final de 2023 intensifiquei os estudos voltados para a Perícia Digital, que é a próxima pós-graduação que pretendo iniciar este ano.

Por fim, com a pandemia, o movimento do escritório de Perícia Contábil, Grafotécnica e Documentoscópica em Uberlândia diminuiu muito e após a indicação de alguns advogados de Uberlândia fui contratada por profissionais de São Paulo. Então, decidi encarar o meu maior desejo na vida: morar na capital paulista.

E foi assim que em fevereiro de 2022 realizei o meu sonho! Com muita garra e coragem, sem conhecer ninguém, recomecei em outra cidade e hoje, após dois anos, eu posso dizer que 'estou vencendo'. Sigo cada dia mais grata a Deus pelas escolhas e pessoas que Ele colocou no meu caminho.

Posso dizer que, se você tem um sonho, por maior que ele seja, acredite nele. Outras pessoas não precisam acreditar, isso é só entre você e Deus. Lute, corra atrás com humildade, peça ajuda se preciso for e estude muito! Faça a sua parte, que no momento certo, se for para seu bem, se tornará realidade. E, ainda, tenha paciência, nada é de um dia para o outro. É sempre de degrau em degrau.

Eu agradeço todos os ensinamentos e os degraus que estou subindo nesta vida, com Deus em minha companhia e com a ajuda das pessoas que eu amo. Não posso deixar de mencionar especialmente meus pais e aquele professor e homem que sempre me apoiou e me apoia, meu querido esposo, Valdonir.

Minha história

Meire Agostinho Soares

Graduada em Economia e Contabilidade, ambas pela Fecap. MBA em Perícias Contábeis pela Universidade de São Caetano do Sul. Grafotécnica pela ABBC - Associação Brasileira de Bancos/SP e pelo Ibape - Instituto Brasileiro de Avaliações e Perícias de Engenharia/SP. Oriunda do mercado financeiro, em especial na contabilização das operações de *off-shore*. Há 27 anos atuando na perícia contábil, financeira e econômica. Membro da Associação de Peritos Judiciais do Estado de São Paulo – Apejesp. Perita do MM. Juízo em varas estaduais e federais, cíveis e fazendárias. Assistente técnica de instituições financeiras, escritórios de advocacia e empresas. Sócia e responsável técnica da empresa Agostinho Soares Perícias Contabilidade e Economia Ltda., ranqueada pela Leaders League em Litigation Support Accounting and Finance. Proprietária da empresa M. S. Agostinho Soares Treinamentos, voltada para treinamentos em perícias contábeis. Palestrante do Conselho Regional de Contabilidade de São Paulo – CRC/SP.

INSTAGRAM

Embora tenha nascido no município paulista de Tupã, fui criada em Vicentina, região de Dourados – hoje Mato Grosso do Sul, à época somente Mato Grosso.

No início, morávamos na área rural. Meu pai possuía terras, nas quais plantava arroz, amendoim, milho e, nos últimos tempos, soja.

E como a maioria das crianças criadas em sítio ou fazenda, tive experiências incríveis na minha infância.

Subia em árvores, apanhava fruta no pé, nadava em rios, andava de bicicleta, dirigia desde a mais tenra idade e cavalgava. Tinha até meu próprio cavalo. No caso, uma égua chamada Mansinha, que era minha paixão. Era minha paixão, também, meu peludo cachorro Lobo, que vez ou outra voltava para casa cheio de carrapichos, para desespero do meu pai, que era quem dava banho nele.

Sou a caçula da família. Tenho apenas uma irmã, chamada Márcia, e uma sobrinha/filha chamada Isadora (nosso orgulho!). A Márcia era levada, espoleta e desafiadora. Eu era calma e obediente. Por isso, ela me chamava, carinhosamente, de songamonga.

Um fato curioso é que meu pai tinha autorização da Funai para que índios trabalhassem em nossas terras, de forma remunerada. Então, todo início de semana íamos para a aldeia Tupi-Guarani de Dourados para buscá-los. E todo final de semana íamos levá-los de volta.

Outro fato curioso é que, para estudar, minha irmã pedalava 14 km, entre ida e vinda do colégio, que ficava na cidade. Quando entrei na escola, por ser muito pequena, ela começou a me levar na garupa da bicicleta. Porém, como ela também era pequena, não aguentou. Meu pai, então, um homem que não media esforços para estudarmos, passou a nos mandar para a escola de trator. Ela dirigindo e eu me segurando onde dava. Ela com 11 anos e eu com quase sete.

Mas não teve jeito. Tivemos que nos mudar para a cidade por causa da distância do colégio. E minha casa virou ponto de encontro de toda a garotada que vinha de bicicleta da área rural. Lá eles estacionavam, lavavam a poeira e bebiam água ou limonada, antes de chegarem no colégio.

O nosso era um colégio católico, administrado com mão de ferro pelo Padre Daniel. Entrávamos no colégio em silêncio e em fila indiana, e rezávamos antes do início da aula.

O próprio Padre Daniel era quem entregava os boletins a cada um dos alunos. E ai de quem tirasse nota baixa!

Antes do 7 de Setembro ensaiávamos para o desfile. Ele nos colocava em forma na quadra de esportes e ficava com uma varinha na mão. Olhava as pernas de todos, para ver se alguém estava marchando errado. Coitado de quem errasse!

Quando eu estava com quase 12 anos, meu pai havia se envolvido com política, tendo sido candidato a deputado estadual pelo antigo MDB. Minha mãe, inclusive, foi vereadora de nossa cidade. Nessa mesma época, ele tinha investido todos os seus recursos na plantação de soja. E financiado equipamentos agrícolas. Como a chuva não veio, ele perdeu tudo o que tinha. E teve a saúde abalada com esse baque.

Assim, em 1979 nos mudamos para São Paulo. Uma família amiga nos auxiliou a conseguir emprego para minha mãe e irmã. E meu pai trocou o carro dele, único bem que havia restado, por um caminhão velho que carregava lixo dentro da fábrica da Ford, em São Bernardo do Campo.

Fomos morar num quarto e cozinha e dormíamos no chão, sobre as cobertas que havíamos trazido. Um vizinho nos doou um colchão e, depois de algum tempo, conseguimos comprar o mínimo de móveis, dos mais baratos.

Essa foi uma fase difícil. Para alguém criada no Mato Grosso, portanto carnívora, ficar cerca de um ano comendo chuchu era um sofrimento. Eu me reservo o direito de não comer mais esse legume enquanto Deus permitir.

À medida que as coisas foram se ajeitando, minha mãe passou a comprar pé de frango na feira. Depois, pescoço de frango, o que já era uma iguaria, se comparado ao chuchu.

Lembro-me que precisávamos comprar o meu uniforme de escola, mas não havia dinheiro. Quando chegou ao ponto de a diretora me impedir de entrar na escola sem uniforme, fomos, eu e minha mãe, na Rua General Carneiro comprar tecido dos mais baratos para ela fazer meu uniforme.

Nesse dia, minha mãe, com dó, comprou para mim um sanduíche de churrasco grego. Foi uma felicidade. No entanto, escorreguei e levei um tombo. Mas acreditam que não deixei o sanduíche sequer tocar o chão? Coisas da necessidade.

Após o primeiro e o segundo grau, eu ainda não sabia qual profissão seguir. No cursinho pré-vestibular tivemos um evento sobre vocação x profissão. Como eu gostava muito de matemática e de política, optei por Economia.

E eu queria estudar na Fecap, porque minha irmã, que era meu ídolo, meu exemplo, já estudava lá.

A perícia em minha vida

Foi no curso de Economia da Fecap que, ao ouvir falar pela primeira vez de perícia, já fiquei interessada no assunto.

Ainda durante a faculdade, que concluí em 1990, saí de casa e fui morar sozinha.

Trabalhava na área internacional de um banco, mas as contas não fechavam. Busquei na PUC, que era próxima de onde morava, uma colega para dividir apartamento comigo. Pelas coincidências da vida, essa colega namorava um rapaz cujo pai era perito judicial. Pedi para que me apresentassem a ele e manifestei meu interesse em trabalhar na área.

Assim, conheci meu primeiro mestre na perícia, em 1997: Dr. José Amorim Linhares. Lembro-me que em uma das nossas primeiras conversas ele me alertou para o fato de que, a cada dez pessoas que começavam na área pericial, nove desistiam no primeiro ano. E pensei comigo mesma: *"Eu serei essa que não desiste!"*. Concomitantemente ao meu trabalho no banco, passei a desenvolver alguns trabalhos com ele.

Casei-me, em 1998, com o grande amor da minha vida: Tales Soares. Excelente profissional que é, ensinou-me a redigir um laudo pericial, a tomar cuidado com as palavras escritas, a ser precisa e impessoal, a documentar todos os passos do trabalho, enfim, a me poupar aborrecimentos e a me proteger.

Com o apoio incondicional de meu esposo, desliguei-me do banco e passei a me dedicar exclusivamente à perícia. Achava que conseguiria várias nomeações e conseguiria pagar as contas. Mas não foi isso o que aconteceu.

O início da perícia é difícil. Há que se ter uma outra fonte de renda para se manter, até que se construa uma carteira de recebíveis. E isso foi o que aconteceu comigo.

Procurei, então, alternativas que tornassem viável esse início.

Busquei parcerias com alguns peritos em atividade à época. Inclusive, ouvi de um deles a seguinte pergunta: *"Você quer ser perita ou uma dona de casa que faz bico com perícia?"* Isso porque eu trabalhava em casa, pois não tinha condições de pagar o aluguel de uma sala comercial.

Vale lembrar que naquela época não existia trabalho híbrido ou *home office*. Quem trabalhava em casa nem sempre tinha o respeito de seus pares ou até mesmo de seus familiares. Era comum alguém dizer, ao pedir alguma coisa ou favor: *"já que você está em casa...."*

E foi tentando estabelecer parcerias que conheci meu segundo mestre na perícia: Laerte Mancuso. Fui trabalhar como sua colaboradora. A parceria deu tão certo que durou por mais de dez anos, até a sua aposentadoria. Certa vez, fizemos um trabalho enorme. Ele me ligou para avisar que eu tinha ganhado mais de 10 mil reais naquele mês. A resposta imediata que dei foi: *"Nossa, vou comprar um guarda-roupas com portas!"*. Os cupins haviam destruído a porta do meu guarda-roupas de segunda mão. Ele, por óbvio, ficou mudo!

Durante a parceria com o Mancuso, também busquei minhas nomeações. E minha mãe era minha parceira nessa busca. Saíamos de casa de manhã e percorríamos vários fóruns: Franco da Rocha, Guarulhos, Caieiras, Barueri, Fazenda Pública. E foi lá, na Fazenda Pública, que, enquanto eu me apresentava aos juízes de todas as varas, a vi adormecer em um banquinho, após me aguardar por tanto tempo. Coisas de mãe!

Quem muito me ajudou nessa fase foi minha assistente, hoje amiga da vida e comadre, Rita de Cassia Delgado Rosendo Mendonça, a quem sou eternamente grata!

Lembro-me que minha primeira nomeação se deu no fórum de Franco da Rocha. Fui intimada no dia 23 de dezembro de 1999. Fiquei emocionada e chorei de alegria. Fiz carga dos autos de imediato e, na ceia de Natal, mostrei o processo com minha nomeação para toda a família.

Como sou oriunda do mercado financeiro, meu objetivo era me tornar assistente técnica de instituições financeiras. E sabia que precisava da experiência da atuação como perita do juiz para me tornar uma assistente técnica melhor. Mas, se entrar na área pericial já não é fácil, imagine ser perita de banco. Só que sou determinada!

Nasce a empresária

Atuei exclusivamente como perita do juiz por sete anos. Houve um momento em que era nomeada por cerca de 16 juízes diferentes.

Há, no Judiciário, o entendimento de que casos que envolvam matérias econômicas, financeiras e contábeis sejam todas objeto de perícia contábil. Diante desse entendimento, optei por fazer, também, a faculdade de Ciências Contábeis. Aliás, estudar, para mim e para minha irmã, é sempre prazeroso. Nosso pai incutiu em nós a ânsia pelo saber.

Em 2006 elaborei um laudo que envolvia determinado banco. Passada a perícia, esse mesmo banco quis me contratar como sua assistente técnica. Então, entendi que estava pronta para ser perita de instituições financeiras!

Mas, uma coisa é estar pronta tecnicamente. Outra coisa é empreender em um escritório de perícias para atender volumetria.

Mas nunca estive só! Eu e meu esposo fizemos um projeto de vida: eu iniciaria a empresa de perícia e ele viria para ela após aderir a um programa de demissão voluntária na empresa em que trabalhava.

E assim fizemos. A partir de 2003 ele se tornou a pessoa

que preparava todo o meio de campo para que eu pudesse atuar tecnicamente. Cuidava da administração do escritório, das finanças, da informática, dos funcionários, das nossas obrigações pessoais, enfim, de tudo.

E eu fui fazer o Empretec. Para quem não conhece, trata-se de um programa de treinamento para empreendedores desenvolvido pela ONU e ministrado no Brasil pelo Sebrae. Nesse treinamento aprendi a pensar fora da caixa em alguns aspectos relacionados a planejamento, organização, administração e finanças.

Veio, então, a fase de formar equipe. Foi quando percebi que fazer perícias é menos difícil do que administrar pessoas. E a formação da equipe caminhou, passo a passo, com a demanda em volumetria.

Foi um período extremamente difícil, de trabalho árduo, muita pressão e muito medo. Sim, medo de errar, medo de perder clientes, medo de não ter dinheiro para pagar funcionários.

A síndrome do impostor e o *burnout*

Foi nesse período que desenvolvi a síndrome do impostor. Acreditava que a minha competência não estava à altura do que me era exigido e que meus esforços não eram suficientes para dar conta de tudo. Passei a me sabotar.

A pressão, a autocobrança e o medo foram tão brutais que desenvolvi *burnout* e tive que ser temporariamente afastada do trabalho. A depressão e a ansiedade chegaram com força nessa fase.

O lado bom de tudo isso é que passei a fazer terapia com a minha querida e amada Maristela Iara da Silva, especialista em empreendedores e executivos. Aprendi a me valorizar como profissional, a delegar, a assumir apenas os meus erros e não os do mundo todo, a trazer as coisas para a perspectiva correta.

Precisei de cinco anos de terapia para vencer a síndrome do impostor e ser capaz de verbalizar, sem falsa modéstia: *"Eu sou boa no que faço!"*.

Ser empresária na área pericial é um tremendo desafio.

Primeiro, porque estamos tratando de um trabalho personalíssimo.

Segundo, porque estamos tratando, também, de um trabalho intelectual.

Essa área é tão específica que não há pessoas prontas no mercado de trabalho.

É preciso encontrar profissionais que reúnam o domínio da língua portuguesa, o conhecimento do linguajar jurídico, a mente investigativa e a paixão pela matemática.

Pela minha experiência, é praticamente impossível encontrar alguém com todos esses predicados. Há que se treinar exaustivamente, já que é preciso confiar em sua equipe de olhos fechados. Sim, porque irão tomar decisões técnicas em seu nome.

Foi pensando nisso que criei o Instituto Agostinho Soares. Já como capacitadores habilitados pelo CRC/SP, estamos na fase embrionária de cursos técnicos a serem ministrados a quem quer ingressar na área e a quem quer nela se aprimorar.

Os profissionais maravilhosos que encontrei pelo caminho

Apesar de difícil, por vezes nos deparamos com verdadeiros talentos, que nos surpreendem a cada dia. Ah, que alegria quando isso acontece!

Muitos continuam comigo nessa jornada. Outros optaram por caminhos diferentes. Fato é que tenho orgulho por ter iniciado muita gente boa na perícia!

Hoje administro bem a parte técnica e a parte empresarial. E tenho a sorte de contar com pessoas excelentes e competentes me auxiliando. E, para elas, eu dedico este capítulo: Rita de Cassia Mendonça, Raphael Vinícius Silva, Naira Pisani, Joel Silva, Geisa Cunha, Celso Bueno, Janio Dias, Rosane Giovanucci, Hosana Bertossi, Ediana Santana, Silvana Troncoso, Bruno Ramos, Kassia Turato, dentre tantos outros que aqui não consigo citar, mas que têm igualmente meu respeito e gratidão.

O sucesso e a responsabilidade sobre ele

Olhando para trás, vejo que obtive sucesso na carreira.

Tanto que um dos bancos para os quais prestamos serviços nos elegeu o seu escritório de referência na área pericial.

Isso nos trouxe imensa satisfação, mas também a responsabilidade de não deixarmos cair o nível.

Apesar das dificuldades, nunca deixei de amar o que faço! Passei por medo, exaustão, depressão e ansiedade, tudo por causa da perícia. Mas não tem jeito. Sou apaixonada por ela. É uma área que me fez crescer como profissional e como pessoa. Por isso ainda trago o brilho nos olhos e o entusiasmo que contagia quem está ao meu lado.

A maior satisfação é saber que conto com o respeito da minha equipe, dos meus clientes e dos meus colegas de profissão.

Então devo estar no caminho certo.

Vejam que em momento algum falei de minha jornada na perícia sob a ótica da mulher.

Isso porque acredito que o sucesso, o conhecimento e a capacidade nessa área não estão atrelados a gênero, mas sim a determinação, a coragem, a estudo, a trabalho árduo. Não que eu nunca tenha sido discriminada por ser mulher. Fui. Em mais de uma ocasião. Mas nunca me abati com isso. Sabia do meu objetivo e do que precisava para alcançá-lo.

Sempre estive atenta às normas, à boa técnica e, principalmente, à ética do trabalho.

Há ainda muito o que ser feito. Principalmente, nesses tempos de inteligência artificial, em que teremos de repensar nossa forma de atuação.

Mas estou pronta. E a postos!

Desafiando limites e renascendo: a jornada de autoconhecimento e transformação na advocacia pericial

Mônica Christye Rodrigues da Silva

Sou uma advogada com mais de 25 anos de experiência, concentrando minha atuação nas áreas Trabalhista, Acidentária, Previdenciária e Família. Durante os anos de 2019 a 2021 e posteriormente de 2022 a 2024, tive a honra de ocupar o cargo de Presidente da Comissão de Perícias da OABSP, bem como da OAB Rio Claro, demonstrando meu compromisso e liderança nesse campo. Além disso, fui Diretora de Perícias no Instituto Brasileiro Previdenciário – IBDP, durante os anos de 2022-2023. Possuo especialização em Direito Previdenciário pela Escola Paulista de Direito – EPD e estou cursando pós-graduação em Saúde Mental nas Empresas pela Faculdade de Medicina da USP-SP

INSTAGRAM

Um Novo Começo

Ao escolher estudar, coordenar e estar à frente de um grupo de estudos sobre Perícias, aprendi muito mais do que a advocacia tem me ensinado ao longo dos meus 25 anos de carreira.

Esta experiência não apenas aprimorou minhas habilidades técnicas como advogada, mas também teve um profundo impacto em minha jornada pessoal. Ao enfrentar os desafios complexos da perícia, fui confrontada com minhas próprias limitações e tive a oportunidade de superá-las, fortalecendo minha autoconfiança e autoconhecimento.

A natureza multidisciplinar da perícia me permitiu desenvolver habilidades de liderança e comunicação, essenciais no ambiente profissional e também em minha vida cotidiana. Através destes desafios, cresci como profissional, assim como indivíduo, aprendendo a enfrentar adversidades com resiliência e determinação.

Renascimento profissional

A curiosidade e inconformismo sobre perícias se iniciou no final de 2018 e eu nunca imaginaria que nasceria um desafio apaixonante, que me colocaria nos trilhos de uma nova jornada e eu faria as pazes com o Direito, com a minha profissão e com minhas habilidades pessoais que gritavam por socorro para desabrochar.

Tenho que voltar na linha do tempo muito antes de 2018, para que seja compreendido e dado o peso adequado que a perícia colocou na minha balança da justiça.

Eu me formei em 1988, 36 anos atrás e por dez anos não exerci a profissão. Escolhi o Direito na época por não saber qual carreira seguir, tinha poucas universidades por perto, teria que se encaixar no meu orçamento, se eu poderia cursar à noite e manter meu trabalho, eu poderia ter um leque de profissões com o curso, já que não sabia qual carreira seguir. Eu era encarregada de compras numa fábrica de estofados, gostava do que fazia, mas precisava mais do que aquilo.

Ao cursar o Direito, não me identificava muito, minha vida pessoal estava um caos, eu não conseguia estudar, focar, casamento conturbado, vontade de desistir de tudo e do curso, gravidez na formatura, perda do emprego e depois de formada eu só queria esquecer que eu era uma advogada. E esqueci. Guardei o diploma numa gaveta e lembro-me de pensar: nunca vou exercer essa profissão e ninguém saberá que sou advogada.

Formada em 1988, 22 anos, grávida, desempregada, sem renda, casamento caótico e passei dez anos longe da minha formação apenas vivendo o caos das minhas escolhas.

Na linha do tempo, vou retroceder para 1997. Um filho de sete anos e uma filha de dois anos e pouco, consegui um emprego num posto de combustível na beira da estrada, salário horrível, moradia ruim, e me deparei com alguém que me lembrou do meu valor, mais do que eu mesma, e me impulsionou a exercer minha profissão, meu gerente! Ele não se conformava de saber que uma advogada estava lá, conferindo caminhões, conferindo caixa e fazendo serviços de departamento pessoal com um salário mínimo.

Desatualizada, dez anos depois de formada, fora do mundo jurídico e nenhuma experiência da advocacia da bagagem, em 1999, já com 33 anos, fui fazer um estágio sem remuneração, sem sequer saber mais como fazer uma procuração ou como se entrava no Fórum.

Para fazer um estágio de duas horas, eu trabalhava o dobro de tempo no posto de gasolina, condição que me foi dada para que eu pudesse me ausentar, e para testar minha resiliência. Divorciada e com a ajuda da minha mãe, eu saía de casa com meus filhos pequenos dormindo, antes das 06h e só voltava depois de fechar o caixa do turno das 23h, ia embora a pé e chegava por volta de meia-noite, com uma folga ao mês.

Sem qualquer traje adequado, usando uma camisa social do meu pai e um lencinho no pescoço pra tentar parecer mais bem vestida, ao entrar no Fórum atraía os olhares de cima em baixo, e quase sofri uma representação de uma Juíza no Fórum João Mendes, quando fui fazer uma diligência em São Paulo, que me perguntou se a Seccional da OAB da minha cidade não cuidava e fiscalizava os advogados, que cabia uma representação por não me trajar adequadamente, mas eu não tinha nem recursos pra manter meus filhos, que dirá para roupas sociais.

Assim iniciei na advocacia, trabalhando para alguns escritórios em parceria de despesas, atuando na área trabalhista, para receber honorários ao final do processo, por isso demorei uma eternidade para ser capaz de manter a mim e meus filhos. Minha família me socorria sempre, eu não chegaria a lugar algum sem eles, confiaram, faziam empréstimos eternos e quando eu recebia um pouco a mais mal dava para amenizar os empréstimos, não sabia gerir meu negócio, não sabia sequer meu valor.

Com um fusca emprestado, com fundo apodrecido que mais parecia o carro do desenho animado dos *Flintstones*, parava longe do Fórum para que os clientes não me julgassem pelo que eu aparentava ter, até porque, nem aquele carro eu tinha, dividia marmita com a minha melhor amiga e advogada Silvana, que me deu a oportunidade do primeiro estágio e seguimos juntas até hoje, fizemos parcerias péssimas, fomos exploradas por advogados(as) espertalhões, sofremos juntas, nos apoiamos sempre e, depois de muito tempo, aprendemos.

Fiquei nesse limbo por muito tempo, muito! A advocacia me obrigava a pensar mais rápido, falar, me expressar, me posicionar, situação em que eu não me destacava, pelo perfil acanhado e inseguro.

Eu não me encaixava nessa profissão que requer habilidade de fala, de expressão, de raciocínio, me sentia aquém de todos na área, o peso da responsabilidade de comprometer o direito dos meus clientes por ineficiência. Sentia todo o peso do mundo, continuava agora num limbo interno, e pensava: qual meu talento? Será que não devo vender flores, fazer brigadeiro, pizza?

Foi aos poucos, foi demorado, mas fui aprendendo a me posicionar, pensei em concurso para magistratura, me imaginava todos os dias como Juíza do Trabalho, mas duvidava do meu discernimento de decidir, e continuava apagando os incêndios da minha vida. Desisti.

Vou avançar quase 20 anos nessa linha do tempo... e pular para 2016, quando eu estava com 50 anos, meio século de vida. Minha régua começou a sair do negativo e levou mais alguns anos pra chegar ao marco zero. Olha só, aos 50 anos é que eu comecei a entender meu caminho, minha direção, e por força de muita terapia comecei a entender onde minhas inseguranças afetavam o gerenciamento da Comissão de Perícias.

A advocacia ainda não me encantava, mas me sentia mais segura, sabia que eu tinha um diferencial na análise dos casos, e pensava: em algum momento, "essa chave vai virar", eu quero sentir a alegria de ser uma boa referência no meio jurídico, mesmo sem me sentir. Busquei o Sebrae e pedi orientação sobre como gerenciar um escritório de advocacia, já que sou a primeira na minha família. Na época, não tinham essa resposta.

Autoconhecimento e Expansão: o Despertar para Reinvenção Profissional

Percebi que as habilidades e fragilidades da minha personalidade caminhavam da vida pessoal para a profissional, engana-se quem acha que apenas um bom currículo garante ser um bom profissional. Eu discordo.

Eu estava apenas começando a coordenar minha vida, gatinhando, minha família e grandes amigos apoiavam, socorriam, mas eu não saía do limbo. Com a ajuda de duas pessoas especiais, a quem devo a guinada certeira, Idania e Billy, passei a compreender quem eu era, o que eu poderia ser e, principalmente, o que nunca mais deveria fazer e deixar de fazer. Passei a buscar saber quem eu era, como pessoa e profissional. Um processo lento, mas comecei a avançar.

Conectei-me com o tema "perícias", a partir da indignação do resultado de algumas perícias trabalhistas e previdenciárias em 2016, 2017, aproximadamente.

Fui despachar com uma Juíza do Trabalho em razão da indignação ao ver alguns laudos periciais e ela me disse: "Doutora, só tenho quatro peritos cadastrados na minha Vara, não posso me dar ao luxo de dispensá-los ou de trocá-los, é assim que funciona".

Comecei minha busca de informações no site do TJSP, TRT15 e CNJ. Mandei inúmeros e-mails pedindo informações sobre o cadastro dos peritos, e tantas outras inquietações, nunca obtive resposta. Numa conversa sobre isso com o Presidente da Seccional a que pertenço, OAB de Rio Claro, Dr. Mozart, reclamei do tema e ele me disse: "Nunca vão te responder, somente responderão a uma instituição como a OAB". Juntei essa informação e num seminário previdenciário, assisti à palestra do Dr. José Roberto Sodero Victório e Dr. João Batista Optiz Neto me trouxeram esperança, sobre como eles uniam os dois saberes, advocacia e perícia médica, para solucionar as demandas nessa área.

Em 2019, com apoio do Dr. Mozart, assumi a primeira Comissão de Perícias, com competência municipal, com apoio de três ou quatro pessoas, sem nem saber por onde começar e como a Ordem dos Advogados poderia nos subsidiar.

Seis meses depois, fui indicada a presidir a Comissão Estadual de Perícias da OABSP. A responsabilidade aumentou significativamente, quando eu sequer tinha iniciado os estudos em Rio Claro.

Aceitei o desafio, após responder às duas perguntas do nosso Presidente, Dr. Mozart: "você está preparada para responder à advocacia do Estado todo, quando a Ordem dos Advogados tiver que se manifestar sobre esse tema? Você sabe o tamanho da responsabilidade e o quanto terá que gerenciar seu escritório junto com isso?"

Eu disse sim, sem pestanejar, mesmo não sabendo a extensão do meu compromisso, mas eu sabia que era algo maior e que era um privilégio, ainda que o encargo tivesse cunho voluntário, mas havia algo ali que me sinalizava crescimento.

Pensei: vou poder explorar muito mais sobre a perícia previdenciária e trabalhista, e aprofundar meus conhecimentos sobre estes temas.

Mas, quando a gente se relaciona com pessoas que pensam grande, nos acende uma faísca incontrolável, e assim foi. Quando a mente expande, é um caminho sem volta. No primeiro momento em que eu levei a novidade e os temores para a terapia, já fui instigada a pensar sem limites, e Idania me disse: "Quem cuida de um cuida de um tema, cuida de de todos, você vai revolucionar o sistema de perícias judiciais e assumirá tudo o que lhe for apresentado".

Quem sonha junto, constrói junto e, assim, Idania foi a primeira pessoa a compor a Comissão de Perícias, aceitou o desafio, uma Neuropsicóloga com doutorado em Kiev, na Rússia, uma mente brilhante que vê o mundo com os olhos mais geniais deste Universo.

Era a gasolina que eu precisava para jogar na churrasqueira!

Formamos um time para a gestão de 2019-2021, convidamos advogados, peritos médicos, psicólogos e começamos a pensar como estudar perícias, essa espécie de provas, prevista nos artigos 464 a 484 do CPC, instigadas a compreender o universo da perícia médica previdenciária, perícia trabalhista e perícia na área de família.

Eu não sabia gerenciar a reunião inicial, estava aflita e, ao meu lado, profissionais que eu admirava e tinham mais bagagem de trabalho e de nome do que eu. Eu me encolhia.

Então, presidir a Comissão de Perícias começou a experimentar minhas sombras, me ensinou a lidar com a frustração de não saber o que fazer publicamente, além das paredes do meu escritório e das audiências, e as pessoas esperavam que eu agisse como líder.

Eu precisava acertar e vencer meus demônios, minha insegurança, minha ousadia de estar à frente de pessoas que eu considerava superior a mim, profissionalmente. E estas pessoas embarcaram na minha aventura. Não dava pra voltar atrás.

Fui colocada à prova todos os momentos, eu tinha que coordenar e liderar, ainda que eu estivesse entre amigos e colegas que confiaram no meu projeto, ainda que eu não soubesse fazer isso.

Eu não tinha essa lição de casa muito pronta, aliás, nada pronta, eu estava engatinhando na vida pessoal e profissional aos 50 anos de idade, recomeçando sob as orientações de uma excelente profissional de Psicologia, que só me dizia: você tem que fazer, você tem que se preparar antes, você tem que assumir seu lugar no mundo e você tem que responder ao que lhe for indagado.

Coordenar a vida tem implicações pessoais num universo mais restrito, mas coordenar na carreira profissional exige que você seja produtivo e eficiente, que saiba lidar com diferentes pessoas e unir diversas habilidades, que tenha coragem, saiba se posicionar, ter pronta-resposta, entre tantas outras habilidades.

Eu não tinha! Eu mal sabia dizer "não" sem me angustiar.

E a Comissão foi crescendo, despertando interesse das mais variadas áreas profissionais, a rede de relacionamentos profissionais e de amizades aumentando, e pessoas que eu lia o currículo antes de recebê-la na Comissão e pensava, meu Deus, como eu posso ser a responsável por coordenar tantas pessoas com esse conhecimento? Eu não saberei responder aos questionamentos delas.

A minha busca pelo autoconhecimento me levou para essa jornada de desafios, de crescimento. E cresci, tenho vivido experiências maravilhosas quando digo sim a um desafio novo, me encho de orgulho quando estou no grupo a que pertenço, profissionais tão brilhantes e pessoas sensacionais. Fiz amigos incríveis, admiro cada um deles e estou entre os melhores em sua área de competência.

Enfrentar a si mesmo, assumir os pontos nebulosos e me jogar para novas jornadas vem me fortalecendo dia a dia. Não faço isso sozinha, sou encorajada pela profissional incrível que me incentiva a mudar minha vida, cresço quando convivo com advogados(as) e peritos(as) brilhantes e me disponho a aprender, a ouvir, assumir meus pontos de vista.

Construir e nutrir relações são indispensáveis no ambiente profissional. Aprender a trabalhar em equipe e a se comunicar de forma eficaz pode abrir muitas portas e facilitar o caminho para o sucesso, para a vida, para a libertação, aprender a ouvir e aprender a se comunicar, respeitando o espaço do próximo.

Voltei a sonhar com o Direito, a me orgulhar da minha profissão, saber que estou entre especialistas de tantas áreas, entre os mais incríveis profissionais e escuto os sonhos e desafios de todos, me vejo neles, me inspiro em muitos deles.

Ainda tenho calafrios quando surgem novos desafios, mas lá no fundo... bem no fundo, eu agradeço. Sou testada a todo tempo, vou com medo, mas vou, e aprendo a exercer minha confiança à frente de um time enorme, de alta relevância no cenário nacional. Não faço nada sozinha, nunca fiz, há uma rede de pessoas que, mesmo sem saber, me dão o combustível necessário para seguir na estrada, outras sabem o quanto são importantes na minha jornada, e agradeço estar cercada por elas.

A perícia me trouxe a habilidade de criar soluções, projetos novos, vontade de estudar, treina minhas necessidades de dar luz às sombras me impondo superar desafios pessoais. Mudou minha carreira e, quando eu achava que era tarde demais, me mostra que estou começando a cada dia, e melhor! Sinto-me revigorada, entusiasmada, e não há o que eu não conheça como novidade no mundo dos negócios, estudos, pesquisas, dia a dia, etc., que eu não pense: isso pode ser aplicado às perícias!!

Transformação e Inspiração: Enfrentando Desafios e Alcançando Novos Horizontes

Eu comparo os ensinamentos da perícia ao comportamento humano. Assim como na perícia, onde é necessário analisar detalhadamente evidências e informações para chegar a uma conclusão precisa, no comportamento humano também precisamos observar e analisar diversas variáveis para entender as motivações, emoções e ações das pessoas.

Além disso, assim como na perícia, onde é essencial manter a imparcialidade e a objetividade para garantir resultados justos, no comportamento humano, a capacidade de compreender diferentes perspectivas e manter a imparcialidade pode ser fundamental para lidar com situações complexas de forma equilibrada e ética.

Essas são, para mim, apenas algumas das muitas maneiras de comparar a perícia com o comportamento humano, destacando a importância da análise cuidadosa nas mais variadas situações, o olhar atento e aprofundado para extrair a veracidade dos fatos apresentados, garantindo a sua identidade e valor original, a sua essência!

A minha missão

Rayssa Soares

Advogada e perita judicial Grafotécnica e Documentoscópica. Atuando na área jurídica há 11 anos, é graduada pela Faculdade de Direito de São Bernardo do Campo, certificada em Perícia Judicial e Grafotécnica pelo Conselho Nacional de Peritos Judiciais – Conpej, certificada internacionalmente em Documentoscopia pela Muller Consulting & Training LLC, certificada em Análise Forense de Documentos Digitais pela Faculdade de Tecnologia Avançada – FTA, certificada em Assinaturas Capturadas Digitalmente e em Contratos Digitais pelo Prof. Renato Guedes, pós-graduanda no curso de Perícia Judicial e Documentoscopia e no curso de Perícia Judicial aplicada a Assinaturas Eletrônicas e Documentos Digitais pela FTA. Sócia-fundadora da Soares Perícias e sócia da Soares Advogados.

INSTAGRAM

Para narrar minha história, não vejo outra forma de iniciar senão pelo encontro de meus pais. Fui fruto de um relacionamento entre duas pessoas muito diferentes, mas, ao mesmo tempo, muito semelhantes.

Carlos, filho único de uma família humilde de Santo André (SP), perdeu a mãe cedo e, devido às adversidades da década de 1960, teve que aprender muito novo a necessidade do trabalho. Lutou muito, desde criança, para dar uma vida digna a todos aqueles que contavam com ele. Sueli, por outro lado, não começou a trabalhar tão cedo – ao menos, não fora de casa. Mas foi cedo também que conheceu a fome e que lidou com o alcoolismo do próprio pai. Ao vir para São Paulo, ainda nova, viveu pelos albergues da cidade, acompanhada pela fome e pela anemia falciforme, até que seu pai improvisasse uma casa de pau a pique em Mauá, com as próprias mãos.

Foram se encontrar pela primeira vez em 1978. Meu pai, na época aos 23 anos, já garantia o sustento dos pais e planejava construir casas de baixa renda para venda – assim conheceu meu avô materno, que trabalhava construindo tais casinhas, e se apaixonou pela minha mãe. Ela, sábia e perspicaz, entendeu que a diferença de nove anos entre eles não era o ideal para ela, assim, afirmou que, se ele fosse parte de seu destino, retornaria.

Mal sabia que, quase dez anos mais tarde, ela encontraria

um santinho com o rosto daquele mesmo homem, meu pai, candidato a vereador da cidade de Santo André. Vendo isso como o sinal que desejou, buscaria por ele e, em pouco mais de um ano, os dois se casariam.

Talvez você considere: "Rayssa, por que começar antes do seu nascimento?" Eu respondo, com toda a convicção, que essa necessidade está no quanto os princípios e valores dessa união me acompanham até hoje: o valor pelo trabalho honesto, o desejo de uma vida melhor para aqueles que em mim confiam, o carinho nas minhas relações, a racionalidade em momentos decisivos e a crença, acima de tudo, de que o que é para ser, será.

Em 1990, 12 anos depois do primeiro encontro de meus pais e três anos e meio depois do nascimento do meu irmão mais velho, Deyvid, meus pais me colocaram no mundo. A infância proporcionada por eles foi incrível – essa fase, para mim, é marcada por lembranças de viagens em família, aniversários, natais e *réveillons* maravilhosos, que desejaria a toda criança carregar em sua memória.

Foi pouco antes de nascermos que meu pai, a muito custo, tirou o primeiro diploma de sua família: formado em Direito, passou a atuar como advogado em Santo André, enquanto minha mãe cuidava dos afazeres domésticos e de nós.

Com o passar dos anos vivendo em São Bernardo do Campo, nossos pais notaram o aumento na criminalidade e no uso de drogas pelos adolescentes locais – foi então que decidiram pela mudança para o interior do estado, buscando nos afastar desse ambiente nocivo. O escritório do meu pai, no entanto, permaneceu no ABC – ele temia migrar imediatamente e que isso afetaria nossa subsistência –, assim, ele nos visitava a cada 15 dias, mas continuou a morar próximo à capital.

Tentando acertar, a decisão pela mudança foi a responsável por desgastar o relacionamento deles. Na virada do milênio, em 2000, minha irmã mais nova, Thayssa, chegou. Seu nascimento foi como o suspiro final daquele casamento. No começo, confesso, fiquei um pouco enciumada – antes, eu era a única princesa na família, como dizia o meu pai, agora, passamos a ser duas, mas hoje eu sei o quanto ela foi e é um divisor de águas na minha história.

Pouco tempo depois, meus pais decidiram-se pelo divórcio. Para muitos adolescentes na época, isso poderia ser encarado como uma tragédia familiar, mas eu e meu irmão lidamos de uma forma bem tranquila. O que nos importava não era a existência de uma família "estruturada", mas a felicidade de nossos pais.

O início dessa nova fase foi difícil, mas nossos pais buscaram sempre nos deixar decidir por nós mesmos. Com minha mãe no interior, não demorou muito para que eu e meu irmão optássemos pela vida na metrópole e minha irmã, muito apegada a mim e com apenas quatro anos, decidiu nos acompanhar.

No meio-tempo para que eu tomasse essa decisão, morei um ano e meio com a minha mãe – foi aos 14 anos que passei a considerar planos mais concretos para a minha jornada: comecei a pensar em carreira e vestibular. No mesmo período, o *nerd* da turma que era, até onde eu sabia, apaixonado por uma das garotas do bairro, começou a demonstrar interesse em mim. Sendo sincera, eu não acreditava que esse interesse fosse real – até minha mãe me apontar o que acontecia diante dos meus olhos.

Foi na minha festa de 15 anos que Robson se declarou e, duas semanas depois, estávamos namorando. Logo no primeiro mês de namoro, ele já passou pela sabatina do Dr. Carlos – culpa minha, acredito, já que antes desse namoro se iniciar o havia convidado, como amigo, para a casa da praia do meu pai, no Réveillon.

Foram aproximadamente duas horas andando pela orla da praia, ouvindo todos os sermões possíveis e imagináveis – mas ele resistiu e, assim, demonstrou que nossa história começaria a ser contada ali.

Não foi muito tempo depois que decidi que, para me dedicar

ao vestibular, me mudaria para a metrópole; imaginei, então, que teria de terminar meu namoro, mas o Robson já tinha traçado sua estratégia e me pediu alguns dias para se mudar também, me mostrando aquilo que, no fundo, eu já sabia: nossa história só havia começado.

Na cidade grande, meu pai trabalhou muito para proporcionar o melhor: estudamos em colégios particulares, tínhamos convênio médico e a ajuda da Inês, que ele intitulava secretária do lar. Ainda que a Inês nos ajudasse muito, fui eu quem passou a assumir o papel de mulher da casa – era responsável pelo mercado, aprendi a cozinhar, a limpar, passei a acompanhar as reuniões escolares da Thayssa e sua evolução no colégio; meu pai, por outro lado, passou a discutir comigo decisões importantes.

Sendo sincera, não acho que fui sobrecarregada por isso, assumir essa posição fez com que eu amadurecesse mais rápido e me tornou a pessoa que sou hoje, além de ter me proporcionado um lugar na vida da minha irmã mais nova e um laço tão forte com ela que eu não trocaria por nada nesta vida.

Foi com esse senso de responsabilidade já estabelecido que escolhi minha carreira. Talvez influenciada pelo meu pai e irmão, não conseguia pensar em outra coisa a cursar que não Direito. Minha visão sobre a carreira era linda: garantir a defesa dos direitos constitucionais das pessoas parecia um sonho à época. Estrategista, como sempre fui, optei por cursar a Faculdade de Direito de São Bernardo do Campo, que ocupava a quinta posição entre as indicadas pela Ordem dos Advogados do Brasil (OAB). Além de estar próxima de casa, sendo autarquia municipal, a mensalidade não chegava nem à metade do que meu pai já gastava com a faculdade do meu irmão – assim, meu pai teria um respiro.

De cara, decidi não trabalhar para o meu pai. Bem sabia que ele tentaria me proteger de tudo e, de forma não intencional, me privaria de aprendizado. Foi assim que encontrei meu primeiro estágio: em um escritório cuja banca de advogados era formada por professores da minha faculdade.

Na CDB Advogados vi o tamanho do meu potencial e como, na prática, o trabalho árduo e focado poderia gerar resultados. No meu segundo ano de trabalho, fui premiada como a melhor estagiária do escritório, no terceiro, já coordenava outros estagiários. Acima de tudo, aprendi tudo que precisava na minha carreira: meu chefe, Rubens Kindlmann, foi responsável por me ensinar como me comportar com um cliente, como tratar meus colegas e até como direcionar meu senso estratégico para solucionar os problemas.

Enquanto trabalhava lá, vivi uma das fases mais críticas da minha vida: no trabalho, coordenava uma equipe de 20 estagiários, no âmbito pessoal, meu pai havia infartado.

Com o infarto dele, meu chão se abriu. Era difícil ter clareza, aos 20 anos, do que precisava fazer e como fazer. Seus clientes sumiram, em sua maioria, e nossas dificuldades eram enormes – eu e meu irmão precisávamos garantir a casa e o convênio médico. Hoje, olhando para trás, vejo como o resultado desse trabalho árduo me ajudou à época: com o apoio de Rubens, que negociou um bônus que o escritório já havia me prometido, consegui quitar o convênio e manter a casa enquanto minha família passava pela sua maior provação. Por isso, além dos ensinamentos, carrego comigo grande gratidão, não apenas pelo Rubens, mas por cada um dos sócios da antiga CDB Advogados.

Após a cirurgia, no entanto, o desânimo do meu pai era visível – os processos diminuíram e a entrada de honorários também. Nessa época, seu locador me parou na rua, em um dia que fui visitá-lo, para me dizer: "Olhe para o seu pai. Ele não está bem e, se continuar assim, logo mais fechará o escritório".

Veja bem, o meu pai é o que alguns chamam de *workaholic*, seu trabalho é o que lhe dá razão para viver – é impossível imaginá-lo sem. Quando vi sua desmotivação, foi quando propus uma sociedade, ainda no meu quinto ano da faculdade. Deixei claro, logo de cara, que não seria sua funcionária e, sim, sua parceira.

Havia muito que precisava mudar: meu pai nunca viu o escritório como uma empresa, sempre o embaralhou muito à sua vida pessoal, o que não funcionava.

Pedir demissão da CDB Advogados também foi um marco. É clara a lembrança de Rubens me dizendo: "Não, você não vai embora. Já estava tudo certo para sua contratação" – foi essa minha confirmação, vinda de alguém que tanto admiro, de que eu estava pronta.

Meus primeiros meses no escritório de meu pai – agora meu também – foram marcados pelo levantamento de antigos casos, pela criação de um plano de negócios e compreensão de falhas a melhorar para trazer receitas programáveis ao escritório. Logo após, meu irmão veio compor a sociedade com a gente. Mostramos ao meu pai que não era preciso viver sem programação de faturamento mensal, como ele viveu por mais de 30 anos, e passamos a ter um escritório estruturado e com previsibilidade financeira.

Com o escritório de advocacia estruturado e faturando o suficiente para vivermos bem, você pode pensar que estava satisfeita, mas não foi o caso. Passei a questionar meu propósito. Minha visão sobre a carreira era linda – tão linda, que era idealizada. Na prática, tudo era menos empolgante.

A sensação que advogar me trazia era uma: eu poderia fazer o melhor trabalho possível, mas não poderia garantir ao meu cliente que ele teria o resultado que lhe era de direito, já que a legislação existe, mas pode ser interpretada de formas diferentes pelos juízes e tribunais, bem como essas interpretações vão mudando ao longo dos anos.

Foi então que passei a buscar áreas onde pudesse continuar usando meus conhecimentos jurídicos, mas que me realizassem ainda mais, uma carreira em que pudesse garantir a conclusão do meu trabalho e só e que esse, se bem-feito e respaldado na técnica correta, auxiliasse na garantia de direitos das pessoas. Assim encontrei a Perícia Judicial no final de 2019 e iniciou-se de fato a minha jornada na perícia extra e judicial.

Os anos empreendendo haviam me ensinado novas estratégias e minha primeira missão era ter clareza – clareza sobre a carreira, a demanda, as vantagens e desvantagens. Logo notei como poucos peritos focavam diretamente, ou melhor, explicitamente, na assistência técnica pericial – mesmo os professores mais importantes na área, ainda que atuassem na assistência, direcionavam seus alunos à perícia judicial.

No meu caso, vinda da advocacia, conhecia as formas de contratação dos assistentes técnicos que mais funcionavam e logo percebi que a chave para que essa nova carreira se tornasse sustentável era atuar inicialmente, e preferencialmente, como assistente técnica pericial. Assim, cheguei à minha segunda missão: a capacitação.

Busquei cursos, pós-graduações, literaturas e conteúdos gratuitos que pudessem contribuir para minha formação como técnica na área grafotécnica e documentoscópica, ciente de que esse estudo jamais acabaria. Por fim, planejei e estruturei a Soares Perícias – nos primeiros dias, trabalhava durante o dia na advocacia e nas madrugadas disparava e-mails aos advogados apresentando os meus serviços de assistente técnica pericial. Em dois meses, fechei meus primeiros contratos.

Foi essa trajetória, como um todo, que me auxiliou nos maiores desafios da minha carreira pericial: curioso recordar que, em um dos meus primeiros trabalhos como assistente técnica, a perita judicial nomeada era uma das mais reconhecidas da área. Ler o nome dessa brilhante mulher naquele processo, chegou a me causar frio na barriga. Foi a minha bagagem, no entanto, que me permitiu enfrentar esse desafio com resiliência.

Com o passar do tempo, com minha irmã mais nova como minha sócia e meu braço direito, compreendemos a importância, além de prestar nossos serviços na área pericial com excelência, focando sempre nos atualizarmos, da nossa nova missão: a necessidade de compartilhar a nossa experiência, nossos desafios, tropeços e acertos com toda a comunidade pericial.

De forma totalmente despretensiosa, passamos a compartilhar conteúdo pericial no Instagram. Na ocasião, buscávamos divulgar nossos serviços a possíveis clientes – foi então que nos deparamos com uma busca desenfreada de peritos por informações e esclarecimentos acerca da carreira e uma grande quantidade de perfis aproveitadores que, no intuito de vender cursos na área, prestam desinformações sobre ela.

Aquilo que, até então, sequer tínhamos o conhecimento, passou a ser uma missão: criamos o perfil da Só Perícias e hoje atuo como uma das peritas especializadas na área grafodocumentoscópia que mais compartilha conteúdos contra esse tipo de propaganda. Criei, ainda, o primeiro grupo de prática pericial nas minhas áreas de expertise focado em treino e compartilhamento das experiências dos peritos iniciantes, o Peritos de Sucesso.

É assim que finalmente encontrei meu propósito – mais do que só na prestação do meu serviço técnico, mas em auxiliar outros peritos e peritas para que possam prestar à Justiça um trabalho correto.

O cenário atual da perícia no Judiciário brasileiro não é dos melhores – há profissionais atuando sem o mínimo de conhecimento técnico, muitas vezes, enganados por esses cursos superficiais que existem atualmente e, infelizmente, diante da alta demanda de processos judiciais, passando despercebidos pelos magistrados. Mudar esse cenário é o propósito que encontrei na minha carreira.

Os princípios que minhas experiências pessoais e profissionais me trouxeram foram os responsáveis pela construção do meu legado até aqui – foi a minha construção individual, enquanto mulher, trabalhadora e perita, que direcionou meu caminho até o ponto em que me encontro hoje. Ainda há muito mais a descobrir, com certeza, ainda há outros propósitos a encontrar nessa carreira, mas, sem dúvidas, há muito a se fazer com esse que tenho em mãos.

Que seja infinito enquanto dure

Renata de Lamare

Graduada em Pedagogia pela Universidade Estácio de Sá, com vasta experiência na Educação privada e pública no Rio de Janeiro. Atua como perita grafodocumental atendendo às esferas judicial e particular. Pós-graduada em Perícia Grafotécnica pela Faculdade Unyleya e em Documentoscopia pelo Instituto Universitário do Rio de Janeiro (Fiurj). Pós-graduanda em Perícia Aplicada a Documentos Digitais e Assinaturas Eletrônicas pelo Instituto Study Prime. Possui diversos cursos de extensão, dentre eles, o de Titulação Internacional pela Must University, Florida, e em perícias na área de documentos digitais. Autora do e-book "Manual prático Peritus – Documentos digitais".

INSTAGRAM

A minha infância querida que os anos não trazem mais

Nasci na cidade do Rio de Janeiro em 12 de junho de 1967. Uma cidade linda, colorida e cheia de curvas nos desenhos de suas montanhas sobre o mar azul. Costumo sempre dizer que o Rio é feminino, até mesmo nos jogos de domingo no Maracanã, pois não há disputa mais charmosa que o Fla X Flu.

Cresci no bairro de Botafogo, Zona Sul da cidade, e morava com minha avó, minha mãe, meu pai e meu irmão, numa simpática casinha, que existe até hoje. Tinha uma babá que cuidava de mim, pois todos os adultos que viviam comigo trabalhavam. Sim! Minha avó trabalhava e minha mãe também. Não era comum naquela época as mulheres saírem para trabalhar fora, pelo menos a geração de minha avó. As avós, geralmente, ficavam com os netos quando as mães, eventualmente, tinham que se ausentar por algum motivo.

Minha mãe cursava a faculdade de Letras à noite, emendando com o horário de seu ofício e sentia a culpa que muitas mulheres sentem hoje de não poderem estar com seus filhos no dia a dia. Por isso me trazia um pirulito de tutti-frutti toda vez que retornava para casa e eu amava aquele carinho diário.

Assistia com admiração aquelas duas mulheres maquiando-se na frente do espelho, vestindo costumes impecáveis e calçando os sapatos de salto alto e, todos os dias, davam-me um beijo na testa e saíam, poderosamente, pelo portão.

Eram professoras do Colégio Pedro II, tradicional escola pública federal do Rio de Janeiro. Minha avó lecionava Artes Plásticas e minha mãe Português e Literatura. Ainda pequena, debruçava-me na escrivaninha, observando atentamente as correções de provas e as elaborações das aulas, principalmente as da minha avó, repleta de cores e desenhos como a Rosa dos Ventos. Dentre cores e poesias eu ia crescendo.

Meu brinquedo preferido era um quadro de giz em miniatura e, organizadamente, enfileirava minhas bonecas para dar minhas aulas, mesmo sem saber escrever, mas reproduzindo aquilo que eu imaginava ser o ofício das duas. Fazia meus rabiscos coloridos e me perdia nas horas naquela fantasia.

Fui para a escola aos quatro anos e aprendi a ler cedo. Sempre tive muito incentivo no universo letrado. Colecionava cartilhas, cadernos de caligrafia e, claro, as inúmeras canetinhas repletas de atrativos, sonho de consumo das meninas da minha geração. Eram os presentinhos da culpa pela ausência das duas, sem saber que eu não as culpava de maneira nenhuma. Pelo contrário, enchia o peito de orgulho ao dizer para as minhas amigas que eu tinha duas professoras em casa.

Estudei numa tradicional escola católica, e lá me formei, assim como minha mãe, no curso Normal. Obviamente, não poderia ter seguido outro caminho, tamanho o encantamento que tinha por aquele ofício desde pequena.

Seguindo meu próprio caminho

Ingressei na Educação aos 19 anos e permaneci por 23 anos com uma breve interrupção entre eles para cuidar de meus dois filhos quando nasceram. Sou mãe de dois lindos rapazes, Eduardo e Pedro. Um com 27 anos e outro com 24. Quando eram pequenos, tive a oportunidade de dedicar-me a eles, me afastando do trabalho por um período de tempo. Minha mãe não teve essa sorte.

Nessa época, cursava Pedagogia e ficaria sobrecarregada se estivesse lecionando, muito embora tenha convivido com minha mãe acumulando tais funções quando eu era criança. Sentia muitas saudades dela e, talvez por isso, eu tenha optado por ficar com meus meninos o tempo que me era disponível sem precisar dar-lhes pirulitos. Mesmo assim estava dentro da elevada estatística das mulheres que acumulam serviços. As supermulheres!

Graduei-me em Pedagogia e me recoloquei profissionalmente quando o meu filho mais novo entrou para a escolinha. Fazia um verdadeiro malabarismo com o meu tempo, pois a época era outra e o cotidiano era muito mais corrido. Atuei na Educação Infantil e nas classes de Alfabetização na rede privada e, mais tarde, prestei concurso público para o município do Rio de Janeiro, no qual fui aprovada em quinto lugar. Muito embora não calçasse sapatos de salto nem costumes impecáveis, o jeans e o tênis eternizavam o ofício das raízes que me alicercearam e não apagavam o *glamour* da profissão.

Durante minha jornada pedagógica percebi que educar estava muito além da cátedra. Desenvolver valores éticos e morais era objetivo constante no meu dia a dia e assim compunha a minha prática, entre o letramento e o desenvolvimento humano daquelas inúmeras crianças que cruzavam minha vida. Dediquei-me ao ensino público até o final de 2021. Infelizmente, alguns problemas de saúde motivaram meu afastamento.

Um reencontro de vida

Nesse momento eu não tinha um plano B. Os filhos estavam criados e cada um seguia seu caminho. Na verdade, sempre tive antipatia pelo termo "a síndrome do ninho vazio", mas naquela época tive medo de sentir o vazio do ninho. Embora aliviada por me ver livre do desgaste físico ao qual estava me submetendo nos últimos anos, considerava-me, mental e cognitivamente, muito produtiva para pôr fim nas minhas atividades profissionais. Foi um período de buscar novos horizontes, mesmo sem saber exatamente quais, mas tinha a sensação de que, se não os encontrasse, adoeceria da alma.

Em 2022, escrevi um livro sobre a história da minha família. Um trabalho intenso de buscas documentais em cartórios, arquivos públicos e cúrias para elaborar minha árvore genealógica. Aquele movimento me motivou muito e preencheu, naquele momento, um buraco que se tinha formado na minha vida. Descobri as ancestrais mulheres fortes e intensas que, orgulhosamente, carrego no meu DNA. Foi incrível, porém como tudo tem um fim, terminado o trabalho me vi novamente no ócio que me apavorava.

Navegando pelas redes sociais, deparei-me com um desses anúncios de cursos de perícia que oferecem mundos e fundos às pessoas. Matriculei-me, cursei e logo percebi que aquilo não era o bastante e que a seriedade da profissão exigiria muito mais de mim. Tal curso, que hoje percebo que encara a perícia como algo comercial, outrora fora o gatilho para que eu tivesse um belo encontro com essa profissão que tanto me apaixona atualmente.

Vi no ofício da perícia muitas características inerentes ao que eu trazia em minha bagagem profissional como professora. Os tais valores éticos e morais, o compromisso com a verdade e com a justiça estavam ali, latentes na prática pericial.

Engajei-me na busca de outros cursos de extensão e de pós--graduações que pudessem sanar a minha inquietude. Procurei aperfeiçoamento nas áreas da Documentoscopia e da Grafoscopia e, nos *insights* da vida, tive a grata surpresa de que tudo o que havia feito anteriormente relacionava-se, intrinsecamente, com o novo que surgia para mim como mágica.

Foram tantos anos de atenção voltada para mãozinhas curiosas que davam seus primeiros traçados no papel grafando os alógrafos do nosso alfabeto e, de repente, estava eu, ali, observando outras mãos escreventes e analisando a gênese gráfica de diversos punhos escritores e auxiliando o Judiciário a fazer justiça.

A Grafoscopia, na verdade, vinha com muitas novidades, mas ao mesmo tempo me parecia tão familiar que, apesar do esforço para conhecer com propriedade a atividade técnico-científica, internalizava seus conceitos de maneira muito natural. Os documentos que permearam a minha pesquisa genealógica estavam de volta, mas na forma de peças questionadas passíveis de perícia para elucidação de fatos.

A maturidade me proporcionou a clarividência de que tudo fazia sentido no grande encontro de uma vida inteira e, portanto, não havia como não me encantar com esta prática profissional que surgia tão plena para mim: a Perícia. Tão nova e ao mesmo tempo tão habitual na maneira de conduzir a vida.

No *flow* do universo

Não demorou para que eu percebesse que a tecnologia estava presente em tudo o que envolvia a prática pericial. Desde a manipulação de utensílios que auxiliam nas análises, como microscópios USB, *mouses* espectrais, até mesmo a utilização de programas para ilustração de laudos periciais. Mas não era só isso. As relações contratuais tomaram outro formato e, embora o milenar papel e instrumentos escritores ainda estejam presentes neste Brasil de tantos "Brasis", as contratações digitais ganham cada vez mais espaço na sociedade.

A Grafoscopia, que analisa as assinaturas com grafismo, expandiu-se para estudos de assinaturas eletrônicas. Os contratos em papel abriram espaço para os arquivos digitais ou digitalizados pelos diversos *hardwares* que existem por aí, ampliando seu campo de análise. E eu me encontrava ali, em um novo mundo que nunca para de inovar. O máximo de tecnologia que estava a minha volta eram os aplicativos de banco, de *delivery*, de compras na internet e de redes sociais.

Sempre ouvi um dizer que faz muito sentido: "O universo se movimenta, então, movimente-se junto". E nesse movimento eu imergi no mundo digital e lancei-me em cursos de aperfeiçoamento e numa pós-graduação na área digital.

Nunca tive receio de desafios, pois autoestima não me falta. Como dizia meu pai, "confie no seu taco!" Com essa frase soando aos meus ouvidos dei os primeiros passos no universo eletrônico. Incorporei ao meu vocabulário novos termos e confesso que não foi tarefa fácil. Não se tratava apenas de palavras novas, mas compreendê-las e mais, aplicá-las nos meus estudos periciais.

Tudo na vida exige esforço, dedicação e a consciência de que dar o melhor de si ainda é pouco. O mundo é veloz, e acompanhar esta velocidade é um desafio a ser superado. Que cada superação nos catapulte para novos desafios e que este ciclo seja constante assim como a Terra gira, incansavelmente, todos os dias do ano.

Hoje, quem diria, sou autora de um e-book que aborda a aplicação de ferramentas de um *software* para análises de documentos digitais, mas digo com muita certeza: "Ainda é muito pouco". E quando não será? A vida em todas as suas esferas é um eterno ciclo, e ciclos se transformam, mas nunca fecham.

As relações humanas e as mulheres na perícia

Confesso que me surpreendi com tanta gente generosa

que conheci e com imensa disposição de compartilhar conhecimentos e de estar ali, como suporte, nos momentos de dúvida. Professores maravilhosos que, posso dizer, se tornaram amigos e parceiros nesta caminhada. As águias existem, mas até agora Deus me manteve longe delas e, ao mesmo tempo, preparando-me para esse encontro inevitável.

Hoje conheço peritos de Norte a Sul do Brasil. Alguns pessoalmente, pela participação em congressos e conferências, prática que considero muito importante, não apenas pela riqueza de informações, mas pela troca de experiências e pelo contato físico, o tal olho no olho, lado bom que a internet nos tirou. Experimente conhecer ao vivo aquela pessoa com que você se relaciona pelas redes e verá que a relação se tornará mais íntima, mesmo à distância. Isto não é uma suposição, é um fato.

Uma grata surpresa que tive no meio pericial e que me encheu de orgulho foi a grande presença feminina desempenhando o ofício com mestria. Pensando bem, mulher é detalhista e, digamos, tem uma intuição aguçada. Ora, faz todo sentido mulheres na perícia, pois todas nós nascemos com um poder investigativo incontestável. Esconder algo de uma mulher é tarefa árdua e quase impossível. Sugiro não tentar.

Parafraseando poetas

A minha história sempre resgatou algo do passado para o presente, projetando um futuro, um vaivém que não termina. Parafraseando Cazuza, "Eu vejo o futuro repetir o passado, eu vejo um museu de grandes novidades, o tempo não para". E não para mesmo!

Minha mãe, formada em Letras e apaixonada por poesias, sempre trouxera a poesia para o entendimento de vida. Segui esta dinâmica, acreditando que as poesias retratam a realidade com sensibilidade, humor, amor, metáforas e com doses de sofrimentos necessárias, cada qual no seu estilo de época. Nesse ciclo que só se encerra com o fim, termino meu breve relato com o Poetinha Vinicius de Morais: "Que não seja imortal posto que é chama, mas que seja infinito enquanto dure".

Caminhos de Dedicação: uma Jornada na Perícia Judicial e Extrajudicial

Sonia Timi

Contadora, administradora, perita Judicial e Extrajudicial, atua nas áreas de Perícia Contábil e Financeira, administradora Judicial, Documentoscopia, Grafoscopia e Informática – Áudio e Vídeo. Professora de pós-graduação em Perícia, mestre em contabilidade pela UFPR, pós-graduada em Contabilidade e Finanças, pela UFPR. MBA em Perícia e Auditoria Econômica Financeira, pelo IPOG de Goiânia, MBA em Perícia Criminal e Ciências Forenses, pelo IPOG de Curitiba (PR). Criadora do fórum permanente de Perícia do Conselho Regional de Administração do Paraná em 2014. Autora dos livros "Perícia Contábil, livro completo e atualizado com o Novo Código de Processo Civil", "Novos Estudos do Direito Bancário I: artigo Reflexões sobre o IRDR 4 – TJPR e a problemática da imputação de pagamento nos contratos bancários", entre outros.

INSTAGRAM

Meu nome é Sonia Regina Ribas Timi, mas somente Sonia Timi é o suficiente. Eu demorei a achar a perícia, tinha meus 40 anos, quando nos juntamos, porém, de certa forma, a perícia sempre fez parte da minha vida.

Aos seis anos, isso lá em 1964, eu ainda acreditava em Papai Noel, e pedi três presentes para ele. No dia de Natal estavam embaixo do pinheirinho dois presentes e uma carta do "suposto" Papai Noel, dizendo que eu só tinha ganhado dois presentes, porque minhas notas na escola não foram boas. Além disso, eu era muito briguenta e, se me comportasse bem na escola, no próximo Natal ganharia o presente que faltou.

Lendo a carta verifiquei que tinha algo familiar, a letra da minha avó (escrita Questionada). Fui até o quarto dela e procurei algo que ela tivesse escrito (escrita Padrão), fiz uma análise letra a letra e descobri que o Papai Noel era minha avó. Minha primeira perícia documentografoscópica.

O tempo passou, vieram os estudos, tempo de belos dias, amigos, festinhas, mas o lado tedioso, chato, de muitas horas de colégio, aprendendo biologia, nomes muito complicados, geometria espacial, viajava para o espaço naquela aula e demorava para voltar, sonha-se muito nessa época.

Sempre fui hiperativa, então ficar parada em uma sala de aula por quatro horas era uma verdadeira tortura. O tempo, inexoravelmente, não parava de passar. Vestibular chegou e a pergunta: o que vou fazer, o que quero ser?

Gostava de fazer de tudo um pouco!!! Nesta hora o mundo, a vida, que parecia correr tão leve, nos traz novos questionamentos. Eu já sabia que gostava muito de matemática, adorava trabalhos manuais, amava, e ainda amo, animais de quatro patas. Entre a variedade de escolhas, naquele momento, optei pelo curso de Administração. Pareceu-me que o curso oferecia um pouco de tudo que eu gostava.

Das disciplinas ofertadas, não me identifiquei com recursos humanos, planejamento de carreira, ergonomia, mas comecei a gostar muito da matemática financeira, do gostar vieram sempre médias 10 na matéria, custos, informática vieram junto. Bem, já sabia do que gostava, então vamos colocar em prática, fui fazer o estágio na rede ferroviária no departamento financeiro.

As coisas começaram a acontecer. Fiz um concurso temporário no IBGE para trabalhar na controladoria do censo, trabalhei durante três anos por lá e acabou o contrato, nesta época enfim me casei. Enfim, porque, como começamos a nos relacionar muito novos (eu com 12 e meu marido com 17), namoramos dez anos até podemos nos casar, em 1981.

Com o término do meu contrato em dezembro, fui para a praia, voltei uma semana antes do carnaval para procurar emprego, e na quarta-feira de Cinzas já estava trabalhando em uma empresa de Medicina de grupo, onde comecei a aprender de tudo um pouco.

Iniciei a prática da informática, que nesta época estava presente ainda em poucas empresas. E lá estavam minicomputadores, que ocupavam uma sala toda. Era um novo desafio, novos aprendizados. Mas o horário era puxado e novas responsabilidades trouxeram uma correria de tirar o folego. E na vida pessoal pensando de ter filhos e vendo que naquele ritmo seria muito difícil.

Com um bom planejamento me concentrei em um concurso público. Fui aprovada no concurso do TRE – Tribunal Regional Eleitoral, o expediente era de seis horas, e seria tranquilo conciliar trabalho com maternidade. Tomei posse no sétimo mês de gravidez e fiquei lá por seis anos.

Não me identificava muito com o trabalho. Não estava feliz. Vamos mudar então. Fiz concurso para a Caixa Econômica Federal, mais uma vez fui aprovada. Comecei na conferência dos relatórios financeiros de uma agência, seis meses após estava no departamento de informática, o que em verdade era meu objetivo. Por trabalhar com os dados e com a informação, passava estas informações para o jurídico e comecei a tomar contato com a perícia e daí a achar muito interessante foi rápido.

Gostava muito do meu trabalho na Caixa, mas uma reestruturação na empresa levaria o TI para São Paulo e Brasília, então veio o PDV – Plano de Demissão Voluntário e lá fui eu pedir demissão. Com o valor recebido montei um comércio em um shopping, não deu errado nem deu certo, pois empatava no final do mês, isto é, estava trabalhando muito e de graça. Vamos para o plano B.

À época, não existiam cursos de perícia, era um ou outro de cálculos trabalhistas, mas na área civil ou criminal, em minha cidade, Curitiba, no Paraná, não havia. Mas o que aparecia eu ia fazendo. Ao mesmo tempo, tomava o caminho dos tribunais, pegava processos que continham perícias, xerocava o processo inteiro, voltava para casa e estudava todo ele, fazia a perícia e comparava com a perícia apresentada. A comparação servia para ver o que acertei, o que errei, então estudava para ver o porquê das diferenças. Com o tempo, me vi achando erros nas perícias que estudava e conhecendo o andamento processual e as bases legais para os assuntos.

Era formada em Administração, então vamos lá, comecei

por cálculos trabalhistas, entregando o currículo nas varas trabalhistas, contando para os conhecidos que era perita de cálculos.

No mesmo ano fui nomeada, pela primeira vez, no TRT. Segui trabalhando e estudando muito todos os livros que achava de cálculos trabalhistas, Direito do trabalho, e, de novo, o tempo inexorável correu, se passaram cinco anos. Estava feliz com minha escolha e com os resultados. E lembrem, eu não gostava de recursos humanos, contudo, lá estava eu indiretamente ligada a ele com cálculos trabalhistas.

Mas gostava de aprender coisas novas, um hiperativo é sempre um hiperativo, gostava do que eu fazia, mas começou a ser meio que sempre a mesma coisa. Comecei a estudar processos na área cível estadual. Fui para São Paulo fazer alguns cursos, mas todos rápidos, curso de extensão, com muita informação e pouca prática. Estudei muitos processos com perícias em matéria bancária, revisional de contratos e contas correntes. Comecei a entregar meu currículo no Fórum Civil e vieram as primeiras nomeações.

Fiz um curso aqui em Curitiba, onde tive a sorte de ter aula com uma perita que por sinal está neste livro, a Vanya Marcon, hoje minha amiga e parceira em alguns trabalhos, que seria uma professora entre vários professores do curso. Mas não, era uma professora diferenciada, passava a informação e ensinava os caminhos. Como ficou mais fácil meu trabalho, após os ensinamentos desta professora! Um exemplo a ser seguido.

Comecei a participar de congressos, eram poucos, mas a maioria tinha perícias em diversas áreas. E em um destes congressos o plano era assistir a uma palestra sobre anatocismo, com um renomado professor de matemática financeira, entrei na sala e esperei até começar, a sala já cheia, entrou uma mulher e começou a falar de Documentoscopia, Grafoscopia. Notei que estava na sala errada, mas o assunto era muito interessante, fiquei escutando, tentando absorver o máximo possível.

Ao final da palestra fui ver de quem se tratava a palestrante, mais uma vez entrando com o pé direito no assunto, era a Dra. Ana Maura Gonçalves Del Picchia, filha de um dos maiores escritores sobre o assunto, no Brasil. Perguntei sobre livros sobre o assunto, o livro do prof. Del Picchia estava esgotado, porém estava sendo atualizado para uma nova impressão. Tenho este livro do meu lado todas as vezes que vou fazer um laudo pericial desta matéria.

Voltando para casa comecei a estudar sobre o assunto, novamente vendo processos com perícia de Grafoscopia, uns poucos sobre Documentoscopia, vi que o assunto começou na França, que em Portugal e Espanha tinham alguns cursos, em Buenos Aires e Montevidéu também. Comecei a pesquisar nos institutos das polícias científicas estaduais e federais e fui achando material e me formando no assunto. Quando achei que estava entendendo do tema, mudei meu currículo e fui me apresentar como perita econômico-financeira e de documentografoscopia. E as nomeações vieram e continuam vindo. Me dá muita satisfação fazer trabalhos nesta área, e a principal é que ensinei meu filho a fazer grafoscopia e ele faz laudos maravilhosos. Muito orgulho!!

Então, vieram as pós-graduações de perícia econômico-financeira, ainda eram poucas, nada de EAD, fiz um MBA em Goiânia, a cada 15 dias ia para lá e tinha aula sexta, sábado e domingo, maior correria, o curso era caro e as despesas de ida e vinda, hospedagem também eram grandes. Era trabalhar para pagar o curso. Mas tinha o apoio do filho e do marido, economizando em tudo, sem jantar fora, cinema, e assim foi um ano e meio.

Quando entrei neste mundo da perícia econômico-financeira havia muita discussão sobre o que o administrador, economista e o contador poderiam fazer na perícia judicial, ou se era prerrogativa só do contador. Os juízes por um fato histórico se referiam a perícia econômico-financeira como perícia contábil. Então, na dúvida fui fazer Contabilidade.

Voltei aos bancos escolares e me formei em Ciências Contábeis, passei no primeiro teste de suficiência, tive que fazer a prova para ser perita contábil. Foi uma boa escolha, pois aumentou meu currículo e campo de trabalho. Agora sou perita contábil, perita administradora e perita de documentografoscopia.

Fiz uma pós graduação na UFPR, em contabilidade financeira, e escrevi um trabalho de final de curso sobre a perícia e o novo Código de Processo Civil. Mandei o trabalho para a Vanya ler, e ela tinha sido convidada para escrever um livro sobre o mesmo assunto com outro colega. Então me convidaram para escrever junto, e foi lançado o livro *Perícia Contábil*, pela Editora Saraiva. Devo confessar que o primeiro é difícil, mas abre os caminhos, agora já tenho *Fraudes Documentais e Contábil*, *Noções de Perícia Judicial*, este dois a convite da Uninter pela Editora Intersaberes, o primeiro com a Vanya e o outro é o primeiro que faço sozinha, e já estou escrevendo um novo sobre Perícia Econômico-Financeira. Ainda, na Uninter fui consultora para a montagem de um curso de graduação em Perícia Judicial e Extrajudicial, que teve início em 2022.

Então, senti que estava na hora de fazer algo novo, comecei a estudar recuperação judicial, com o foco em perícia nesta área, mas depois de muito estudo fiz meu cadastro no TJPR como administradora judicial e fui nomeada para tal. Então, resumindo, agora sou perita contábil, perita administradora, perita de documentografoscopia e administradora judicial.

Nessa altura, a academia foi me achando, comecei a ser convidada para palestrar nos congressos feitos pelos Conselhos de Contabilidade, a fazer palestra na OAB, fazer aula magna em faculdade de Direito e vieram os convites para dar aula.

Hoje ministro aula em quatro instituições, incluindo a FAE, aqui de Curitiba, que era meu objetivo como professora, ministro aula de Perícia Judicial e Extrajudicial em uma instituição que tem como base o bom ensino e a prática para seus alunos. Vou fazer uma confissão, nunca foi minha intenção ser professora, no entanto, com o tempo, ensinando meus colaboradores, e principalmente me lembrando daquela professora e hoje amiga, pensei que tinha de devolver os ensinamentos que aprendi, e que me possibilitaram me firmar na perícia financeira.

Foi fácil ou é fácil, não, nem um pouco, mas perito estuda todos os dias. Cada processo é diferente do outro, são muitos assuntos complexos e diversos. Como professora, achava que estava faltando algo, apesar de ter duas graduações e sete pós-graduações, nas universidades se fala de mestres e doutores, então vamos lá, me inscrevi no processo seletivo para o mestrado em Contabilidade na UFPR, fui aprovada e sou mestre em Contabilidade Financeira com a minha dissertação com o título de OS IMPACTOS DO DEFERIMENTO DO PEDIDO DE RECUPERAÇÃO JUDICIAL EM EMPRESAS LISTADAS NO MERCADO DE AÇÕES E SEU DESEMPENHO ECONÔMICO-FINANCEIRO e vários artigos publicados em revistas de Administração, Contabilidade e de outras universidades. Pois é, é da teoria que sai a boa prática.

E já se passaram 23 anos de perícia, e não penso em mudar em nada minha profissão, talvez acrescentar algo, afinal sou hiperativa. Em tempos de empoderamento feminino, tenho a dizer que nunca tive problemas em seguir minha profissão por ser mulher, e continuo não tendo este problema por ser idosa, nunca passei por discriminação de gênero ou etarismo, até porque, se passei não percebi, de tão pouca importância que dou para isso, quem me conheceu quando criança, com preguiça de estudar, jamais diria que seria professora, mestre e perita judicial e extrajudicial em áreas distintas.

Tenho uma força e uma confiança no que faço que vem do meu conhecimento, e só eu sei as noites que dediquei a entender um assunto, fazer uma planilha ou analisar uma sentença.

A perícia não tem sexo, tem competência, adquirida com muita dedicação e principalmente com muito estudo.

Sim, só muito estudo e persistência podem nos dar a confiança de um bom trabalho, independentemente de gênero ou idade, mas sim a competência e dedicação adquiridas ao longo da jornada profissional. Para os que estão pensando em entrar nesta desafiadora profissão só tenho a dizer que estudem todos os dias, assim a confiança aumenta e os resultados aparecem.

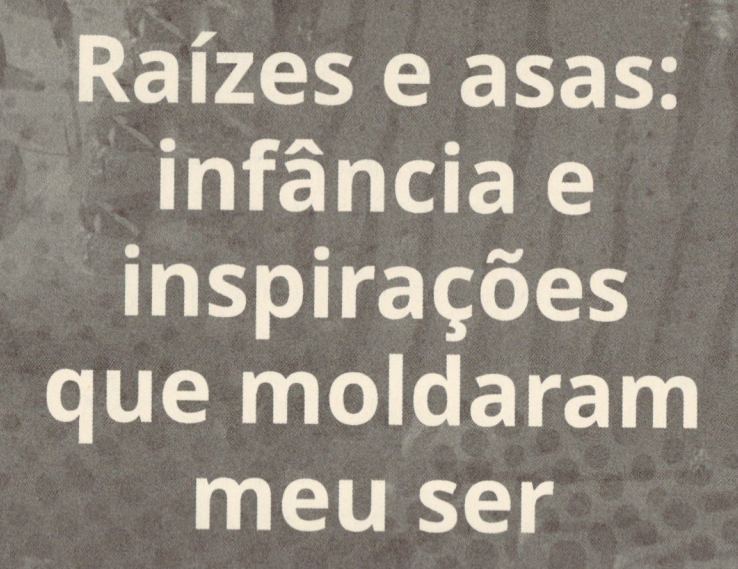

Raízes e asas: infância e inspirações que moldaram meu ser

Tamara Rocha de Oliveira

Mãe da Lívia. Sócia-diretora da prática de Forensic & Litigation da KPMG e diretora da Anefac (Associação Nacional de Executivos), com atuação no grupo de perícia. Tem experiência à frente de projetos de monitoramento para órgãos públicos, investigação de fraudes, desvios de conduta e no suporte em situação de litígios, realizando serviços de perícia e assistência técnica multidisciplinares.

Bacharel em Ciências Contábeis pela Fundação Santo André, pós-graduada em Compliance e Integridade Corporativa pela PUC-MG, especialista em Arbitragem pela FGV, pós-graduada em Direitos Humanos, Responsabilidade Social e Cidadania Global pela PUC-RS. Possui registro no Conselho Federal de Contabilidade (CRC-SP) e Cadastro Nacional de Perito Contador emitido pelo Conselho Federal de Contabilidade.

LINKEDIN

No ano de 1985, São Paulo estava sob o efeito de um calor sufocante, típico das ondas de calor que assolavam a cidade. O dia 15 de novembro foi marcante não apenas na história do país, mas está profundamente gravado na minha própria vida. Na madrugada daquele dia, minha mãe enfrentava as dores do trabalho de parto, uma luta intensa sob o peso de uma expectativa sem igual. O parto exigiu um sacrifício extremo, porém não incomum em partos normais: para que eu pudesse nascer, foi necessário quebrar minha clavícula. Esse ato doloroso marcou meu primeiro grande desafio na vida.

Entre 14 e 19 de novembro, o Centro-Sul do Brasil enfrentou uma das piores ondas de calor já registradas, com temperaturas acima de 40°C em várias localidades. Em São Paulo, onde nasci, foi estabelecido um recorde histórico de temperatura para o período de 1961-1990, segundo o Instituto Nacional de Meteorologia. Esse episódio de calor extremo insere-se em um contexto mais amplo de desafios climáticos, ecoando as adversidades e superações que marcaram desde o meu nascimento até os eventos climáticos históricos do Brasil.

Com o amanhecer do dia 15 de novembro, enquanto o sol nascia, banhando a cidade com sua luz dourada e vigorosa, dei início à minha jornada nesta Terra, vindo ao mundo às 6 da manhã. O sol daquele dia simbolizava uma nova jornada, refletindo a promessa e a intensidade do momento do meu nascimento. Desde o primeiro dia, enfrentei superações, prenunciando uma vida de lutas e conquistas.

Durante a minha infância, eu era o retrato de uma criança estudiosa, obediente e com um comportamento exemplar. Minha mãe, com um toque de orgulho misturado à nostalgia, frequentemente compartilha com amigos e familiares que eu era um verdadeiro anjo, que não lhe causava dores de cabeça, com a notável exceção dos momentos à mesa. Minha relutância em me alimentar era notória; havia uma seleção bastante limitada de alimentos que eu aceitava, o que me conferia uma aparência esguia, embora, paradoxalmente, eu gozasse de uma saúde de ferro.

Desde criança, vi meu pai acordar às 5h para trabalhar em uma multinacional. No departamento fiscal, ele tinha um papel crucial que exigia sua mente aguçada e comprometimento. Por três décadas, ele se dedicou a essa função. Mesmo após sua merecida aposentadoria, continuou contribuindo com sua experiência e sabedoria. Após uma longa carreira, decidiu finalmente descansar, celebrando anos de dedicação e o início de um merecido descanso.

A admiração que nutria por meu pai era uma verdadeira reverência à sua ética de trabalho, à paixão que ele depositava em cada tarefa e à integridade com que conduzia sua vida profissional. Ele semeou em mim uma profunda reflexão sobre o valor do trabalho e do comprometimento. Quando chegou o momento de escolher minha própria carreira, as memórias das manhãs frias de despertar, dos relatos de desafios superados e das vitórias celebradas em família pesaram significativamente na balança de minhas decisões. O exemplo de meu pai não apenas moldou minha percepção sobre o mundo corporativo, mas influenciou diretamente a escolha da minha profissão. Desejava, à minha maneira, espelhar a dedicação e a paixão que o vi demonstrar ao longo dos anos, buscando um caminho que refletisse o respeito e a admiração que até hoje sinto por ele.

Traçando minha trilha: ascensão e revelações de uma carreira distinta

Como relatei em uma obra anterior desta Série, iniciei minha trajetória profissional em 2005, no setor de Compliance de uma instituição financeira. Minha disposição para enfrentar desafios e minha sede por conhecimento, herdadas do exemplo paterno, foram fundamentais nesse processo. No ano seguinte, a instituição na qual eu havia começado minha carreira foi adquirida por um banco de maior porte. Esse evento, longe de ser um obstáculo, serviu como um catalisador que me motivou a buscar novos horizontes. Movida pelo desejo de explorar novas possibilidades, voltei meu olhar às Big Four, empresas renomadas por sua excelência nos serviços de auditoria e consultoria. Com determinação, consegui uma posição em uma delas, marcando um passo significativo em minha carreira. Essa transição representou um avanço profissional, assim como a materialização daquela chama de aspiração e determinação que meu pai havia acendido em mim anos antes.

A minha carreira, ao longo dos anos, transformou-se em uma jornada repleta de experiências ricas e desafiadoras, abrangendo uma vasta gama de projetos em setores tão variados quanto a própria economia. Trabalhando intensamente em áreas como auditoria interna, controles internos, conformidade com a SOX (Sarbanes-Oxley Act), *compliance* e condução de investigações, tive a oportunidade de aprofundar meu conhecimento e minhas habilidades em cada um desses campos, atuando para setores diversos. Essa diversidade de experiências ampliou minha visão de mercado e aprofundou minha compreensão sobre a complexidade das operações corporativas e a importância da integridade e da transparência nos negócios.

No início de 2016, mais da metade da equipe de *Forensic* da Big Four em que eu estava empregada achava-se imersa em averiguações envolvendo investigações rigorosas lideradas pela

Polícia Federal no Brasil. O clima era de dedicação total, com cada membro da equipe contribuindo com sua expertise específica para o avanço das investigações.

Contudo, foi minha formação em Ciências Contábeis, aliada à emergência de novos projetos na área de disputas, que pavimentou meu caminho para um desafio notavelmente distinto. Fui selecionada para participar de um projeto significativo no setor educacional, um serviço até então pouco explorado por mim em termos profissionais. O escopo desse projeto era ambicioso: elaborar um parecer técnico detalhado sobre o ajuste de preço em uma transação de M&A (Fusões e Aquisições), um componente crítico para o sucesso da operação em questão.

Esse projeto não apenas testou minha capacidade analítica e minha habilidade em aplicar conceitos contábeis em cenários complexos, mas também me proporcionou uma valiosa perspectiva sobre como as decisões financeiras e estratégicas são fundamentais nas etapas de fusões e aquisições. A experiência foi um marco em minha carreira, reforçando minha paixão pela Contabilidade e pelo papel crucial que os contadores desempenham em momentos de transição e transformação empresarial.

Neste meu primeiro projeto na área de disputas, o sucesso foi notável. Os sócios responsáveis pelo caso e os clientes manifestaram grande satisfação com os resultados alcançados. Recordo-me vividamente da robustez do relatório final; ele continha análises detalhadas e evidências cuidadosamente documentadas de forma factual, que é o que deve ser feito por qualquer profissional que atua como perito ou assistente técnico, uma vez que as conclusões devem sempre ficar para os juízes e árbitros. Todas as análises foram meticulosamente alinhadas com as normas contábeis aplicáveis ao caso, garantindo uma fundamentação sólida para a determinação do valor do ajuste de preço. Essa experiência, além de consolidar minha confiança e competência profissional, destacou a importância de uma abordagem rigorosa e fundamentada em princípios contábeis na resolução de disputas financeiras.

Após aquela primeira incursão bem-sucedida no mundo das disputas, minha carreira tomou um impulso inexorável. Nos anos subsequentes, dediquei-me a liderar projetos nesse nicho, trabalhando com uma variedade de empresas e enfrentando desafios cada vez mais complexos.

Em 2022, um novo capítulo se iniciou com uma proposta para me tornar sócia-diretora de Forensic & Litigation, uma oportunidade que recebi com grande honra e expectativa. Desde então, tenho estado imersa nesse papel, engajada em diversos projetos que abrangem esses três temas: o suporte em situação de litígios (perícia e assistência técnica judicial e arbitral); o monitoramento de acordos firmados com autoridades (CADE, MP, MPT, AGU e CGU); e os serviços que abrangem o tema de direitos humanos e condições de trabalho (que muitas vezes envolvem acordos firmados com o MP e o MPT). Além disso, assumi a posição de diretora de perícias em uma associação de prestígio, um reconhecimento pela minha contribuição e expertise nesse campo.

Esta fase da minha vida profissional tem sido marcada por um profundo envolvimento em grupos de trabalho e iniciativas que visam elevar os padrões de prática na área de litígios e investigação, evidenciando a importância de um trabalho meticuloso e ético. A jornada, desde aqueles primeiros dias até o presente, tem sido uma aventura de aprendizado contínuo, desafios superados e, acima de tudo, compromisso com a excelência e a integridade no mundo corporativo.

Sinergia transformadora: a força da colaboração em equipes multidisciplinares

Costumo enfatizar que meu exercício em suporte a situações de litígios transcende significativamente o escopo tradicional da perícia. Esta perspectiva ampla abrange a prestação de serviços ainda na fase preliminar de qualquer processo judicial ou arbitral. A essência do meu trabalho como assistente técnica, por exemplo, reside na análise criteriosa e na preparação estratégica antes mesmo da existência formal de um litígio.

Empresas e advogados, cientes da complexidade e das implicações de um processo, buscam uma avaliação detalhada do cenário conflitante. Esse exame prévio é vital para discernir a viabilidade da ação, baseando-se na solidez das provas e na fundamentação dos argumentos relativos ao fato em disputa. Tal abordagem, além de antecipar possíveis desafios, também estrutura uma base sólida para a defesa ou acusação, maximizando as chances de um desfecho favorável.

Neste contexto, o papel que desempenho vai além da mera coleta e análise de evidências. Envolve um trabalho estratégico que orienta os clientes sobre os melhores caminhos a seguir, levando em consideração os riscos, as probabilidades de sucesso e as possíveis repercussões de cada decisão. Assim, a atuação proativa e a análise minuciosa emergem como pilares fundamentais para a resolução de conflitos, representando uma visão holística e integrada que antecipa problemas e formula estratégias eficazes para a disputa em questão.

Além disso, quando é pertinente, incorporo aos meus projetos a aplicação de tecnologia forense, especialmente útil para a revisão de informações apresentadas em grande volume, como termos de autorização, documentos fiscais, pedidos de compra ou venda, entre outros papéis que a empresa possa ter, inclusive aqueles que elas têm apenas em formato físico. Graças à digitalização e ao escaneamento desses documentos, é possível identificar padrões e transformá-los em planilhas eletrônicas.

Ao adotar o e-Discovery em minha prática, naveguei pelas complexas gestão e análise de dados eletrônicos, essenciais em arbitragens e processos judiciais. Esse método revolucionou a forma como evidências são manejadas, envolvendo identificação, coleta, preservação e análise de dados digitais, como *e-mails* e documentos *on-line*, transformando-os em informações cruciais e admissíveis em tribunal. Essa incursão fortalece a ponte entre tecnologia e a prova pericial, contribuindo significativamente para a evolução da solução dos litígios na Justiça nesta era digital.

Por fim, não posso deixar de citar que conto com a colaboração com profissionais de diversas áreas de formação. Tenho o suporte de contadores, atuários, economistas, administradores de empresas, engenheiros, cientistas de computação, ecólogos, sociólogos, antropólogos, geólogos, oceanógrafos, entre outros. Esses especialistas, com sua vasta experiência em diferentes indústrias, têm sido fundamentais em processos variados, enriquecendo a análise de casos com perspectivas multidisciplinares.

A arte da batalha: enfrentando os desafios dos litígios ambientais

No contexto atual de crescente conscientização climática, o relatório "Tendências globais em litígios sobre mudanças climáticas: instantâneo de 2023", da London School of Economics, é revelador. Entre junho de 2022 e maio de 2023, o levantamento registrou 2.341 litígios ESG (Ambiental, Social e Governança), destacando a mobilização global pela sustentabilidade e governança ambiental. Mais da metade dos casos resultou em decisões judiciais diretas, mostrando uma tendência proativa dos tribunais em abordar questões climáticas. Este fenômeno não apenas reflete a importância crescente das questões ESG na agenda jurídica global como sublinha o compromisso dos sistemas judiciários em contribuir para a luta contra as mudanças climáticas, marcando um ponto de inflexão nas maneiras como a sociedade encara e responde aos desafios ambientais contemporâneos.

Tenho a sorte inestimável de fazer parte de uma Big Four

reconhecida por sua excepcional divisão de ESG, que abraça não somente questões ambientais, mas também compromissos sociais e as questões de governança. Trabalhando em estreita colaboração com essa equipe, cuja especialidade abrange desde sustentabilidade até governança ambiental e responsabilidade social, nosso trabalho ganha uma dimensão e um impacto extraordinários. Essa parceria enriquecedora não só potencializa nossa eficácia em litígios, colocando-nos na vanguarda dos esforços para forjar um futuro mais sustentável e justo: ela nos inspira a perseguir soluções para nossos clientes que promovam a equidade social. Estar envolvida com profissionais dedicados a uma gama tão ampla de questões ESG me motiva continuamente a buscar resultados que satisfaçam as necessidades imediatas e que também considerem o bem-estar e os direitos das comunidades e das gerações futuras.

Raízes e reverberações: o legado que almejo cultivar

No universo da perícia judicial e do monitoramento de acordos, em que a precisão e a dedicação moldam os pilares da excelência, aspiro a ser mais do que uma referência profissional: eu anseio ser um farol de inspiração. Minha jornada, marcada por trabalho árduo e uma inabalável busca pela qualidade, é também uma história de vida, permeada pelas experiências enriquecedoras de ser mulher, mãe e filha.

A paixão pelo meu trabalho vai além do tecnicismo; ela é alimentada pelo desejo de fazer a diferença, de transformar desafios em oportunidades e de provar que o compromisso com a excelência não conhece barreiras. Ao longo dos anos, construí uma carreira fundamentada em conhecimento profundo, integridade inquestionável e uma abordagem empática, características essas que me destacam em um campo altamente especializado.

Ser mulher nesse universo trouxe desafios únicos; ao mesmo tempo, me ofereceu uma perspectiva inestimável. Cada obstáculo superado e cada vitória alcançada não foram apenas conquistas pessoais, mas sim marcos que pavimentaram o caminho para outras mulheres que sonham em deixar sua marca neste campo. Sendo mãe, entendi a importância de equilibrar a dedicação ao trabalho com a responsabilidade de moldar o futuro através dos olhos da minha filha, ensinando-lhe o valor do esforço, da resiliência e da compaixão.

A influência de ser filha, por sua vez, cativou em mim a força e a sabedoria herdadas de gerações de mulheres poderosas. Elas me ensinaram que, mesmo nos momentos de maior dificuldade, a perseverança e a fé podem abrir caminhos para realizações extraordinárias.

O legado que almejo deixar é, portanto, multifacetado. Ele reflete não apenas a excelência profissional na perícia judicial e no monitoramento de acordos, mas também uma mensagem de empoderamento, mostrando que é possível quebrar barreiras e transcender expectativas. Desejo que minha história inspire outras mulheres a perseguirem suas paixões, a enfrentarem os desafios com coragem e a nunca subestimarem o impacto que podem ter em suas áreas de atuação e além.

É um testemunho de que, independentemente dos desafios que enfrentamos como mulheres, mães e filhas, nosso trabalho e nossa voz podem inspirar mudanças significativas e duradouras, não só em nossas áreas de especialização, como em toda a sociedade.

Persistência e Superação: uma Jornada de Resiliência

Telma Carla Bosco da Silva

Bacharel em Administração pela Anhanguera polo Parelhas, no Rio Grande do Norte pós-graduanda em Auditoria e Perícia Contábil pela Faculdade do Seridó – FAS e pós-graduanda em Documentoscopia com Ênfase em Perícia Judicial pela Faculdade Alcance Ensino Superior EAD – Faal, desde o ano de 2021 atua como assistente técnica e perita judicial na área da perícia grafotécnica. Atualmente, além de estar apta a realizar perícia grafotécnica em manuscritos, também realiza perícia em Documentoscopia e avaliação de bens móveis, encontrando-se devidamente cadastrada nos Tribunais de Justiça dos Estados do Rio Grande do Norte, Paraíba e Ceará.

INSTAGRAM

Certa vez, ouvi um filósofo dizer que há diferença entre uma pessoa teimosa e uma persistente. A teimosa insiste em fazer tudo exatamente do mesmo jeito e obtém sempre os mesmos resultados; já a persistente vai modificando em cada tentativa, aprendendo com o que não deu certo anteriormente para mudar e tentar alcançar o objetivo pretendido.

Essa forma de agir pude observar de perto em minha querida mãe, dona Kinó. Ela enfrentou diversos desafios ao longo de sua vida, tanto para lecionar quanto para estudar e construir a família que tanto desejou. Críticas? Claro que ela teve, mas o que ela fez com todas é o que mais importa: não deu ouvidos e simplesmente fez aquilo que acreditava ser o melhor para ela.

Foi assim que surgi em sua vida. Ela era casada, engravidou quatro vezes, mas seus filhos não sobreviveram. Cansada de tudo aquilo e após o esposo ter uma relação extraconjugal, ela decidiu adotar uma menina. Fui entregue a ela com poucas horas de vida. Seu amor era tão grande que nunca me senti menosprezada por ela, realmente era sua filha e fez questão de me ensinar tudo o que sabia.

Morávamos no sítio Boa Vista dos Luciano, zona rural de Parelhas, a poucos metros da escola onde ela lecionou por muitos anos. Desde novinha tinha o desejo de estudar e isso acabava se refletindo nos meus sonhos, pois costumeiramente sonhava que estava na escola, lendo os livros. Como falava durante os sonhos, acordava no dia seguinte com a boca seca e ouvindo comentários da minha mãe dizendo que a aula tinha sido muito proveitosa para mim.

Foi aos seis anos que ingressei na vida escolar e em pouco tempo já conhecia o alfabeto e formava sílabas. Minha mãe sempre me incentivou a ler e isso fez com que em pouco tempo eu lesse com desenvoltura, o que era um orgulho para ela.

Uma das memórias mais vívidas que tenho é de, todas as tardes após o almoço, me deitar em uma rede no alpendre da nossa casa para ler. Eu tinha uma coleção de gibis que ela comprava todas as segundas-feiras e lia vários deles em uma única tarde.

Na adolescência passei a ler livros de diferentes autores. Jorge Amado e Érico Veríssimo eram meus autores brasileiros favoritos, mas eu tinha uma paixão especial pelas obras da Agatha Christie e seus enredos impressionantes. Meu personagem favorito em suas obras era o Hercule Poirot, com sua perspicácia e inteligência sem igual.

Aquelas histórias de crimes e a busca por pistas para encontrar a verdade, que muitas vezes surpreendia o leitor, me fascinava e eu sempre me via na posição daquele investigador, querendo encontrar pistas que me levassem a um suspeito plausível.

Qualquer lugar era o melhor do mundo para a minha leitura e não era incomum ler na praça, no ponto de ônibus, em casa ou qualquer outro lugar que fosse. A leitura era a minha melhor amiga.

Aos 18 anos me casei e tive meu primeiro filho. Me dediquei por alguns anos aos cuidados da família, mas queria mais. Fiz diversos cursos para melhorar meu currículo e entregar no comércio da minha cidade, afinal, gostaria de conseguir uma oportunidade de trabalho e ajudar nas despesas de casa.

Certo dia, deixei meu filho na escola e sai no comércio entregando currículo. Nunca esqueci a forma como fui recepcionada em um lugar onde, ao me apresentar e dizer o porquê de estar ali, a funcionária deu uma gargalhada estridente.

Naquele momento me senti menosprezada, diminuída e nunca consegui entender o porquê daquela atitude. Talvez essa falta de compreensão se deva ao fato de ter aprendido com minha mãe a respeitar todos e a tratá-los da mesma forma com que eu gostaria que me tratassem.

Como diz uma música que amo, "não me sinto mais nem menos que ninguém, sei que posso dar apenas o melhor de mim, quando a gente pensa assim, fica tudo bem". Com isso em mente, sempre busquei tratar todos da forma como fui ensinada e naquele momento via que muitos não agiam assim.

Aquilo me fez perceber que estava apostando minhas fichas em algo que não me renderia frutos tão bons quanto desejava. Foi ali que fiz uma mudança radical nos meus planos: ao invés de trabalhar no comércio investiria em conhecimento e buscaria uma oportunidade no serviço público.

Comecei a estudar, fiz alguns concursos, passei em alguns processos seletivos temporários. Depois de certo tempo descobri o trabalho *freelancer* e aquilo chamou minha atenção. Ter a possibilidade de trabalhar de casa usando apenas o computador e a internet era algo que não imaginava que existisse, mas que era real.

Devido àquela descoberta comecei a trabalhar para algumas agências digitais como redatora *gostwriter*. Redigi os mais variados conteúdos, desde passagens aéreas a chás para emagrecer e o que fazer em Nova York. Foram cerca de dez anos trabalhando com redação de conteúdo para a web sem sair de casa, mas tinha uma coisa que não me agradava: o valor que pagavam por palavra era baixo e para ter uma boa renda mensal precisava ficar muitas horas trabalhando, não era incomum entrar pela madrugada e até nos fins de semana.

Isso me desestimulava, e muito, pois não tinha tempo para me dedicar à família e aos estudos devido à quantidade de trabalho que precisava ter para suprir as despesas da casa. Apesar de ser casada e ter dois filhos, meu esposo da época não colaborava muito com a questão financeira.

O ano de 2018 foi marcante para mim em razão das alegrias e tristezas que aconteceram. A primeira delas foi minha separação. Como diz a letra de uma música, "há males que vêm pro nosso bem, estão na forma com que os olhos enxergam luz, as luzes que os olhos têm". A relação estava muito desgastada, o término era a melhor opção para ambos e tomar aquela decisão não foi fácil, mas necessária.

Outro momento marcante para mim foi reencontrar um velho amigo e, com ele, formar uma nova família. Meu atual companheiro é um grande incentivador em minha vida e, com ele ao meu lado, passei alguns momentos muito dolorosos. O primeiro deles foi descobrir que meu pai escondia de todos as dores que sentia devido a um câncer de próstata avançado. Cerca de um mês após aquela descoberta, ele faleceu.

Pouco depois, trouxemos minha mãe para morar conosco e ao mesmo tempo, com o incentivo do meu esposo, ingressei na faculdade de Administração em que há muito tinha interesse. Foi durante algumas pesquisas da faculdade que descobri a perícia judicial. Mesmo não acreditando na possibilidade de trabalhar para a Justiça sem prestar concurso público, decidi investigar aquela informação.

Após muitas pesquisas confirmei que aquela possibilidade era real e, melhor ainda, que existiam algumas áreas periciais que não necessitavam de nível superior para atuar, como a perícia grafotécnica, por exemplo. O primeiro fato que me chamou a atenção na grafo foi a afirmação de que a escrita é única, assim como a digital. Minha primeira ação ao ver tal afirmação foi: será que é verdade? Logo comecei a pesquisar, buscar materiais sobre a grafotécnica com o intuito de descobrir se era ou não verídica aquela afirmação.

Encontrei diversos materiais e estudos sobre a área. Fui devorando cada material que encontrava e fazendo anotações. Quando percebi, já estava me imaginando fazendo análises em assinaturas e desvendando os mais variados casos. A área me fascinou a um ponto que não me via mais fazendo outra coisa a não ser periciar.

Foi assim que decidi fazer o primeiro curso na área, mas qual escolher? Eram tantas opções e propagandas chamativas, porém sabia que não podia confiar nelas. Conferia o conteúdo programático dos cursos e praticamente não existia diferença entre eles. Acabei optando por um que prometia dar todo o auxílio necessário na primeira nomeação até a entrega do laudo.

Iniciei o curso no mês de abril e no fim daquele mesmo mês minha mãe precisou ser hospitalizada. Fui sua acompanhante e aproveitei cada momento no hospital para estudar usando o smartphone e as apostilas impressas. Enquanto isso, minha sogra cuidava dos meus filhos.

Foram longos 15 dias, e ao fim, minha mãe faleceu. Apesar de vacinada, ela pegou Covid-19 no hospital e, com o teste positivo, tive que sepultá-la naquela mesma noite. Jamais esquecerei aquela noite chuvosa em que a enterramos e muito menos aquela sensação de vazio que senti. Ela era uma pessoa tão boa e amada por todos, não merecia ter sido sepultada da forma como foi, como se fosse um nada, quando era tudo para mim.

A dor era imensa, mas eu precisava me reerguer e a melhor forma que encontrei para fazer isso foi mergulhar nos estudos. Foquei no curso de grafo e na faculdade. Em pouco tempo concluí o curso de perícia e de posse do certificado decidi me inscrever em alguns tribunais, afinal, já havia estudado antes do curso e também tinha a promessa daquele professor de me acompanhar do início da perícia até a entrega do laudo.

Poucos dias após ter a homologação do cadastramento recebi minha primeira nomeação. Meu primeiro ato foi analisar a peça questionada e vi que a morfologia era similar, mas inúmeras outras coisas não correspondiam.

Falei com o professor e a única resposta que obtive foi: é autêntica. Mesmo indagando o porquê daquela afirmação ele não me respondeu, pelo contrário, se esquivou das respostas. Aquela atitude me pareceu muito estranha já que não era condizente com a de um professor e muito menos com a promessa que ele fazia nas divulgações.

Mesmo assim decidi continuar com os estudos periciais, pois sabia que teria um tempo até a realização daquela perícia. Aproveitei para ingressar em grupos periciais com peritos experientes e também iniciantes onde adquiri conhecimentos importantes na área pericial.

Em um desses grupos conheci algumas pessoas fantásticas com quem fiz parcerias muito importantes e gratificantes. A primeira delas foi com uma colega potiguar que, apesar de ter feito um curso de perícia grafotécnica e se apresentado junto a alguns advogados, não se identificou com a área e optou por ingressar na perícia pedagógica, sua paixão.

Foi quando um advogado a contatou para realizar pareceres técnicos para ele de forma extrajudicial. Como ela não queria atuar na área, perguntou se poderia me indicar. Nunca fui de fugir dos desafios que apareceram no meu caminho e enxerguei que aquela era uma ótima oportunidade para pôr em prática tudo o que aprendi antes de fazer a perícia judicial.

Pensando nisso, aceitei sua indicação e trabalhei por alguns meses para aquele escritório. Com os honorários que recebi investi em outros cursos de perícia grafotécnica, adquiri alguns equipamentos para trabalhar, além de livros na área. Assim, ao fazer a perícia que fui nomeada me sentia muito mais preparada e digna de exercer a profissão.

Aquele primeiro contato rendeu uma amizade e parceria de grande importância para a minha vida. Sempre conversamos sobre a área pericial, as dúvidas de quem inicia na área, as propagandas que contam uma possibilidade como verdade única e enganam inúmeras pessoas. Tudo isso nos fez enxergar que faltava algo que mostrasse a verdade dos fatos e que desse um auxílio para quem estava iniciando.

Foi assim que começamos a prestar mentorias nas áreas de grafo, pedagogia e perícia judicial. Nossos mentorandos logo começaram a nos indicar para outros iniciantes e a dúvida que a grande maioria apresentava era em relação aos trâmites processuais. Ao percebermos tal dificuldade, decidimos fazer um curso de perícia judicial com materiais próprios. Conseguimos formar uma ótima turma que teceu diversos elogios tanto em relação à didática quanto ao nível de conhecimento entregue.

Eu que dizia que não queria ser professora, pois considerava não ter jeito para ensinar, estava agora repassando os conhecimentos e experiências jurídicas da perícia para os nossos alunos. Confesso que a experiência de contribuir com a aquisição de conhecimento de outros profissionais me encantou e esta é uma área em que desejo investir sem deixar a perícia de lado.

Como muitos peritos de fora do estado são nomeados aqui e alguns juízes não aceitam a coleta remota, começaram a nos procurar para fazer o trabalho de correspondente. Claro que fomos aceitando esses trabalhos e isso nos rendeu algumas amizades importantes e até parcerias.

Posso dizer que tenho alguns amigos que o mundo da perícia me rendeu de diferentes regiões do país, mesmo nunca os tendo visto pessoalmente. Em Aracaju, no Estado de Sergipe, tenho uma amiga excepcional que está crescendo cada vez mais e é benquista por inúmeros outros profissionais, até juízes a aplaudem devido ao trabalho que desempenha com esmero.

Na Paraíba tenho um colega de curso que se tornou um grande amigo e que dá o seu melhor nas perícias que faz. Também conquistei amigas muito especiais graças à perícia em grafo e até temos um grupinho só nosso que serve para nos dar apoio em diversos setores da vida.

No Rio, ah, o que dizer desse grande amigo que ganhei ali? Uma pessoa fabulosa que me dá uma força enorme e confia na minha capacidade. Sempre nos damos forças para alçar voos maiores a cada tentativa. Ele foi um dos que mais vibrou comigo quando contei do convite que recebi para ser coautora neste livro.

Ser convidada para fazer parte desta obra, para mim, é a confirmação de que o caminho que estou trilhando vai me levar a voos gigantescos e muito gratificantes. Quando vi as divulgações das primeiras coautoras convidadas meu desejo foi continuar estudando e me dedicar para chegar no mesmo patamar que aquelas profissionais que admiro. Foi com imensa surpresa, honra e felicidade que recebi o convite, o que me encheu de novas energias e planos para continuar na área pericial.

Depois de vivenciar diversos momentos nos quais tive que fazer escolhas difíceis, percebo que para crescer é preciso sair do lugar e que sempre que nos movemos contribuímos para a realização de algo maior e inimaginável.

Ter medo do novo e da mudança é comum e natural do ser humano, mas sem o erro não tem o acerto e o aprendizado; sem a mudança não alcançamos novos patamares. Os erros nos ensinam e nos impulsionam a fazer melhor da próxima vez que tentarmos e, se naquela tentativa falharmos, nos dedicaremos mais ainda para da próxima vez atingirmos o objetivo desejado.

Quando iniciei na Perícia Judicial tive medo de cometer algum erro e prejudicar um inocente, ao invés de ficar paralisada, porém, decidi enfrentá-lo. Certa vez, li em algum lugar que uma pessoa corajosa não é desprovida de medo, mas aquela que sabe que ele existe e o enfrenta. Foi exatamente isso que fiz em diversos momentos da minha vida.

Isso me leva a refletir sobre uma frase que li no livro *Assassinato no Expresso do Oriente,* da Agatha Christie: "Se fará um de seus milagres, a hora é agora". Toda hora é o momento certo para fazermos o nosso "milagre". Basta enfrentarmos os medos, encará-los da melhor forma possível e ter em mente que tudo só depende de nós e da nossa capacidade de perseverar.

Da solidão à perícia: uma jornada de coragem e resiliência

Vanya Marcon

Economista, contadora, especialista em Administração de Empresas. Inscrita no CORECON PR nº 5028-8, CRC PR nº 040.537/O-8 e CNPC nº 268; CNPEF nº 61, perita judicial e extrajudicial, atua como perita judicial das áreas contábil e financeira, com MBA em Perícia Criminal e Ciências Forenses, pelo Ipog de Curitiba; pós-graduada em Administração de Empresas com Ênfase em Negócios Imobiliários, pela FAE/CDE; professora do curso de Especialização em Perícia Econômico-Financeira, pelo Corecon/PR; professora da pós-graduação e cursos na área de Perícia Econômico-Financeira na Universidade Positivo. Foi por vários anos conselheira suplente no Corecon/PR, foi presidente da Apepar (Associação dos Peritos do Paraná) nos anos de 2017 a 2020.

INSTAGRAM

Desafios da adolescência: solidão e coragem

Aos 13 anos de idade eu descobri que estava sozinha e que dali para frente poderia contar apenas comigo. Este sentimento de solidão me deixou reflexiva em um primeiro momento, porém, como uma boa adolescente, eventualmente entrei em crise existencial. Organizei minha cabeça e coração com bastante terapia e, aos 15 anos, tinha reunido muita coragem para enfrentar desafios.

Embora eu tenha nascido em família de origem humilde, meu pai sempre foi muito trabalhador, inteligente e esforçado, em pouco tempo, tornou-se sócio em uma empresa construtora em Curitiba (PR) e nunca deixou faltar nada em casa, oferecendo à família todo conforto em um padrão de classe média.

Eu poderia ter optado por um estilo de vida comum à maioria das meninas de classe média: estudar em colégio particular, fazer aulas de inglês, balé, essas coisas, mas não foi isso que escolhi.

Resolvi optar por um caminho, que acreditei, traria uma rápida independência financeira, naquela ilusão de que podemos traçar planos e nada sairá do planejado.

Trajetória Profissional: da Vendedora à Perita Judicial

Fiz minha matrícula no curso técnico em Contabilidade, com aulas à noite, de segunda a sexta-feira, e em três anos poderia estar com o diploma e, quem sabe, conseguir uma colocação em algum escritório na área. Juntei a isso, durante o dia, o trabalho que consegui como vendedora em loja de produtos de surf.

Tudo seguia bem, mas eu sabia que a função de vendedora não combinava com meu curso de Contabilidade. Foi então que uma colega me avisou sobre um estágio na Caixa Econômica Federal, em período integral (sim, na época era desta forma, oito horas). Eu ganharia mais e estaria não exatamente no ramo contábil, mas, pelo menos, mais próxima da área financeira. Foi um emprego em que, sem dúvidas, aprendi muito. Tanto com os funcionários, quanto com os clientes. Uma das minhas funções era a linha de frente na agência do Batel, bairro nobre de Curitiba, onde eu abria contas, pesquisava os saldos e telefonava para cobrar os devedores, servia cafezinho, atendia e conversava com os clientes. Enquanto estive no estágio, aconteceram duas coisas importantes, uma delas foi a mudança do regime de oito para seis horas diárias de trabalho dos bancários, o que refletiu no meu horário de estágio e permitiu que eu pudesse fazer cursinho pré-vestibular no período da manhã, à tarde o estágio na CEF e, à noite, o último período de técnico em Contabilidade. Eu estava muito feliz. Agenda cheia.

Aconteceu então a segunda coisa importante, o Plano Cruzado I, no ano de 1986. Foi uma confusão danada na agência bancária no dia da implantação do plano. Tive uma aula prática sobre o corte de zeros e, como eu atuava diretamente com os clientes, no momento em que a agência abriu, o povo entrou querendo sacar seu dinheiro, achando que o governo o havia roubado! Em meio à confusão, muito aprendizado!

A reviravolta com o Plano Cruzado: lições aprendidas em meio ao caos

Naquele momento, eu descobri que deveria escolher um curso nessa área e a opção pelo meu primeiro curso superior não seria a escolha óbvia de Ciências Contábeis, mas sim o de Ciências Econômicas.

Prestei vestibular na Universidade Federal do Paraná e em janeiro de 1987 ingressei no curso de Economia, e fui descobrindo que naquela instituição eu teria uma formação base de pesquisadora, professora e funcionária pública, mas não voltada para a área corporativa. A UFPR naquela época formava "pensadores" e os três anos seguidos de teoria marxista foram a prova disso! Mais três anos de econometria, micro e macroeconomia, mais um Plano Econômico, desta vez o Bresser, em que acompanhei de perto as transformações, com aulas vividas no cotidiano da economia brasileira.

Saiu o Bresser e entrou o Mailson da Nobrega com seu Plano Feijão com Arroz, e depois o Plano Verão e, gente, até aí tudo bem, porque aulas e debates nos corredores eram fantásticos, atuais e muito práticos.

A essa altura, tive que encerrar o estágio na CEF, pois eram permitidos apenas dois anos contínuos de estágio, logo, fui para outro, no Shopping Muller, na área de auditoria de lojas. Algo muito temporário, de que rapidamente desisti para então voltar a trabalhar em loja, lá no próprio shopping, pois poderia conciliar o horário de meio período, a faculdade e ter um tempinho para mim, além de ganhar mais.

Em meio a isso tudo e já na etapa final da faculdade, lidando com minha monografia e tudo mais, estava atendendo no balcão da loja de roupas masculinas lá no shopping quando entrou o sócio do meu pai (lembram que meu pai tinha uma construtora??) e me viu. Ficou muito chateado em me ver trabalhando como vendedora de loja, preconceito dele, é claro. Chegou na empresa e falou para meu pai que aquilo era um absurdo e que havia me convidado para trabalhar na construtora e com um salário bom! Óbvio que eu aceitei. E lá estava eu, dias depois, ao lado do contador da empresa, aprendendo na prática tudo sobre contabilidade, aprendendo com os demais funcionários a parte financeira e de departamento de pessoal.

Em meio a isso, veio o Plano Collor e o confisco do dinheiro! Muitas empresas construtoras quebraram, mas a do meu pai persistiu, conseguiu superar este desafio.

Eu me formei em 1991 em Economia e continuei na construtora, aprendendo contabilidade e contratos de financiamento de compra e venda de imóveis junto a construtoras e bancários, os famosos SFH (Sistema Financeiro de Habitação). Enfim, foram sete anos de grande aprendizado na construtora.

Voltando à política, veio o ***impeachment*** do presidente Collor, mudanças na economia do país, e aconteceram mais dois eventos muito importantes, eu me casei e o Plano Real entrou em ação. Duas coisas bem distintas, mas impactantes na minha vida. Meu casamento em 1993 foi um conto de fadas e tudo foi planejado nos cinco anos entre namoro, noivado e casamento, planejamento financeiro do casal, casa toda equipada, tudo que era necessário.

Mas o Plano Real em 1994 não foi bom para a empresa em que eu trabalhava e no curto prazo os gestores tiveram que fazer uma reestruturação, somados a isto uma desconfiança minha de que algumas coisas não estavam bem na sociedade e o infortúnio do falecimento do sócio do meu pai, de forma repentina e prematura, culminando no ingresso dos herdeiros na sociedade e realmente trazendo problemas para a administração da empresa.

Após a reestruturação, eu fui transferida para o setor de controle e assinatura dos contratos de financiamento, contratos bancários e cobrança de clientes, e fiz a primeira pós-graduação, em Administração de Empresas com ênfase em negócios imobiliários, no ano de 1995. Foi um período difícil, pois estudava à noite e trabalhava o dia todo. Então fui surpreendida, em fevereiro daquele ano, com a minha gravidez! Sim, estava grávida e passaria aquele ano em aula, até onde fosse possível. Na minha sala, apenas eu como representante feminina! No entanto, era supercuidada e paparicada pelos colegas de pós. Em outubro de 1995 minha filha nasceu prematura, pois tive toxemia gravídica, uma doença autoimune e quase me despedi deste mundo. Mas a minha filha Duda nasceu saudável e esperta, espoleta e linda!

Seguindo o curso da vida, saí de licença-maternidade e após três meses deveria voltar ao trabalho, mas fui demitida. Sim, demitida em plena licença-maternidade. Até hoje pairam dúvidas sobre os reais motivos, teria sido porque apontei problemas financeiros, com possíveis desvios? Nunca tive certeza, mas meu pai (lembram?, era sócio da empresa) me disse que ali não teria futuro para mim, porque ele mesmo pretendia, assim que possível, sair da sociedade, o que de fato acabou acontecendo um tempo depois.

Eu, demitida e com a minha filha com meses de vida, tive que enfrentar grandes desafios: o primeiro deles é que meu marido, Marcio, ficou também desempregado, o que acarretou muitos problemas financeiros.

Desafios pessoais e profissionais: superando adversidades

Certa noite, estávamos com nossa filha no carro e paramos numa farmácia do bairro onde morávamos. O meu marido desceu do carro para comprar o leite especial que ela tomava e eu fiquei no carro com nossa filha dormindo no meu colo. Marcio voltou com dois ladrões que naquele momento assaltavam a farmácia e nos fizeram de reféns, andando conosco pela cidade e fazendo sacar o dinheiro das nossas contas, e naquela época, em que já era comum sequestro relâmpago, ainda não havia limite de saque no caixa rápido, as pessoas podiam sacar tudo. Resumindo, boa parte de meu dinheiro em conta se foi e a situação se agravou. Some-se a isso o fato de que eu não estava conseguindo emprego por ter uma filha pequena. Mas o Marcio conseguiu passar em um concurso público e logo foi chamado. Aliviou um pouco nossa situação.

Certo dia, conversando com amigos advogados, que trabalhavam em uma grande empresa, na área trabalhista, me contaram que existia a possibilidade de fazer cálculos trabalhistas. Fui fazer cursos junto ao Conselho de Economia do Paraná, comprei um computador e a alegria de poder trabalhar e cuidar da minha filha ao mesmo tempo voltou. Trabalhava em *home office*, pioneira, olha só!

Em 1996, quase não havia livros sobre a área de perícia e poucos cursos eram oferecidos. Quem tivesse interesse na área teria que desbravá-la.

Enfrentei um período difícil, de aprendizado e superação. Foi quando, em 1997, esses mesmos amigos advogados também me contaram sobre a possibilidade de fazer perícia nas Varas Cíveis. Eu nunca tinha ouvido falar disso, mas achei interessante. Só me avisaram que, como não tinha curso superior em contábeis, talvez tivesse dificuldades em conseguir uma oportunidade. Fiquei sem entender naquele momento, pois eu tinha curso superior em Economia, enfim, deixei de lado, uma questão que no futuro seria motivo de preocupação. Como não custava tentar, lá fui eu, bater de porta em porta das 21 varas cíveis existentes em Curitiba, na época. Só fui recebida pelo último juiz, da 21ª Vara Cível, que me deu a chance de conversar com ele, me apresentar e pedir uma oportunidade, com meu currículo em mãos. Durante a conversa ele me perguntou sobre Tabela Price, que, para quem não sabe, é um sistema de amortização, em prestações fixas, muito utilizado pelos bancos e na maioria das operações de empréstimos. Eu respondi às perguntas dele, e então o juiz me fez o seguinte pedido: que eu apresentasse um resumo sobre este tema, respondendo à seguinte indagação: Tabela Price capitaliza juros? Lembro-me de ter respondido para ele, na mesma hora, que sim. Mas voltei para casa, fiz a tarefa solicitada e levei no dia seguinte, impresso e encadernado, como se fosse um trabalho acadêmico. Lembro-me como se fosse hoje, o juiz leu e guardou na gaveta, com muito cuidado e me disse para falar com a escrivã. Foi o que eu fiz e tive que levar para casa um carrinho cheio de processos, cujo tema era Sistema Financeiro da Habitação (SFH) e Tabela Price, assunto sobre o qual o Judiciário estava lotado de ações revisionais. Debrucei-me a estudar tudo que encontrei sobre o tema e fiz os primeiros trabalhos. Meu conhecimento sobre o assunto teve origem nos sete anos em que trabalhei na construtora.

Observo que, naquela época, a nomeação nos processos acontecia por escolha do juiz em análise de currículo.

Foi a partir desses trabalhos que consolidei minha atuação como perita judicial e fiz muitas perícias, sempre procurando me aperfeiçoar. Com isso também pude ajudar no sustento e formação da minha filha e auxiliei meu marido, na divisão de responsabilidades financeiras. Abri meu primeiro escritório, contratei funcionários, estagiários, para vencer o volume de trabalho, sempre fazendo cursos e aprendendo mais, para oferecer o melhor trabalho ao Judiciário, e nesta altura eu já tinha conquistado mais varas cíveis das comarcas, inclusive do interior, onde passei a atuar também. Tudo ia muito bem, eu inclusive dei palestras sobre o tema Tabela Price, aprofundando bastante o tema, porém acredito que incomodei um pouco as poderosas instituições financeiras com laudos muito objetivos em afirmar a capitalização. Foram muitos esclarecimentos prestados, várias vezes, inclusive em audiência, manifestando minha opinião técnica.

Mas não seria apenas isto que me traria preocupação! Lembram-se daquela questão da formação em Economia e não em Contábeis? Pois é, o Conselho Regional de Contabilidade me autuou por exercício ilegal da profissão e mandou ofícios a todas as varas cíveis requerendo que somente contadores fossem nomeados para perícias contábeis. O jargão popular era esse mesmo, Perícia Contábil, mas servia para perícias com viés financeiro, tudo enfim que estivesse ligado a administração, contábeis e economia.

Foram tempos de luta e de glória, pois, juntamente com o Conselho Regional de Economia, travamos uma luta institucional e conseguimos valorizar a profissão do economista na perícia, sendo que na época tive colegas de profissão que apoiaram a causa. Fui por longo período conselheira suplente no Corecon (Conselho Regional de Economia), participando de comissões e ajudando a fundar o Núcleo de Perícia. O Conselho foi muito representativo para a classe e até hoje temos as prerrogativas profissionais respeitadas e valorizadas, com oferta de cursos de perícia, inclusive comigo como professora em diversas ocasiões. Sim, comecei as aulas de perícia lá no Conselho, e depois fui para instituições acadêmicas com curso em pós-graduação.

Porém não devemos parar de estudar nunca, não é mesmo? E a questão levantada pelo CRC (Conselho Regional de Contabilidade) serviu apenas para me instigar a vontade de estudar Ciências Contábeis também, por que não? E me formei em 2010, prestei exame de suficiência e registrei o CRC de nível superior. Em 2016, escrevi um livro denominado *Perícia Contábil*, com meus colegas Aderbal Muller e Sonia Timi (coautora aqui também), publicado pela Editora Saraiva. Sempre tivemos pouca bibliografia na área de perícia, principalmente quando comecei a minha carreira, sempre senti falta da leitura específica, e no sentido de fazer uma contribuição ao campo de estudos veio a ideia do livro.

Fui convidada a participar de uma comissão de estudos sobre as normas contábeis de perícia, pois é, lá estava eu no

Conselho Federal de Contabilidade, auxiliando como podia naquele momento. Foi tudo muito gratificante.

Fiz também, por *hobby* e, confesso, para me distrair um pouco, uma pós-graduação em Ciências Forenses e Perícia Criminal, que adorei, porque gosto muito de uma investigação criminal, principalmente se for crime financeiro. Daí saiu meu segundo livro, Fraudes Contábeis e Documentais, publicado pela editora Intersaberes, que também escrevi com a amiga Sonia.

Ajudei a fundar a Apepar (Associação de Peritos do Paraná), na qual participei ativamente, nos cargos de conselheira, vice-presidente e presidente. Atualmente participo como associada.

Foram muitos cursos de perícia ministrados, em diversos locais, no formato presencial, viajando pelo Brasil e, depois da pandemia, no formato on-line, que sempre enriqueceram minha carreira, com o conhecimento adquirido dos alunos, com relatos de suas experiências. Adoro dar aula, essa sempre foi minha vocação, e vem de família: meu pai (que além de construtor sempre foi professor de Engenharia na UFPR), minha mãe, meus tios e vários primos e primas são professores. Pelo visto minha filha também herdou esta vocação! A fruta não cai longe do pé, não é?

Continuo atuando como perita judicial, no Paraná, em diversos assuntos econômico-financeiros, por exemplo, contratos bancários, e outros temas ligados a contabilidade como lucros cessantes, avaliação de empresas, cálculos de liquidação, entre outros. Procuro sempre estudar e aprimorar meus conhecimentos. Atuo também como assistente técnica, auxiliando os advogados na propositura de ações, fundamentadas em parecer técnico. Permaneço com as aulas, sempre que possível.

Conquistas e legado: uma vida dedicada à perícia e ao ensino

Desde 2016 até hoje, as nomeações de peritos acontecem não só por escolha do juiz, mas também por sorteio, a partir de cadastro feito pelo profissional interessado, no sistema Caju (Cadastro de Auxiliares da Justiça do Tribunal do Paraná), que é a plataforma em que se encontram os profissionais, onde é possível inserir o currículo e todas as informações pessoais, certidões de idoneidade e, através do sistema, os juízes têm um controle sobre o cumprimento de prazos e podem avaliar os peritos. Meu cadastro está na plataforma Caju desde que foi instituída, sendo que procuro cumprir com todas as determinações do Judiciário e me manter ativa e atuante. Meu propósito é continuar na perícia, enquanto tiver forças!

História da CEO da Editora Leader e idealizadora da Série Mulheres®

Andréia Roma

Eu posso Voar!

Como tudo começou

Nasci em São Paulo, sou uma paulista muito orgulhosa de ter nascido nesta terra de tantas oportunidades. Falar das minhas origens, de quando eu era criança, é necessário, porque tudo é parte da minha história de vida. Venho de uma família muito humilde, na infância eu não sabia o que era ter uma roupa, um tênis ou uma sandália novos. Eu e minha irmã usávamos o que outras pessoas nos davam, mas mesmo assim éramos agradecidas. Hoje somos nós que ajudamos outras pessoas, seja diretamente, com caridade, ou indiretamente, através do nosso empreendedorismo.

A profissão do meu pai, um pernambucano muito batalhador, era de pintor. Ele fazia de tudo para que não faltasse nada para nós e seguíamos a vida com escassez, sem luxo, aprendendo que a melhor escolha sempre é ter muita honestidade. Meu pai foi muito carinhoso comigo e com a minha irmã, guardo boas lembranças dos primeiros anos da minha vida. Atualmente ele é aposentado e posso dizer que é uma pessoa maravilhosa, muito importante para mim.

Mamãe, paulista como eu, não trabalhava, porque meu pai entendia que ela precisava estar em casa para cuidar da nossa educação. Então, fomos muito bem educadas por minha mãe, pois mesmo com pouca escolaridade ela nos ensinava bons valores e o respeito ao próximo. Ela nos ensinou como nos portar à mesa, como agir corretamente na convivência com outras pessoas, em qualquer ambiente em que estivéssemos. Tudo isso era próprio dela, que tem uma história muito bonita. Ela foi adotada, depois de ser deixada na porta de um orfanato, junto com as duas irmãs e um irmão.

Separadas pela adoção, depois de 30 anos minha mãe encontrou minha primeira tia, após mais cinco anos, minha outra tia. Meu tio já é falecido, infelizmente, e jamais encontraram a minha avó. Minha mãe foi adotada por um casal que vivia no Interior, e que cuidou muito bem dela, graças a Deus, e ela se tornou uma mulher de fibra, exemplar. Mamãe teve a oportunidade de concluir somente o colegial, não prosseguiu com os estudos, pois se casou com papai muito jovem. E na simplicidade dela, com seu olhar amoroso e de bons valores, nos ensinava muito. Fomos crianças, eu e minha irmã, que tivemos uma mãe presente de verdade. Ela esteve sempre junto com a gente, na pré-escola, no primeiro dia de aula, ia nos buscar, cuidava muito bem de nós, nos orientava, ensinava como nos defender. São muitas passagens que ficaram marcadas nos nossos corações.

Escolha amar, sempre

Algumas pessoas, ao lerem este trecho de minha história, vão dizer que minha mãe talvez não devesse ter aberto mão dos estudos e de trabalhar fora. Na verdade, ela escolheu estar presente e com isso acompanhar nossa infância e todos os nossos passos. Eu digo sempre que ela escolheu amar. Entendo que hoje nós, executivas, não temos como abrir mão de nossas carreiras, porém, ao trazer esta história tenho a intenção de dizer para você que, mesmo com a correria do dia a dia, nunca deixe de registrar em sua agenda o tópico TEMPO PARA AMAR, envie um *invite* se preciso.

Minha mãe me ensinou o segredo de ser fiel às pessoas que amamos e cuidar com amor e dedicação. Apesar de ter sido abandonada um dia por sua mãe biológica, ela me ensinou que amar é um remédio que cura todas as dores da alma. Muitas vezes, quando iniciamos um trabalho, não nos dedicamos como poderíamos e isso ao longo dos anos se torna prejudicial. Reconheço que minha mãe foi a maior treinadora do tema "dedicação e atendimento ao cliente" que eu poderia ter em minha vida. E você, consegue se lembrar do que sua mãe ou seu pai lhe ensinou? Faça sempre essa reflexão e se fortaleça. Desafios vêm para mostrar o quanto você é forte.

Um livro muda tudo!

E como nasceu meu amor pelos livros, esse amor que me levou a empreender no mercado editorial? Bem, o primeiro livro que ganhei foi uma cartilha escolar. Eu adorava essas cartilhas porque podia pintá-las e tinha exercícios que eu gostava de fazer. Aí nasceu minha paixão pelos livros, que só aumentou pela vida afora. Isso colaborou muito na minha atuação como editora, porque não acredito em livros sem exercícios. Eu amava minhas cartilhas, eram distribuídas pelo governo. Elas eram o que eu tinha, eu ganhava de presente, cuidava delas com muito zelo e carinho, lembro-me até de ajudar minha mãe a encapá-las.

Achava sensacional poder ter aqueles livros e cartilhas, enfeitava com florezinhas, não tinha muito o que colocar, não tínhamos como comprar adesivos, então eu fazia com revistas e jornais velhos, tudo que achava eu recortava e colava, deixando tudo muito bonito. A atitude de colar e enfeitar os livros, cuidando com zelo, é o que trago para os dias de hoje. Minha lição aqui é convidar você a zelar e cuidar das oportunidades e parcerias, infelizmente ao longo dos anos nos decepcionamos com algumas, porém, desistir de encontrar parceiros certos para juntos fazer a diferença, jamais. Lembre-se de se levantar a cada tombo unicamente por você e não para que as pessoas que o feriram vejam. Estas pessoas passaram, e você seguiu. Viva o aqui e agora e esqueça o passado.

Sororidade inspirada por meu pai

Se eu pudesse resumir um pedaço da minha história sobre o tema Sororidade, descreveria com estes fatos.

Todos os dias de manhã meu pai saía de casa de bicicleta, praticamente atravessava a cidade para ir trabalhar, e assim economizava na condução para podermos ter um bom café da manhã, antes de irmos pra escola. Quando voltava sempre trazia um pacotinho de balas, de cereja ou de chocolate, lembro-me do formato e cheiro até hoje. Assim que ele chegava colocava as balas do saquinho na mesa, e pedia para eu e minha irmã sentarmos à mesa com ele; ali ele iniciava um ritual diário, olhando nos nossos olhos com carinho ele dividia as balas, e só depois deste momento é que poderíamos pegá-las.

Meu pai me ensinou sobre sororidade muito antes de ouvirmos sobre o tema. Ele com esta atitude me ensinava o valor de respeitar minha irmã, o valor de dividir, o valor de receber, o valor de agradecer. Recordo que a gente não brigava por isso, e ele e minha mãe nos ensinavam ali, mesmo sendo pessoas com tão pouca escolaridade, a compartilhar, a apoiar, respeitar. E isso eu faço sempre, seja como editora, como ser humano, eu compartilho muito. Eu dou muitas oportunidades para que outras pessoas possam publicar, possam escrever, possam se encontrar e identificar a sua história. E se valorizar, por isso eu foco muito no protagonismo da história, o que tenho certeza que fez diferença na minha vida.

Então finalizo aqui essa parte que fala da minha infância, dos meus pais, e de como eles me ensinaram a ser quem eu sou hoje.

Laboratório do sucesso

Iniciei minha vida profissional quando tinha 14 anos, como cuidadora de um casal de idosos. Trabalhar com eles me ensinou a ver e sentir o ser humano de outra forma, mais sensível, mais dependente. Eles já não estão mais conosco, mas nem imaginam o tamanho do legado que deixaram para mim. Foi uma grande lição para uma menina de 14 anos. Aos 15, entendi o significado de atender pessoas, fui trabalhar em uma banca de pastel e ali tive a chance de aprender grandes lições. Uma delas eu me recordo bem: meu patrão fritava todos os dias um pastel de carne e me fazia comer; quando eu terminava, ele dizia: "Como foi? Estava saboroso?" Na época eu não entendia o que ele queria, porém hoje sei que ele me ensinava que a experiência de experimentar é o maior laboratório do sucesso. Um cliente só volta para sentir novamente a experiência que seu produto pode proporcionar.

Aos 16, iniciei como recepcionista em uma papelaria, onde gostava muito de atender os clientes e fiz muitas amizades. Nesta experiência entendi que o *networking* traz para nossas vidas muitas oportunidades. Uma dica importante para você que deseja crescer é se relacionar, conhecer seus clientes, entender o que fazem e por que fazem. Todo cliente tem um propósito, descubra o propósito do seu cliente.

Aos 18, engravidei do meu primeiro namorado, e foi também meu primeiro aprendizado. Hoje eu agradeço a ele pela vida da minha filha, mas na época éramos jovens e tive uma experiência dolorosa. Eu tive a chance de ouvir o coração dela sozinha, foi um momento só meu e eu adorei. E naquele dia, como uma intuição divina, eu sabia que era uma menina, antes de o médico saber!

Quando ela nasceu, chamá-la de Larissa, que significa Alegria, realmente expressava o que eu estava sentindo. E me emociono ao dizer isso, porque ela tem me dado muitas alegrias. Segui criando minha filha sozinha e isso só me deu mais força para entender aonde queria chegar.

Lembro-me de que, quando entrei na sala de cirurgia para dar à luz a Larissa, visualizei que dali em diante eu seria empreendedora, que lutaria por mim e por minha filha. Comecei a estudar, e não parei mais, me considero uma autodidata em muitas áreas do conhecimento.

Suas escolhas decidem quem você será no futuro!

Próximo aos 24 anos me casei com o Alessandro e recebi mais um presente, meu segundo filho, chamado Boaz, e sua chegada reforçou ainda mais o que eu queria realizar em minha vida.

Na minha primeira formação em PNL e Coaching, recordo-me que o exercício na sala de aula era a ponte ao futuro. Ali eu reforçaria aonde queria chegar. E minha meta foi ter uma editora. Esse objetivo gritava dentro de mim, foi então que pedi demissão da empresa em que trabalhava. Algo me dizia "você está no caminho, vá em frente".

Foi o que fiz, porque eu tinha dois motivadores em minha vida, Larissa e Boaz.

Segui minha vida trabalhando, lendo muitos livros, pois sou uma apaixonada por livros, e participei de várias formações, buscando oportunidades, em minhas contas somo mais de 60 cursos. Confesso que investi muitos dias da minha vida para todas estas formações, ganhava pouco em empresas em que trabalhei, porém a oportunidade de estudar me manteve fiel em cada uma delas. Eu realmente fazia além do que era paga para fazer, pois eu acreditava em mim. Sou grata a todas as empresas pelas quais passei, são grandes motivadores para mim.

Quase desisti

Lembro-me que depois dos 30 anos fui convidada para estruturar a primeira editora, era um sonho e trabalhava dia e noite com a proposta de uma sociedade. Porém naquela época a empolgação foi tamanha e me esqueci do contrato, aí você já imagina. Depois desta decepção eu resolvi deixar o mundo editorial, quase desistindo do sonho de empreender, e disse a meu marido que iria procurar uma nova recolocação no mercado. Ele me disse: "Acredite, você vai conseguir".

Foi quando tive a grande surpresa que mudaria totalmente minha vida.

Ele me disse para insistir com meus sonhos. E, se eu acreditasse na editora que queria construir, daríamos um jeito para realizar minha meta. Sem me consultar, ele foi até a empresa em que trabalhava há seis anos e pediu para ser demitido. Com a indenização dele fundei a Editora Leader. Assim, nasceu a Editora Leader, por meio de alguém que renunciou ao seu trabalho para realizar o meu sonho. Meu marido me inspira até hoje.

Sou e serei eternamente grata a ele.

Meu maior legado

Falar de filhos, de família, para mim é o maior legado do mundo, é você respeitar as pessoas que você ama. Falar do momento de mãe solteira é difícil. Não fiz nada diferente de outras jovens que também engravidam e não têm o apoio de seu parceiro. Não fui forçada a engravidar, aconteceu e aí vieram as consequências. Uma delas foi que meu pai não aceitava, até pela criação que teve, tinha uma importância muito grande para ele que eu só tivesse filhos após o casamento. Ele deixou de falar comigo, não me abraçava mais, foi muito penoso lidar com isso, porque ele sempre foi muito próximo. Na realidade, ele se importava, mas estava muito magoado. Hoje eu sei disso, mas na época não.

Então eu tinha de conviver com o conflito de ter sido abandonada e de meu pai se afastar de mim. Minha mãe me apoiou e me dava carinho e força. Fiquei em casa grávida, isolada, como se estivesse em quarentena. É assim que descrevo hoje aquela situação. Como não tinha com quem conversar, eu falava com minha bebê, cantava para ela. Por isso digo que ela realmente foi a minha alegria. Falar dela e da minha gravidez é falar de todas as mães solteiras, mas principalmente dizer às jovens para que se cuidem e evitem passar por uma situação tão dolorosa.

Hoje tomo isso como um grande aprendizado. E digo que o maior desafio de ser mãe, com certeza, é estar sozinha, apesar de ter aquela bebê maravilhosa dentro de mim. Então, eu entendi que precisava realmente fazer a diferença, não só pela minha filha, mas por mim primeiro. Naquele momento eu assumi o protagonismo da minha vida. Pensei que eu queria mais da vida, queria mais de tudo que pudesse obter.

Minha maior lembrança é de quando entrei no hospital, naquele corredor frio, olhei na janelinha da porta do centro cirúrgico e quem estava ali era minha mãe. Com seu olhar ela me dizia que eu ia conseguir, e isso realmente me motiva até hoje. Então, todas as vezes que me sinto triste, eu olho na "janelinha do tempo", e vejo o rostinho da minha mãe dizendo que vou conseguir. Isso pra mim faz toda a diferença.

Quando decidi ter um emprego, até pela maturidade de querer sustentar minha filha, tive uma grande oportunidade, aos 19 anos, de trabalhar num jornal, com a venda de assinaturas. E me saí muito bem. Era no centro da cidade de São Paulo, foi uma ótima experiência.

Depois fui para uma empresa de treinamentos, que nem existe mais, mas na época tive a chance de fazer alguns e aprendi muito. Eram treinamentos de negociação, motivação, liderança, conheci também um pouco da Programação Neurolinguística (PNL), e várias outras ferramentas. E mergulhei nesse mercado, gostava muito de ler, até pela falta de oportunidade que tive, então agarrei com as duas mãos e segurei com muita determinação.

Logo depois, comecei a vender livros e revistas numa empresa que não existe mais. Lá eu aprendi bastante, as pessoas que conheci ali foram bem importantes na minha vida e entendi que para vender eu tinha de ler ainda mais. Ler bastante, o tempo inteiro. Gosto muito de ler, eu lia muitos livros sobre motivação, vendas, de liderança, de negociação, livros de Eduardo Botelho,

Reinaldo Polito, vários escritores, nacionais e internacionais, muitas pessoas que aprendi a admirar.

Contar sobre esse período é dizer o quanto essa oportunidade me ensinou a ser uma pessoa melhor, e a transformar desafios na "janelinha", onde o retrato é da minha mãe, dizendo que vou conseguir.

Pronta para Voar!

Selo Editorial Série Mulheres®

A Editora Leader é um espaço especial criado para que homens e mulheres possam publicar. Em todos os projetos da Leader dedicado às mulheres, uma das coisas que coloco é um espaço para as origens das autoras, como fiz aqui neste capítulo, porque, mesmo que seja doloroso falar sobre aquele momento, aquela situação difícil, isso faz com que você entenda a sua evolução, o quanto você caminhou, o quanto você já venceu. E faz com que veja alguém inspirador, como eu vi na janelinha do hospital, o rostinho da minha mãe. Então, qual é o rosto que você vê? Quando você se lembra dos seus desafios na infância, das situações difíceis, qual é o rosto que você vê? Acho que essa é a maior motivação, quando você consegue descrever isso, quando você trouxer isso pra sua vida consegue inspirar outras pessoas a caminhar. Percorrer o corredor daquele hospital foi um dos mais longos trajetos da minha vida, mas foi o mais importante, porque me ensinou a ser quem eu sou.

Me ensinou a compartilhar mais, me mostrou caminhos que nenhuma faculdade, nenhum curso vai me ensinar. Realmente ali eu assumi que podia fazer aquilo, e eu fiz.

Hoje minha filha tem 22 anos, está no segundo semestre de Medicina, e eu fico muito feliz. Contudo, hoje trabalho com legados, assim como os médicos, que fazem o bem para tantas pessoas! Hoje vejo minha filha caminhando para isso.

Então acho que o Selo Série Mulheres® da Editora Leader e grande parte de suas publicações têm um pouco de cada mulher, independentemente do que ela escolheu para sua vida. Digo que é uma conexão com as mulheres. Não é só quem eu quero ser, é quem eu sou. É quem eu assumi ser, é a protagonista da minha história. Com uma infância triste ou feliz, eu quero que realmente essas histórias inspirem muitas pessoas. Essa é a minha história, que reúne várias mulheres e diversas temáticas no mercado, trazendo o olhar feminino, trazendo o olhar dessas mulheres através do protagonismo de suas histórias, começando pelas origens e falando de onde elas vieram e quem elas são.

Eu me orgulho muito da Série Mulheres®, um projeto que lançamos com abrangência nacional e internacional, com ineditismo registrado em 170 países, aliás o único no Brasil, porque todos os livros são patenteados, tivemos esse cuidado para que nenhuma outra editora, além da Leader, pudesse lançar as temáticas, por exemplo, Mulheres do RH, Mulheres no Seguro, Mulheres do Marketing, Mulheres do Varejo, Mulheres na Tecnologia, Mulheres Antes e Depois dos 50, Mulheres na Indústria do Casamento, Mulheres na Aviação, Mulheres no Direito, Mulheres que Transformam, enfim, hoje já estamos na construção de quase 50 temáticas que vamos lançar até 2030. São histórias de mulheres que realmente decidiram, que, através de suas escolhas, suas trajetórias, suas boas práticas empolgam as leitoras e os leitores, porque o Selo Editorial Série Mulheres® é para homens e mulheres lerem. Então trazemos com carinho a história de cada mulher, mostrando a força feminina, não como uma briga por igualdade, nada disso, mas sim com um olhar humanizado, com um olhar em que as mulheres assumem o protagonismo de suas histórias. Elas entendem os seus valores, as suas crenças e assumem a sua identidade, mostrando quem elas são, dentro do que elas fazem, do que elas escolheram para fazer. Mulheres fortes, eu diria. São mulheres escolhidas a dedo para participar da Série. Nós precisamos entender que para tocar uma alma humana você tem que ser outra alma humana.

Então a Série Mulheres® é uma grande oportunidade para o mercado feminino mostrar sua história, mostrar mais do que o empoderamento, mostrar o quanto você pode inspirar outras mulheres. E detalhe: numa história difícil, triste, quanto você pode levantar o ânimo dessas mulheres, para que elas tenham uma chance, para que possam caminhar.

Um dos livros que vamos lançar é Mulheres – Um grito de socorro, que já está registrado também, e vem trazendo esse olhar de muitas Marias, que são fortes e deram a volta por cima em suas vidas. A Série Mulheres® é isso, é um compilado de mulheres que inspiram outras mulheres e homens. Muitas não são famosas, mas são "celebridades" dentro do que elas fazem. Nosso propósito é trazer um novo olhar para as brasileiras que colaboram para o desenvolvimento econômico do nosso país, com verdadeira responsabilidade social e ambiental.

A Editora Leader me transformou numa empreendedora de sucesso, e eu a transformei numa empresa com vários diferenciais.

Eu acredito que **"Um livro muda tudo"**, que se tornou o nosso *slogan*. E pergunto sempre, através da Leader: qual é a sua história? Qual é o poder que tem a sua história?

Termino por aqui, espero que minha história a prepare para voar, e convido você a contar a sua história aqui, na Editora Leader, no Selo Editorial Série Mulheres®.

Cordel

Este livro tem poder,
O poder de transformar,
Cria oportunidades,
Pra muita mulher falar,
Sobre suas experiências,
Este livro vai contar!

Este livro bem ensina,
Sobre respeito e equidade,
Defende o nosso espaço,
Buscando mais igualdade,
Que tal ser inspiração,
Pra muitas na sociedade?

Não estamos contra os homens,
Não é uma competição,
Só queremos ter espaço,
Não é uma imposição,
Unindo homem e mulher,
É mútua inspiração!

Pra você que é mulher,
Não importa a profissão,
Reconheça o seu valor,
Dê sua contribuição,
Isso pode bem mudar,
O futuro da nação!

Por espaço igualitário,
Não é só nossa questão,
Queremos o seu respeito,
Temos também opinião,
Atenção você mulher,
Preste muita atenção!

A mensagem do cordel,
É fazer cê refletir,
Que essa série pra mulher,
Vai fazer cê decidir,
Se juntar a essa luta,
Não espere, pode vir!

Recebemos como presente este cordel, criado por **Caroline Silva**, coautora do livro "*Mulheres Compliance na Prática – volume I*", para abrilhantar as obras da Série Mulheres®.

Benefícios que sua empresa ganha ao apoiar o Selo Editorial Série Mulheres®.

Ao apoiar livros que fazem parte do Selo Editorial Série Mulheres, uma empresa pode obter vários benefícios, incluindo:

– **Fortalecimento da imagem de marca:** ao associar sua marca a iniciativas que promovem a equidade de gênero e a inclusão, a empresa demonstra seu compromisso com valores sociais e a responsabilidade corporativa. Isso pode melhorar a percepção do público em relação à empresa e fortalecer sua imagem de marca.

– **Diferenciação competitiva:** ao apoiar um projeto editorial exclusivo como o Selo Editorial Série Mulheres, a empresa se destaca de seus concorrentes, demonstrando seu compromisso em amplificar vozes femininas e promover a diversidade. Isso pode ajudar a empresa a se posicionar como líder e referência em sua indústria.

– **Acesso a um público engajado:** o Selo Editorial Série Mulheres já possui uma base de leitores e seguidores engajados que valoriza histórias e casos de mulheres. Ao patrocinar esses livros, a empresa tem a oportunidade de se conectar com esse público e aumentar seu alcance, ganhando visibilidade entre os apoiadores do projeto.

– **Impacto social positivo:** o patrocínio de livros que promovem a equidade de gênero e contam histórias inspiradoras de mulheres permite que a empresa faça parte de um movimento de mudança social positivo. Isso pode gerar um senso de propósito e orgulho entre os colaboradores e criar um impacto tangível na sociedade.

– *Networking* **e parcerias:** o envolvimento com o Selo Editorial Série Mulheres pode abrir portas para colaborações e parcerias com outras organizações e líderes que também apoiam a equidade de gênero. Isso pode criar oportunidades de *networking* valiosas e potencializar os esforços da empresa em direção à sustentabilidade e responsabilidade social.

É importante ressaltar que os benefícios podem variar de acordo com a estratégia e o público-alvo da empresa. Cada organização deve avaliar como o patrocínio desses livros se alinha aos seus valores, objetivos e necessidades específicas.

REGISTRO
DIREITO AUTORAL

CBL
Câmara
Brasileira
do Livro

clique para acessar
a versão online

CERTIFICADO DE REGISTRO DE DIREITO AUTORAL

A Câmara Brasileira do Livro certifica que a obra intelectual descrita abaixo, encontra-se registrada nos termos e normas legais da Lei nº 9.610/1998 dos Direitos Autorais do Brasil. Conforme determinação legal, a obra aqui registrada não pode ser plagiada, utilizada, reproduzida ou divulgada sem a autorização de seu(s) autor(es).

Responsável pela Solicitação:
Editora Leader

Participante(s):
Ritade Cássica D. R. Mendonça (Coordenador) | Andréia Roma (Coordenador)

Título:
Mulheres na perícia : edição poder de uma hsitória : volume I

Data do Registro:
01/10/2024 10:30:49

Hash da transação:
0xd438ddcee4b4820afacfd1146cb644219722226a858469fe29a9d10d08c2d86e

Hash do documento:
cfdfa8421110a3d7ed65746909adb8ea1189a2e6673dd6d1b02cd9fd2ac2910b

Compartilhe nas redes sociais

FAÇA PARTE DESTA HISTÓRIA
INSCREVA-SE

INICIAMOS UMA AÇÃO CHAMADA

MINHA EMPRESA ESTÁ COMPROMETIDA COM A CAUSA!

Nesta iniciativa escolhemos de cinco a dez empresas para apoiar esta causa.

SABIA QUE SUA EMPRESA PODE SER PATROCINADORA DA SÉRIE MULHERES, UMA COLEÇÃO INÉDITA DE LIVROS DIRECIONADOS A VÁRIAS ÁREAS E PROFISSÕES?

Uma organização que investe na diversidade, equidade e inclusão olha para o futuro e pratica no agora.

Para mais informações de como ser um patrocinador de um dos livros da Série Mulheres escreva para: contato@editoraleader.com.br

ou

Acesse o link e preencha sua ficha de inscrição

Nota da Coordenação Jurídica do Selo Editorial Série Mulheres® da Editora Leader

A Coordenação Jurídica da Série Mulheres®, dentro do Selo Editorial da Editora Leader, considera fundamental destacar um ponto crucial relacionado à originalidade e ao respeito pelas criações intelectuais deste selo editorial. Qualquer livro com um tema semelhante à Série Mulheres®, que apresente notável semelhança com nosso projeto, pode ser caracterizado como plágio, de acordo com as leis de direitos autorais vigentes.

A Editora Leader, por meio do Selo Editorial Série Mulheres®, se orgulha do pioneirismo e do árduo trabalho investido em cada uma de suas obras. Nossas escritoras convidadas dedicam tempo e esforço significativos para dar vida a histórias, lições, aprendizados, cases e metodologias únicas que ressoam e alcançam diversos públicos.

Portanto, solicitamos respeitosamente a todas as mulheres convidadas para participar de projetos diferentes da Série Mulheres® que examinem cuidadosamente a originalidade de suas criações antes de aceitar escrever para projetos semelhantes.

É de extrema importância preservar a integridade das obras e apoiar os valores de respeito e valorização que a Editora Leader tem defendido no mercado por meio de seu pioneirismo. Para manter nosso propósito, contamos com a total colaboração de todas as nossas coautoras convidadas.

Além disso, é relevante destacar que a palavra "Mulheres" fora do contexto de livros é de domínio público. No entanto, o que estamos enfatizando aqui é a responsabilidade de registrar o tema "Mulheres" com uma área específica, dessa forma, o nome "Mulheres" deixa de ser público.

Evitar o plágio e a cópia de projetos já existentes não apenas protege os direitos autorais, mas também promove a inovação e a diversidade no mundo das histórias e da literatura, em um selo editorial que dá voz à mulher, registrando suas histórias na literatura.

Agradecemos a compreensão de todas e todos, no compromisso de manter a ética e a integridade em nossa indústria criativa. Fiquem atentas.

Atenciosamente,

Adriana Nascimento e toda a Equipe da Editora Leader
Coordenação Jurídica do Selo Editorial Série Mulheres

ANDRÉIA ROMA
CEO DA EDITORA LEADER

REGISTRE seu legado

A Editora Leader é a única editora comportamental do meio editorial e nasceu com o propósito de inovar nesse ramo de atividade. Durante anos pesquisamos o mercado e diversos segmentos e nos decidimos pela área comportamental através desses estudos. Acreditamos que com nossa experiência podemos fazer da leitura algo relevante com uma linguagem simples e prática, de forma que nossos leitores possam ter um salto de desenvolvimento por meio dos ensinamentos práticos e teóricos que uma obra pode oferecer.

Atuando com muito sucesso no mercado editorial, estamos nos consolidando cada vez mais graças ao foco em ser a editora que mais favorece a publicação de novos escritores, sendo reconhecida também como referência na elaboração de projetos Educacionais e Corporativos. A Leader foi agraciada mais de três vezes em menos de três anos pelo RankBrasil – Recordes Brasileiros, com prêmios literários. Já realizamos o sonho de numerosos escritores de todo o Brasil, dando todo o suporte para publicação de suas obras. Mas não nos limitamos às fronteiras brasileiras e por isso também contamos com autores em Portugal, Canadá, Estados Unidos e divulgações de livros em mais de 60 países.

Publicamos todos os gêneros literários. O nosso compromisso é apoiar todos os novos escritores, sem distinção, a realizar o sonho de publicar seu livro, dando-lhes o apoio necessário para se destacarem não somente como grandes escritores, mas para que seus livros se tornem um dia verdadeiros *best-sellers*.

A Editora Leader abre as portas para autores que queiram divulgar a sua marca e conteúdo por meio de livros...

EMPODERE-SE
Escolha a categoria que deseja

■ Autor de sua obra

Para quem deseja publicar a sua obra, buscando uma colocação no mercado editorial, desde que tenha expertise sobre o assunto abordado e que seja aprovado pela equipe editorial da Editora Leader.

■ Autor Acadêmico

Ótima opção para quem deseja publicar seu trabalho acadêmico. A Editora Leader faz toda a estruturação do texto, adequando o material ao livro, visando sempre seu público e objetivos.

■ Coautor Convidado

Você pode ser um coautor em uma de nossas obras, nos mais variados segmentos do mercado profissional, e ter o reconhecimento na sua área de atuação, fazendo parte de uma equipe de profissionais que escrevem sobre suas experiências e eternizam suas histórias. A Leader convida-o a compartilhar seu conhecimento com um público-alvo direcionado, além de lançá-lo como coautor em uma obra de circulação nacional.

■ Transforme sua apostila em livro

Se você tem uma apostila que utiliza para cursos, palestras ou aulas, tem em suas mãos praticamente o original de um livro. A equipe da Editora Leader faz toda a preparação de texto, adequando o que já é um sucesso para o mercado editorial, com uma linguagem prática e acessível. Seu público será multiplicado.

■ Biografia Empresarial

Sua empresa faz história e a Editora Leader publica.

A Biografia Empresarial é um diferencial importante para fortalecer o relacionamento com o mercado. Oferecer ao cliente/leitor a história da empresa é uma maneira ímpar de evidenciar os valores da companhia e divulgar a marca.

■ Grupo de Coautores

Já pensou em reunir um grupo de coautores dentro do seu segmento e convidá-los a dividir suas experiências e deixar seu legado em um livro? A Editora Leader oferece todo o suporte e direciona o trabalho para que o livro seja lançado e alcance o público certo, tornando-se sucesso no mercado editorial. Você pode ser o organizador da obra. Apresente sua ideia.

A Editora Leader transforma seu conteúdo e sua autoridade em livros.

OPORTUNIDADE
Seu legado começa aqui!

A Editora Leader, decidida a mudar o mercado e quebrar crenças no meio editorial, abre suas portas para os novos autores brasileiros, em concordância com sua missão, que é a descoberta de talentos no mercado.

NOSSA MISSÃO

Comprometimento com o resultado, excelência na prestação de serviços, ética, respeito e a busca constante da melhoria das relações humanas com o mundo corporativo e educacional. Oferecemos aos nossos autores a garantia de serviços com qualidade, compromisso e confiabilidade.

Publique com a Leader

- **PLANEJAMENTO** e estruturação de cada projeto, criando uma **ESTRATÉGIA** de **MARKETING** para cada segmento;

- **MENTORIA EDITORIAL** para todos os autores, com dicas e estratégias para construir seu livro do Zero. Pesquisamos o propósito e a resposta que o autor quer levar ao leitor final, estruturando essa comunicação na escrita e orientando sobre os melhores caminhos para isso. Somente na **LEADER** a **MENTORIA EDITORIAL** é realizada diretamente com a editora chefe, pois o foco é ser acessível e dirimir todas as dúvidas do autor com quem faz na prática!

- **SUPORTE PARA O AUTOR** em sessões de videoconferência com **METODOLOGIA DIFERENCIADA** da **EDITORA LEADER**;

- **DISTRIBUIÇÃO** em todo o Brasil — parceria com as melhores livrarias;

- **PROFISSIONAIS QUALIFICADOS** e comprometidos com o autor;

- **SEGMENTOS:** Coaching | Constelação | Liderança | Gestão de Pessoas | Empreendedorismo | Direito | Psicologia Positiva | Marketing | Biografia | Psicologia | entre outros.

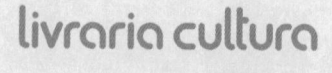

LIVRARIA MARTINS FONTES | leitura | amazon

AMERICANAS | livraria cultura | EDITORA LEADER

Livrarias Curitiba | magalu

www.editoraleader.com.br

Entre em contato e vamos conversar

Nossos canais:

Site: www.editoraleader.com.br

E-mail: contato@editoraleader.com.br

@editoraleader

O seu projeto pode ser o próximo.

Anotações

Anotações

Anotações

Anotações

Anotações

Anotações